Dieter Leonhard

Hunsrück ´62

**Dorfgeschichten vom Hunsrück
mit 25 Momentaufnahmen**

Bibliografische Information der Deutschen Nationalbibliothek:
Die Deutsche Nationalbibliothek verzeichnet diese Publikation
in der Deutschen Nationalbibliografie, detaillierte bibliografische
Daten sind im Internet über http://dnh.dnb.de abrufbar.

© 2021, Dieter Leonhard
Herstellung und Verlag: BoD – Books on Demand, Norderstedt
ISBN: 9783754398821

Herausgeber: Dieter Leonhard, 23611 Bad Schwartau
Umschlaggestaltung: Axel Leonhard
Zeichnungen: Ute Reinbeck

Dieter Leonhard

Hunsrück ´62

Dorfgeschichten vom Hunsrück
mit 26 Momentaufnahmen

Eine Spurensuche mit Fundstücken

Mit seinen 21 Geschichten und 5 Gedichten führt das Buch
den Leser zurück und vermittelt ihm Eindrücke aus dem
Familien- und dem gesellschaftlichen Leben im Mittelhuns-
rück aus einer Zeit in der:

- Deutschland in vier Besatzungszonen eingeteilt war
- es Lebensmittelkarten gab
- die Arbeitswoche 6 Tage hatte
- die Kühe von Hand gemolken wurden
- das Brötchen einen Groschen kostete
- die Kinder mit 14 Jahren erwachsen waren
- die Mädchen Zöpfe und die Buben Lederhosen trugen
- das Plumpsklo auf dem Hof stand
- im Winter Eisblumen am Fenster blühten
- Opa die Rente bar bei der Post abholte
- die Raucher auf der Straße Kippen sammelten
- der US-$ 4,20 DM und eine Kugel Eis 10 Pfennige kostete

Mein Dank geht an:

meinen Bruder Jürgen Leonhard für seine qualifizierte und
geduldige Arbeit als Korrektor

meine Tochter Ute Reinbeck für ihre pfiffigen Skizzen

meinen Sohn Axel Leonhard für die Covergestaltung

Dieter Leonhard

Inhaltsverzeichnis

Dieter Leonhard

Hunsrück ´62

Dorfgeschichten vom Hunsrück
mit 25 Momentaufnahmen

Geschichten
Wo ich herkomme

Dankeschön für die Möglichkeit, mit diesem Auftritt das große Publikum der Öffentlichkeit begrüßen zu können, das gekommen ist, von mir heute etwas sehen, hören und auch lesen zu wollen.

Meine persönlichen Daten möchte ich ergänzen um ein paar Einzelheiten aus meiner Kindheit und Jugend, damit ihr alle wisst, was ich für einer bin.

Es ist schön, dass ihr alle da seid, und es ist schön, dass auch ich da bin, in Büchenbeuren, wo ich am ersten April 1945 in diese Welt eingefallen bin und zum ersten Mal dieses schöne Erdenrund betreten durfte. Damals hat der Klapperstorch noch alle kleinen Mädchen und Buben ins Dorf gebracht, das war zumindest eine weit verbreitete Ansicht unter den Kindern bis hinauf ins schulpflichtige Alter. Es war ganz früh am Morgen, als der große weiße Vogel mit dem langen roten Schnabel mich damals hier ablud. Meine Mutter lag noch im Bett und dennoch standen eine Menge Leute um sie herum, so als würden sie auf mich warten. Dabei hatte ich niemandem irgendeine Order gegeben, um meine Ankunft anzumelden. Weil es aber in ihrem Bett so weich, warm und gemütlich war, legte ich mich gleich dazu.

Als ich meine kleinen Augen das erste Mal gerade so öffnen konnte, sah ich auf der großen Wanduhr, dass es eben halb Vier vorbei gewesen war. Und weil es draußen noch dunkel gewesen ist, konnte es nur morgens halb Vier sein, nicht am Nachmittag. Das ist doch logisch, oder nicht?

Weil der Tag ja noch ganz frisch war, hatte jemand von denen, die da drumherum standen, das obere Blatt vom Wandkalender abgerissen. Auf dem nächsten war jetzt eine rote „1" zu sehen.

Oh, dachte ich gleich, das muss ja ein Sonntag sein! Und da die Frauen um das Bett herum jetzt damit anfingen, vom Osterhasen zu erzählen, ist mir gleich klar geworden, dass wir Ostersonntag hatten.

Weil meine Augen damals noch so jung und frisch waren, konnte ich auch gleich sehen, dass unter der „1" etwas kleiner das Word „A p r i l" auf dem Kalenderblatt gestanden hat.

„Das ist ja ein Volltreffer", dachte ich wieder bei mir, „damit werde ich mein ganzes Leben lang den Leuten eine scheinbare Mär vorgaukeln können, sie verblüffen und sie auch ein bisschen veräppeln! Wem mir danach etwa mit dem Einwand einer bösen Absicht entgegentritt, dem werde ich durch die Faktenlage stets die Reinheit meiner Äußerungen und meine Schuldlosigkeit beweisen können.

In diesem Moment beschloss ich gleich, ganz lange leben zu wollen. Hier in dem Bettchen gefiel es mir gut, und zu trinken gab es auch gleich etwas.

Im weiteren Verlauf des Morgens wurde es nicht wirklich hell in dem Zimmer von meiner „Blechlasch" Oma und Opa, das damals eigentlich das Schlafzimmer von Fritz gewesen ist, dem jüngsten

Bruder meiner Mutter. Fritz aber war mit seinen gerade mal 16 Jahren im staatlichen Auftrag unterwegs am Westwall. Dort sollte er im Frühling 1945 unsere Hunsrücker Heimat und noch viel mehr vor den von Westen herannahenden bösen Feinden schützen.

Im Hause meiner Großeltern war also ein Bett frei geworden, das ich an diesem Tag gleich ganz selbstbewusst und ungeniert für mich beanspruchte.

Das kleine Fenster meines Geburtszimmers, in dem heute die sanitären Anlagen des Hauses untergebracht sind, war an diesem Morgen mit schweren Gardinen und anderen Lumpen ganz dicht zugehängt. Kein Tageslicht sollte nach innen treten, so dachte ich. In Wirklichkeit aber war es genau umgekehrt, von außen sollte nicht der geringste Lichtschein sichtbar sein.

Es war Krieg gewesen, und die Menschen hatten Angst vor den feindlichen Tieffliegern und vor den Bomben, die diese unliebsamen Brummer wieder abwerfen könnten. Vor ein paar Monaten waren im Dorf schon einmal Bomben gefallen, sieben Stück sollen es gewesen sein. Sie hätten aber zum Glück nicht so viel Schaden angerichtet, konnte ich später mal hören.

Die Leute, die um unser Bett herumstanden, sah ich mir alle so nach und nach ganz genau an. An die Stimmen meiner „Blechlasch" Oma, meiner Tanten und die der Nachbarin war ich schon seit Wochen gewöhnt. Mein Opa streckte auch ab und zu seinen Kopf in die Tür, um neugierig nach uns allen zu sehen. Der wollte gleich wissen, was der Klapperstorch am frühen Morgen denn so gebracht habe. Damit meinte er mich, Mädchen oder Bube?

Da war auch noch eine weitere Frau mit einem weißen Häubchen auf dem Kopf anwesend. Es war die Gemeindeschwester. Sie hatte dafür zu sorgen, dass ich auf dem richtigen Weg ohne Komplikationen ausgeliefert, von der Familie ordentlich empfangen und danach auch altersgemäß gut und richtig behandelt wurde.

Ein paar Tage zuvor hielten meine Mutter und ich in Personalunion uns noch bei engen Bekannten in Lindenschied in einem schützenden Schieferbergwerk vor den amerikanischen Tieffliegern versteckt. Die fremden Soldaten aber ließen nicht locker und rückten mit ihren Panzern, Kanonen, Lkw's und Jeeps von Westen her über die „Eiche Heh" und den nahen „Hüpperich" in unser Dorf Büchenbeuren ein und machten sich dort gleich überall breit. Sie waren neugierig wie die Kinder und stürmten mit ihren vorgehaltenen Flinten ruppig in jedes Haus hinein. Offenbar fühlten sie sich danach hier gut aufgehoben, und bei uns war jetzt der Krieg vorbei. Von meinem vorgeburtlichen Asyl im Lindenschieder Steinbruch konnte ich keine persönlichen Eindrücke mitnehmen. Meinen eigenen kleinen Augen war der Blick in die Welt da draußen noch nicht freigegeben.

In den letzten Märztagen hatte Opa Heinrich uns mit seinem Kuhfuhrwerk noch von Lindenschied nach Büchenbeuren auf den eigenen Hof mit der kleinen Landwirtschaft geholt. In dem neuen Haus auf der anderen Straßenseite unterhielt Opa zusammen mit seinem ältesten Sohn Heinrich eine Klempnerwerkstatt mit einem kleinen Ladengeschäft zur Straßenseite hin.

Wegen der jetzt eingetretenen Besatzungslage nannten mich die Leute im Dorf gleich:
„De erscht Ami" (der erste Amerikaner)

Dabei hatte ich in meinem ganzen kurzen Leben noch kein einziges Wort von mir gegeben, und schon gar nicht auf Amerikanisch.

Bei nunmehr zurückgezogenen Vorhängen betrachtete ich im Verlauf des Vormittags die Menschen in meiner neuen Umgebung weiter ganz genau und suchte dabei nach meinem Vater. Erich sollte er heißen, so erfuhr ich durch die bei den Umstehenden abgehörten Gespräche. Meinen fragenden Augen antwortete schließlich die beherzte Stimme der Gemeindeschwester, ei, der sei ja gar nicht daheim, er sei unterwegs auf Dienstreise, er sei jetzt in Frankreich!

Auch die Männer meiner dort herumstehenden Tanten waren nicht anwesend. Sie waren allesamt nicht dort, wo sie hingehörten. Mein Onkel Heinrich galt schon damals als im fernen Russland verschollen, Onkel Hans und Onkel Ernst waren dort in Kriegsgefangenschaft, Onkel Julius sei noch immer in der kämpfenden Truppe des ehemaligen Afrika-Corps und Onkel Kurt in amerikanischem Gewahrsam und gegenwärtig auf dem Seeweg unterwegs von Italien in die USA.

Am zweiten Ostertag hatte sich die Nachricht vom „ersten Ami" im Unterdorf bis ins Oberdorf herumgesprochen, wo „Henne Oma und Henne Opa", die Eltern meines Vaters, mit ihrem Sohn Hans und der jungen Schwiegertochter Elli einen kleinen Bauernhof betrieben. Dort führte Opa Rudolf vor allem zur

Winterzeit auch zusätzlich sein Schneiderhandwerk aus. Die älteste Tochter Else war seit einiger Zeit in Solingen in Stellung und auch dort mit Onkel Walter in junger Fernehe verheiratet.

Unserer lieben „Henne-Oma" oblag es nun, meinem zweijährigen Bruder Jürgen meine tatsächliche Ankunft im Unterdorf als willkommenes Ostergeschenk an die ganze Familie schmackhaft zu machen. Er ließ sich zu einer ersten Visite überreden und stand, sich fest an Omas Hand klammernd, noch vor dem Mittagessen in Fritzens Stube vor meinem frisch eroberten Bettchen. Meiner nur gedachten Frage: „Was ist denn das für einer?" kamen beide Omas unisono mit der aufklärenden Auskunft zuvor: „Das ist dein Bruder Jürgen!" Wie als spontanen Beweis zu dieser Behauptung, sprach dieser Jürgen nach einem kühl zu mir herübergeworfenen Blick sogleich meine Mutti neben mir ebenfalls liebevoll mit dem Wort „Mutti" an und mit der Frage: „Bleibt der jetzt immer bei uns?"

Auch mein Onkel Hans und mein Vater hatten nach Abschluss ihrer Volksschule bei ihrem eigenen Vater das Schneiderhandwerk erlernt. Während Hans sich danach der Landwirtschaft zuwandte, versuchte mein Vater sich eine Zeitlang als Wandergeselle im Schneiderhandwerk durch die regionale Welt zu schlagen. Diese Welt war derzeit geprägt von einer weit verbreiteten Arbeitslosigkeit und einem überall aufkommenden Nationalsozialismus, dem sich in Deutschland kaum ein junger Mensch völlig entziehen konnte.

Nach zwei Jahren der Wanderschaft fand mein späterer Papa schließlich eine feste Anstellung bei der Reichsbahn, zunächst als Rottenarbeiter im Gleisbau, danach als Beamter im Fahrbetrieb auf dem Bahnhof in Kirchberg. Bis zum Jahr 1944 arbeitete er dort und musste wegen dieser kriegswichtigen Funktion im Staatsdienst auch nicht gleich in den ersten Kriegsjahren Soldat werden.

Dann aber, als die Sache mit der angezettelten militärischen Auseinandersetzung täglich im eigenen Land spürbar, und deswegen nicht mehr prospektgemäß verlief, sondern für alle Deutschen sehr brenzlig geworden war, rief ihn die oberste Heeresleitung doch noch zu den Waffen und steckte ihn in die graue Wehrmachtsuniform. Man könne nicht auf ihn verzichten, hieß es wohl in seinem Stellungsbefehl, der ihn noch vor Weihnachten 1944 zum Dienst an der schon nahegerückten Westfront verpflichtete.

Mein Papa in spe sollte also die total verfahrene Sache mit dem Krieg noch einmal zugunsten des Deutschen Reiches herumreißen. Eine kurze militärische Ausbildung in der Mainzer Gegend sollte ihn und andere bisherigen Zivilisten auf die Schnelle dazu befähigen, erfolgreich Krieg zu machen und die schlimmsten Abwehrschlachten siegreich zu bestehen. Zahlreiche Briefe aus jener Zeit sind erhalten geblieben und zeugen von anfänglichem scheinbarem Optimismus in der anbefohlenen Sache. Zugleich erkennt auch der heutige Leser noch den kontrollierenden Zwang durch die totale Zensur der hin- und hergesandten Feldpost. Zur Stärkung seiner furchterregenden Feuerkraft bekam mein werdender Papa als Leihgabe aus dem Staatseigentum noch einen Karabiner um die Schultern gehängt, und ab ging es mit ihm nach Frankreich.

Ohne das Gewehr hätten die Franzosen ihn auch gar nicht in ihr Land gelassen. Es war dieselbe Geschichte wie damals 1916 mit meinem „Henne Opa", dem Landwirt und Schneidermeister, dem Papa meines Papas. Auch er bekam als junger Mann ein Gewehr als öffentliche Leihgabe, um damit im Auftrag des Kaisers nach Belgien und nach Frankreich zu reisen. Das aber gefiel den Belgiern und den Franzosen auch schon gar nicht, die haben einfach ohne Vorwarnung auf meinen Opa geschossen, ihn auch getroffen und dabei böse an der rechten Schulter verwundet, die „Lumpensäckel"! Wer zuerst geschossen hatte, ist leider nicht überliefert.

Meinen künftigen Papa trafen die Franzosen glücklicherweise nicht mit ihren Kugeln, sie fingen ihn ein, bevor er überhaupt selbst mit seinem Leihgewehr schießen konnte. Dann hielten sie ihn gegen seinen Willen fest und sperrten ihn ein. Er blieb zwei Jahre lang in Kriegsgefangenschaft im schönen Süden von Frankreich bei Wasser und trockenem Brot. Mit der berechtigten Hoffnung auf eine baldige Rückkehr zu seiner geliebten jungen Familie auf dem Hunsrück konnte er diese schlimme Zeit, wenn auch sehr abgemagert, doch an Leib und Seele gesund, überstehen. Meine Eltern hatten sich schon schriftlich per Feldpost über meine selbständig vorgenommene Reservierung des verwaisten vierten Platzes am heimischen Küchentisch verständigt.
Ein gutes Jahr zuvor war meine Schwester Inge leider an Scharlach verstorben. Ich habe sie nur noch auf Fotografien gesehen und kennengelernt.

Haben wir das heute in Deutschland und Westeuropa doch so gut. Wir können nach Frankreich, nach

Belgien und überall hinfahren, ohne ein Gewehr mitnehmen zu müssen. Wir können auch wieder ungehindert heimfahren, wenn wir das wollen.

Als mein Papa dann im Frühjahr 1946 von seiner verordneten Dienstreise endlich wieder nach Hause kam, bin ich ihm schon im Hausflur mit großen Erwartungen und mit einem Butterbrot in der Hand ganz selbständig entgegen gekrabbelt. Aber er hatte mir nichts mitgebracht aus Frankreich.

Damals wohnten wir in dem alten Haus neben dem Hotel Schüler, das die Leute aus unserem Heimatdorf nur „Schelasch ehr alt Hous" nannten. Dieses alte Haus ist mittlerweile schon lange abgerissen und aus dem Dorfbild völlig verschwunden.

Nach der Rückkehr aus der Kriegsgefangenschaft musste mein Papa ja auch wieder eine Arbeit aufnehmen. Er hatte schließlich vier hungrige Mäuler zu stopfen, wie man so sagt. Bei der Bahn als Staatsbetrieb blieb ihm der Zugang aus politischen Gründen erst einmal verwehrt. Bevor er dort wieder in den Dienst eintreten konnte, hatte er eine Entnazifizierung über sich ergehen lassen müssen. Auf Druck der Besatzungsmächte war das in der frühen Nachkriegszeit in Westdeutschland so etwas wie eine staatlich organisierte gründliche Reinigungsaktion des Volksgeistes, eine Gehirnwäsche, bei der die ganze braune politische und rassistische Ideologie der unseligen Nazizeit aus den Köpfen der Menschen ausgetrieben werden sollte. Nicht nur Männer mussten diese Prozedur über sich ergehen lassen, die Frauen blieben nicht ausgenommen.

Papa war im nun abgehakten Tausendjährigen Reich kein herausragender Aktivist gewesen. Von den Gehirnreinigern wurde er in dem politischen Verfahren schnell der großen Gruppe der ehemaligen Mitläufer im braunen Kostüm zugeteilt, die ihre Motivation aus den Nöten der Zeit mit hoher Arbeitslosigkeit gezogen hatten. Dennoch gab es für ihn ein vorläufiges Berufsverbot im Dienste des neuen Staates.

In dieser Zeit verdiente unser Vater im Sägewerk Kunz im benachbarten Sohren das dringend benötigte Geld für unsere Familie zum Leben. Jeden Tag fuhr er die überschaubare Strecke mit dem Fahrrad hin und zurück.

Nach Ablauf von etwa zwei Jahren durfte er bei der Bahn, die jetzt Deutsche Bundesbahn hieß, seine Fahrdiensttätigkeit wieder aufnehmen. Seine Dienststelle lag in dem nahen Kirchberg. Ich glaube, meiner Mutter gefiel das ganz gut. Auf diese Weise konnte sie sich erstmalig ein wenig aus unser aller kleinem Geburtsort mit den damals höchstens 500 Einwohnern lösen und gleichzeitig eintreten in das ebenfalls überschaubare Leben der nahen Kleinstadt auf dem Berge, wo sich innerhalb und auch bereits außerhalb der noch rudimentär vorhandenen Stadtmauer schon so um die 3000 Seelen vereinten.

In Kirchberg erhielten wir von der DB eine Dienstwohnung in der Bahnhofstraße zugewiesen. Im Parterre wohnte noch eine andere Bahnfamilie, wir Vier bezogen die drei Zimmer im ersten Stockwerk und zusätzlich ein Mansardenzimmer auf dem Speicher, das uns beiden Buben in der warmen Jahreszeit als gemeinsames Schlafzimmer diente. Auf halber Treppe zwischen den beiden Wohnungen befand sich das gemeinschaftliche Plumpsklo für alle Hausbewohner.

Hier in Kirchberg wurde ich 1951 in die ev. Volksschule eingeschult, die am westlichen Ende der Stadt, hinter dem Stadtgraben an der Schied, in drei Klassenräumen und mit drei Lehrern acht Jahrgänge führte. Das Schuljahr begann im April nach den Osterferien. Weil der Stichtag für die Erstklässler in diesem Jahr der 31. März gewesen war, ich aber am 1. April geboren bin, mussten meine Eltern für den einen Tag vom Hausarzt ein Attest darüber vorlegen, das mich als einen, den Anforderungen der Schule gewachsenen ABC-Schützen ausweisen sollte. Und ob ich der Schule gewachsen war, was glaubt ihr denn!

In dieser Zeit wurde in der Nachbargemeinde Lautzenhausen und Umgebung schon damit begonnen, den Flugplatz Hahn für die amerikanische Luftwaffe zu erbauen. Vom Bahnhof Büchenbeuren aus sollte ein neues Bahngleis verlegt werden. In diesem Zusammenhang plante die DB auf dem Bahngelände ein ganz modernes elektronisches Weichenstellwerk und installierte diese Anlage mit dem von vielen Lämpchen und Bedienknöpfen strotzenden Schaltpult auch zügig. Zur ordentlichen Bedienung dieser technischen Anlage hielt die Bahn mit ihren verfügbaren Beamten vorher einen mehrtägigen Lehrgang ab. Mein Papa bestand diesen, andere erreichten das Klassenziel nicht. Also mussten wir aus Kirchberg mit jener Familie, die bisher im Büchenbeurener Bahnhofsgebäude residierte, die Wohnungen tauschen. Die andere Familie zog nach Kirchberg und wir wieder in meinen Geburtsort.

Die Umzüge vollzog mein Onkel Ernst mit seinem ersten LKW in dem Fuhrbetrieb, den er nach seiner Entlassung aus russischer Gefangenschaft neu gegründet hatte. Das Auto, ein ehemaliges Wehrmachtsfahrzeug, war gebraucht gekauft und hatte über der Ladepritsche kein Verdeck. An dem Umzugstag musste es mit den Habseligkeiten beider Haushalte mehrere Male hin- und herpendeln. Ein Regen hätte der bescheidenen Ausstattung bestimmt sehr geschadet.

Ab diesem Zeitpunkt musste ich natürlich in Büchenbeuren zur Schule gehen. Zuerst in die kleine Klasse mit den Schuljahren eins bis vier, wo Fräulein Geibel unsere Lehrerin gewesen ist. Sie war eine ganz junge Frau, Gertrud hieß sie mit Vornamen und hübsch war sie auch. Aber im dritten Schuljahr hatte man das nur so am Rande wahrgenommen.

Wenn ich bei ihr im Unterricht mal ein Gedicht aufsagen sollte, sagte sie zu mir:

„Dieter, dann stehst du auf, stellst dich frei neben die Bank in den Gang, machst den Rücken gerade, hältst den Kopf hoch, drückst die Brust raus und sprichst mit fester und deutlicher Stimme!"

Frl. Geibel blieb nicht lange bei uns, dann folgte sie dem Ruf ihres Herzens, heiratete ganz unauffällig und ging schließlich als Frau Reingans von uns weg nach Abenteuer. Dieser Ort liegt auch im Hunsrück, aber weit weg in westlicher Richtung hinter dem Soonwald. Danach hörten wir leider nichts mehr darüber, wie ihr Abenteuer in Abenteuer verlaufen ist.

Nach Frl. Geibel kam Frau Tomaschewsky. Vorne hieß sie Vera, Vera Tomaschewsky! Sie war eine resolute Frau und auch schon ein wenig älter und erfahrener aus Frl. Geibel. Sie hat gerne mit uns Schülern gesungen. Auch als wir später schon bei unserem Lehrer Emil Rohleff die große Klasse mit den Schuljahren fünf bis acht besuchten, unterrichtete sie uns noch im Fach Musik, und das nicht ohne Erfolg, denn: Das erwies sich daran, dass nach den Schulentlassungen in diesen Jahren so etwa die Hälfte der Buben im Alter von vierzehn oder fünfzehn Jahren in den örtlichen Männergesangverein als aktive Sänger eingetreten ist, auch ich.

Doch erst einmal hatte man die vier Jahre in der großen Gemeinschaftsklasse von Emil Rohleff gut zu überstehen. Das erwies sich als nicht so schwer. Bei den älteren Leuten im Dorf war unser Lehrer Emil nicht so gut angesehen. Denen war er zu liberal, zu wenig autoritär, zu lasch, zu weich und zu nachgiebig im Umgang mit seinen Schülern. Die Alten waren noch darauf gedrillt, ab und zu vom Schulmeister zur Durchsetzung seines Willens mit der flachen Hand oder sogar mit einem Stöckchen körperlich spürbar touchiert zu werden.

Emil Rohleff war kein Vertreter dieses alten Schlags. Er setzte andere Prioritäten, zum Beispiel flankierte er den Mathematikunterricht mit spannenden Rechenspielen. Uns Schüler beschäftigte er auch immer wieder mit Kopfrechnen und setzte bei schriftlichen Aufgaben oft die in vielen Schuljahren zuvor schon bewährten kleinen grauen und abgegriffenen Rechenkarten aus dem schmalen Lehrmittelschrank in der Ecke des Klassenraums ein.

„1000 weniger 47" rief er in die Klasse hinein, wenn er mal zur Toilette musste oder eine andere technische Pause nötig gewesen ist. Dabei zeigte er mit dem Finger auf einen von uns in der vorderen Bankreihe, und der oder die begann dann laut zu rechnen:

„1000 weniger 47 ist neunhundertvierund nein: 953!"

So ging es weiter, die ganze Reihe hindurch nach hinten und von dort wieder in der benachbarten Reihe gegenläufig nach vorne. Wenn am Schluss die Zahl 13 an der Tafel stand, war Emil nach seiner Rückkehr in den Klassenraum mit sich und uns zufrieden.

Auch einen ordentlichen Deutschunterricht veranstaltete der aus Wuppertal stammende Dorfschullehrer Emil mit uns und ließ dabei die Klassiker von Goethe und Schiller nicht aus.

Zu dem gründlich bearbeiteten Unterrichtsstoff gehörten zum Beispiel Der Zauberlehrling und Die Glocke. Diese Werke erkundeten wir in der siebten und achten Klasse mit verteilten Rollen und lernten sie auch stückweise auswendig. Auch die Nibelungensage mit dem legendären Goldschatz im Rhein bei Worms und mit den Protagonisten Siegfried, Brunhilde, Kriemhild, Gunter, Hagen und Gudrun beschäftigte uns in dieser Zeit. Einige Schüler haben auch tatsächlich ein bisschen davon verstanden.

In manchen Jahren standen die Herbstwochen zwischen dem Ende der Kartoffelferien und Advent im Zeichen des Krippenspiels, das wir unter der Regie unseres Lehrers gemeinsam einstudierten. Am lange vorbestimmten Termin in der Vorweihnachtszeit gelangte es im Gemeindesaal, der bei uns nur

„Betsaal" hieß, vor der versammelten Dorfschaft zur Aufführung.

Wir Schüler waren nur mäßig begabte Vortrags- oder Schauspieltalente, keiner von uns, bis auf einen: Reinhold Stumm, genannt „Schmieds Reinhold"! Reinhold war ein geborener Vortragskünstler. Er konnte sich sehr gut in einen aus dem Rollenheft angelesenen Handlungsablauf hineinversetzen und seine Figur in der ihm zugedachten Bühnenrolle mit passender Betonung, eindrucksvoller Mimik und überzeugendem Augenrollen so ausfüllen, dass ihm die Zuschauer immer wieder spontanen Szenenapplaus spendeten. Es ist schade, dass Reinhold nicht mehr unter uns weilt.

In den letzten beiden Schuljahren gab es an zwei Wochentagen nachmittags zusätzliche zweistündige Verpflichtungen: Der Herr Pfarrer rief die evangelischen Kinder zum Konfirmandenunterricht. Seine Aufgabe als Religionslehrer nahm er sehr ernst und forderte von uns während der Sitzungen außer konzentrierter Aufmerksamkeit noch das Auswendiglernen vieler Kirchenlieder und Psalmen aus der Bibel.

Im Alter von neun bis vierzehn Jahren ließen Schule und Pfarrunterricht im Betsaal mir noch Zeit für andere Beschäftigungen. Unter Berücksichtigung der erheblichen Ferienzeiten und der freien Nachmittage konnte ich mich fast täglich den landwirtschaftlichen Arbeiten auf dem kleinen Bauernhof bei „Henne" widmen.

„Bei Henne", das waren Haus und Hof meiner Großeltern und meines Onkels Hans väterlicherseits. Das Anwesen umfasste ein altes Wohnhaus, ein Wirtschaftsgebäude mit Scheune, Kuhstall, Schweineställen, Hühnerstall und Geräteschuppen. Es gruppierte sich um den im Oberdorf gelegenen Hof an der Hauptstraße mit dem zentralen Nussbaum.

Meine Oma, Opa, Tante Elli, Onkel Hans und Tante Else bewirtschafteten dort mit recht einfachen Mitteln den eigenen Besitz von fünf Hektar Acker- und Wiesenland. Weil es in diesem Haus keine Nachkommen, und damit auch keine Erben, gab, war es für die gesamte Großfamilie und auch für mich seit Jahren eine klare Sache, diesen kleinen landwirtschaftlichen Betrieb einmal in meinen Besitz und in meine Regie zu übernehmen. Alles schien nur eine Frage der Zeit zu sein. Auch meine Eltern verbrachten ihre freie Zeit zu großen Teilen als Hilfskräfte auf diesem Hof. Diese Hilfe war auch nötig, denn mein Onkel litt unter einer Kriegsverletzung, die ihn ständig körperlich behinderte. Als Ausgleich für diese tatkräftige Unterstützung gab es für unsere vierköpfige Familie Kartoffeln, Gemüse, Obst, Mehl und Eier aus eigener Erzeugung. Bei den zwei Hausschlachtungen des Jahres fiel auch immer ein ordentlicher Teil der frischen und der selbst geräucherten Fertigprodukte für uns ab. Die leckere Wurstsuppe sei hier stellvertretend für alle anderen Fleischprodukte hervorgehoben.

Auch Muttis Eltern betrieben eine kleine Landwirtschaft mit zwei Hektar eigenem Acker- und Wiesenland, zwei Kühen, zwei Schweinen und einer kleinen Schar Hühner. Auch hier waren immer wieder helfende Hände nötig, die nicht nur von uns, sondern auch von Muttis Geschwistern und deren Familien eingefordert, und von ihnen auch gerne gewährt wurden. Vor allem zu Erntezeiten ergaben sich auch dort dringliche und witterungsabhängige Arbeitseinsätze.

Neben dieser Nebenbeschäftigungen auf den Wiesen und Feldern der Eltern und Großeltern fanden Mutti und Papa noch Zeit für häusliche Näharbeiten. Papa hatte ja bei seinem eigenen Papa schon früh den Schneiderberuf erlernt, und Mutti besaß ein natürliches Talent für diese Tätigkeit, das sie nach der eigenen Schulentlassung während ihrer Zeit als Hausmädchen in der Villa unseres Doktors Schüler durch qualifizierte Anleitung nicht nur ausbauen, sondern auch perfektionieren konnte. Ja, sie brachte es mit ihren Fähigkeiten so weit, dass sie über Jahre hinweg als die Schneiderin im Dorf, und sogar über die Grenzen des Dorfs hinaus, galt. Noch heute sind kleine Notizbücher vorhanden, worin sie die relevanten Körpermaße ihrer weiblichen Kundschaft ebenso handschriftlich notierte wie die nach Fertigstellung und Ablieferung ihrer Produkte dafür einzufordernden Gegenwerte in DM und Pfennigen. Die kleinste dort verwendete Recheneinheit war der Groschen, einzelne Pfennige hatte sie schon wegen der Übersichtlichkeit gerundet, nach welcher Richtung ist nicht mehr zu erkennen.

Auch Papa befasste sich vor und nach seinen wechselnden Arbeitsschichten bei der Bundesbahn am häuslichen Küchentisch und an der fußbetriebenen Anker Nähmaschine mit Schneiderarbeiten. Seine Kundschaft kam aus der männlichen Bevölkerung unseres Dorfs und seiner Umgebung. Da sich sein eigener Papa und Lehrmeister in diesen Jahren aus Altersgründen von den Schneiderarbeiten schon weitgehend zurückgezogen hatte, war es eine neidlose, ja sogar notwendige Fortführung des Schneiderhandwerks innerhalb der Familie, eine kleine Tradition also. Damit aber endete auch zugleich die Linie der Schneiderzunft. Denn leider versäumten mein Bruder und ich es in dieser Zeit, die eigene Neugier den handwerklichen Schneiderkünsten unserer Eltern zuzuwenden, um uns dadurch eigene Fähigkeiten und Fertigkeiten für ganz persönliche Selbstmachkompetenzen anzueignen.

Im Arbeitsbüchlein meiner Mutti finden wir aus dem Jahr 1969 folgende Einträge:

| Rock ändern | 5,20 DM | Bluse nähen | 17,00 DM |
| Hose ändern | 4,50 DM | Zutaten | 1,80 DM |
Kleid ändern	5,50 DM	Jackenkleid ändern	9,50 DM
Summe:	15,20 DM	Summe:	28,30 DM

Dieses bescheidene Zubrot ergänzte verlässlich das schmale Beamtengehalt meines Papas auf angenehme Weise und sorgte für eine verlässliche Handbreit Wasser unter dem Kiel unserer schmalen Haushaltskasse. Man kam nicht gleich in monetäre Bedrängnis, wenn der Dachdecker am eigenen kleinen Häuschen etwas ausbessern musste, oder wenn für einen der heranwachsenden Söhne mal ein Wintermantel nötig war.

Luxuriöse Ausgaben wie die Zahlung von außerhäuslichen Übernachtungen und Mahlzeiten, oder die Finanzierung von Urlaubsreisen, waren bei uns nie Gegenstand einer Diskussion. So etwas hat es nicht nur in unserer Familie nicht gegeben, niemand im Dorf leistete sich in diesen Jahren eine Urlaubsreise. Unsere jährlich verfügbaren kostenlosen Personalfahrkarten der DB für die ganze Familie verfielen fast regelmäßig. Nur ganz selten nutzten wir diese für eine einwöchige Bahnfahrt hinter den Eisernen Vorhang nach Sachsen, wo mein Onkel Kurt und meine Tante Anneliese schon lange ihren Westbesuch bei den dortigen Behörden und auch im örtlichen Konsumladen durch vorsorgende Hamsterkäufe vorbereitet hatten, und sich auf die gemeinsame Zeit mit uns freuten.

Unsere Großfamilie mit über zwanzig Personen im Ort, verteilt auf sechs verschiedene Häuser und Haushalte, war wohl dem unauffälligen Durchschnitt der ländlichen Bevölkerung dieser Region zurechenbar. Diese Normalität galt für das verfügbare Einkommen und das Vermögen ebenso wie für die allgemeine Schul- bzw. Berufsausbildung, das persönliche Ansehen in der Öffentlichkeit, die kulturellen Ansprüche sowie für sonstige allgemeine persönliche Fähigkeiten und Fertigkeiten. Nahezu jeder im Dorf war mit jedem per Du, gegenseitige unangemeldete Hausbesuche und ein Schwätzchen an der Straße oder am Gartenzaun waren stets an der Tagesordnung.

Die meisten der 500 Dorfbewohner hatten einen direkten Bezug zur Landwirtschaft, sei es im Haupt- oder im Nebenerwerb. Der eigene Landbau war die Basis für die tägliche Versorgung mit den wichtigsten Lebensmitteln. Nur wenige Haushalte besaßen nur einen Hausgarten als Anbaufläche oder in einigen Fällen auch einen externen Garten in der Gemarkung zwischen den Ländereien der Bauern. Dort standen neben ein paar bunten Blumen vor allem

Kartoffeln, Gemüse aller Arten, Obst und Strauchbeeren auf dem Anbauplan.

Es gab verschiedene Methoden, die auf den Feldern und in den Gärten geernteten Produkte für den künftigen Verzehr zu behandeln. Kartoffeln zum Beispiel fanden direkt nach der Ernte ihren Platz hinter den dicken Schieferfundamenten der dunklen und kühlen Keller unserer Fachwerkhäuser. Dort standen auch die riesigen runden Bottiche aus Sandstein, in denen unter einem beschwerenden Gewicht das eingeschnittene Weißkraut als Sauerkraut dauerhaft in einer Salzlake eingelagert vor sich hin fermentierte. Ein gleiches verlässliches Verfahren gab es für die grünen Bohnen.

Gegen Weihnachten hatten beide eingemachten Vorräte ihre Reifegrade erreicht und die Tröge konnten erstmals geöffnet und ihre Inhalte verwendet werden. Für den Gaumen war das fertige Mittagessen am Sonntag stets ein Fest gewesen, nicht aber einen Tag zuvor die erste Öffnung der Bottiche für die Nasen.

Die Möhren behielten ihre leckere Frische über mehrere Monate in einem mit trockenem Rheinsand gefüllten und innen wie außen glasiertem Steintopf. Auch für die rohen Hühnereier gab es ein probates Aufbewahrungsverfahren mit glibberigem Wasserglas im blau angemalten Topf aus Steinzeug. Allerdings ließen sich die noch immer scheinbar frischen Eier danach nur noch zum Backen verwenden.

Ja, und da gab es auch noch die guten alten Einmachgläser. Jede Hausfrau benutzte sie und das damit verbundene Vakuum-Verfahren zur Sterilisierung und Erhaltung der wertvollen Inhalte in den verschiedenen Erntephasen des Jahres. Im Sommer nahmen diese Weckgläser Kirschen und Stachelbeeren ebenso gerne auf wie im Herbst die Bohnen, Erbsen, Rote Beete oder Gurken. Besondere Beliebtheit kam ihnen bei Hausschlachtungen für die Konservierung der Blut- und Leberwurst, des Bratenfleischs und des leckeren Schwartenmagens zu.

Schlachtprodukte landeten aber auch häufig in wiederverwendbaren Konservendosen, deren oberer Rand vor erneutem Gebrauch ganz einfach von einer speziellen Maschine um ein paar Millimeter gekürzt wurde.

Weckgläser und Konservendosen fanden im Keller ihren Aufbewahrungsort. Es war ratsam, die Gläser gelegentlich auf dauerhafte Dichtigkeit hin zu überprüfen. Bei schadhaften roten Gummiringen traten durchaus auch Reklamationen auf, deren Schadenswirkung bei früher Entdeckung abwendbar war.

Besonderheiten unter den Vorratsräumen waren die Räucherkammern auf den Dachböden der Bauernhäuser. Bevor diese abgekapselten Räume unter den Schieferdächern nur noch eine allgemeine Aufbewahrungsfunktion ausübten, brutzelten darin wochenlang die Schinken und auch Würste im mäßig scharfen Rauch des ständig schwelenden Sägemehls von der heimischen Buche. Dieser Brennstoff fiel überall beim Holzschneiden als Abfallprodukt an.

Eine angewandte Praxis zur Erhaltung des Frischegrads von Weiß-, Rot- und Spitzkohl war das kopfüber Einschlagen dieser Gemüsesorten in den Mutterboden des heimischen Gartens. Dabei versank der Kopf der Pflanze völlig in der Erde und ihre

Wurzel ragte wie ein Hühnerbein als Markierung des angelegten Depots senkrecht daraus hervor. Ein ähnliches Verfahren wurde in viel größerem Stil zur Aufbewahrung der Rüben für das liebe Vieh in einer großen Miete im Umfeld der Scheune angewandt.

Die gemeinschaftliche Mühle und das zentral gelegene Backhaus gehörten zu den wichtigsten Einrichtungen für die Verarbeitung der eigenen Getreideerzeugnisse. Der geerntete Weizen wurde von den Bauern selbst zu Weißmehl gemahlen und dieses vor den Wochenenden von ihren fleißigen Frauen unter Hinzunahme einiger edler Beigaben zu leckeren Kuchen verbacken. Dem Roggenvorrat auf den Dachböden erging es ähnlich. Auch dieser kam in den großen Einlasstrichter der Mühle. Nach der Bearbeitung zwischen den langsam rotierenden Steinen rieselte schließlich am anderen Ende das fertige Roggenmehl in den Mehlkasten. Jetzt oblag es wieder den Hausfrauen, bei Bedarf im „Backes" das gewonnene, etwas gräulich erscheinende Brotmehl zu rustikalem Bauernbrot zu veredeln.

Auch die nötige Wärmeversorgung der Wohnräume lag in eigener vorsorgender Verantwortung. In den kleinen Dörfern des Hunsrücks oblag die dem Gemeinwesen zukommende Landschaftspflege und viele andere öffentlichen Arbeiten stets den Bewohnern selbst. War es an der Zeit, rief der Gemeindevorsteher die Bürger zu ihren Frondiensten auf. Dieses geschah durch Ausschellen in den Straßen und begleitende Ausrufe der anstehenden Arbeiten und der dafür angesetzten Termine. Nach den Gemeindesatzungen hatte sich jeder Haushalt der Dorfschaften mit mindestens einer Person an diesen Aktionen zu beteiligen. Man nannte es, „mit der Gemeinde gehen".

Als Gegenleistung dafür standen in unserem Dorf jedem teilnehmenden Haushalt jährlich sieben Festmeter Brennholz zu, das der Ortsbürgermeister zu Jahresbeginn nach einem bewährten Verfahren kostenfrei an seine Bürger verloste. Allerdings musste man die auf Klafter gesetzten Scheite und Knüppel im Wald selbst abholen, zu Hause zersägen und anschließend in weiterer Handarbeit mit der Axt noch auf das gewünschte Maß spalten. In einem geschützter Raum oder Schuppen des eigenen Anwesens hatte dieser Vorrat an Brennmaterial bis zur Zuteilung im nächsten Frühjahr zu reichen. In den Bauernhäusern gab es nur wenige ständig betriebene Feuerstellen zu versorgen. Die wichtigsten waren der Küchenherd, der Waschkessel, in dem auch die Kartoffeln für die Schweine gekocht wurden, und der Ofen im Wohnzimmer. Die Nutzung dieser guten Stube aber blieb aus Gründen der Sparsamkeit in vielen Häusern auf die Sonn- und Feiertage des Jahres beschränkt. Das soziale Leben der Familien spielte sich hauptsächlich in den Küchen ab. Diese Praxis stand in gutem Einklang mit der Unterscheidung der Kleidung nach Werktags- und nach Sonntagsgewändern.

Alle Maßnahmen der auf Sparsamkeit angelegten Vorratswirtschaft dienten nur dem Ziel, die Produkte aus der eigenen Erzeugung und Veredelung so lange wie möglich frisch zum Verzehr bzw. zum Verbrauch zu erhalten. Diese ökologische Lebensweise mit einem hohen Grad an Selbstversorgung gewährte in meinen Kindheitstagen den Menschen ein bedeutendes Maß an Unabhängigkeit von weiteren Einnahmequellen.

Als acht Schuljahre vorüber waren, und wir vierzehn- bis fünfzehnjährigen Kinder alles das konnten und wussten, was unsere Lehrer gekonnt und gewusst haben, sprach man uns mit dem Entlassungszeugnis die nötige Reife zu, um in dem nun folgenden Lebensabschnitt bestehen zu können. Auch der Herr Pfarrer gewährte nach einer öffentlichen Überprüfung unserer Bibelfestigkeit mit der feierlichen Konfirmation vor dem Altar unseres Gotteshauses seinen kirchlichen Segen zur Vollmitgliedschaft in unserer evangelisch-lutherischen Kirchengemeinde. Danach ging jeder von uns seiner Wege.

In den Monaten davor war bei mir ein Sinneswandel eingetreten, was die scheinbar vorgezeichnete Wahl meiner künftigen Beschäftigung und Berufswahl betraf. Zum Entsetzen meiner Großeltern, Erbtante und -Onkel wollte ich jetzt nicht mehr Bauer werden. Doch ein anderes Berufsziel hatte ich auch noch nicht vorzuweisen.

Büchenbeuren von oben

Wenn man schon länger in Schleswig-Holstein wohnt als in Büchenbeuren auf dem Hunsrück, dann guckt man auf das Dorf schon alleine deswegen von oben herab, weil der Hunsrück auf der Landkarte unten, und Schleswig-Holstein oben liegt. Nicht nur darum ist die Überschrift so scheinbar überheblich gewählt.

Auch später, wenn man dereinst hier unten auf dem schönen Erdbällchen seinen Platz endgültig geräumt haben wird, weil die lieben Mitmenschen einen selbst hier nicht mehr haben wollen, und weil man auch lange genug am gedeckten Tisch gesessen und seinen vom Lieben Gott zugedachten Platz belegt hat, guckt man von oben herab auf den Hunsrück. Natürlich nur dann, wenn man in seinem Leben auch brav gewesen ist. Warst du das nicht, dann guckst du von unten nach oben auf den Hunsrück und auf die Kartoffeläcker von Büchenbeuren und seinen Nachbardörfern.

Warum ich auch so gerne auf Hunsrücker Platt schreibe? Diese Sprache habe ich von Grund auf gelernt und schon als kleiner Bube gesprochen, als ich längst noch nicht schreiben konnte. Als man das dann aber in der Schule so nach und nach gelernt hat, musste man Hochdeutsch schreiben und natürlich auch so sprechen. Und richtig schreiben musste man auch. Was richtig und was falsch war, das bestimmte der Lehrer. Sein Standpunkt erwies sich als nicht verhandelbar und hat mich von Anfang an zählbar behindert. Das gefiel mir damals gar nicht, und damit haben wir schon die Antwort gefunden auf die Frage, warum ich so gerne auf Hunsrücker Platt schreiben.

Aber da gibt es noch einen Grund: Die heimische Sprache kennt einzelne Wörter, die einen ganzen Zustand beschreiben, für dessen Erklärung man auf Hochdeutsch ein paar lange Sätze verwenden müsste. Ich denke da zum Beispiel an das Wort „Flabbes", das ich früher einmal in zwei besonderen Aufsätzen auf Hunsrücker Platt und auf Hochdeutsch meinen Mitmenschen ausführlich erklärt habe. Hört sich die Version auf Hunsrücker Platt nicht viel griffiger an als die auf Hochdeutsch?

Wenn man so schreibt, wie man spricht, gibt es dafür keine Rechtschreibregeln wie beim Hochdeutschen. Da kann man schreiben wie man will, keiner kann einem etwas vorhalten. Und wenn der eine ein Wort anders schreibt als der andere, dann wohnen die beiden vielleicht in verschiedenen Dörfern. Es kommt schon mal vor, dass im Nachbarort ein bisschen anders gesprochen wird als zu Hause. Wenn man dann auch ein bisschen anders schreibt, dann wäre das noch lange kein Fehler.

Meine Erinnerungen stammen aus den Fünfziger- und Sechzigerjahren des vorigen Jahrhunderts. Für die jungen Leute ist das vielleicht lange her, aber für mich ist es wie gestern. Es geht mir darum, die Leute, die damals im Dorf lebten und arbeiteten, noch einmal mit ihren ganz persönlichen Eigenheiten in Erinnerung zu rufen, und auch ihre Zeit mit dem ganzen Drumherum, heute würde man sagen, mit dem wirtschaftlichen, sozialen und gesellschaftlichen Hintergrund, in unseren Gedanken wieder aufleben zu lassen. Damit soll jedem, der jetzt hier und heute seinen Platz in der Gesellschaft hat, klargemacht werden, dass eins aufs andere aufbaut, nicht nur in der Technik, auch bei den einzelnen Leuten in allen Häusern und allen Familien ist das so.

Jetzt aber nehme ich alle mit auf die Reise in die Zeit meiner Kindheit, in der so vieles anders gewesen ist als in der Gegenwart. Zusammen blicken wir auf eine Dorfgemeinschaft, in der meine gleichaltrigen Freunde noch jung gewesen sind. Das hat sich geändert, was wir bei gelegentlichen Treffs übereinstimmend erkennen.

Wem die folgenden Ausspähungen von oben mit ihren Fundstücken und Schnappschüssen eigene Erinnerungen wachrufen, gehört zu der Generation von Menschen, die im Focus des Betrachters stehen.

Grüße aus Frankreich von einem ehemaligen Kriegsgefangen nach dem Ersten Weltkrieg

Der Flug über mein Dorf

Träumen wird wohl jeder einmal. Manche Kinder träumen in der Schule und manche Erwachsene träumen in der Kirche, und manche Menschen träumen auch ganz ohne Grund so einfach in den Tag hinein.

Das meine ich jetzt aber nicht. Ich meine so einen Traum in der Nacht, wenn man eigentlich schlafen sollte. Auch ich träume schon mal, nicht so oft, aber wenn ich träume, dann ist es meistens richtig spannend, und davon will ich euch jetzt mal erzählen.

Da habe ich doch schon zwei Mal geträumt, ich säße im Zirkus, im Zirkus Althoff, der in Büchenbeuren auf dem Sportplatz sein großes Zelt aufgeschlagen hatte. Der Zirkus besaß Löwen und Elefanten und eine Menge Artisten, die in der Manege wie die Affen an einem Seil hochkletterten und oben über den Köpfen der Besucher ihre Kunststücke ausführten. Sie schaukeln und schwingen auf dem Trapez hin und her, und plötzlich machen sie einen mächtigen Satz durch die Luft und landen auf einem anderen herbeischwingenden Trapez.

Als ich das in meinem Traum sah, wurde mir gleich ganz anders, und ich fühlte, wie ich selbst ja auch begann zu fliegen. Wie ein Vogel fliege ich, nicht so flatterig wie ein Spatz oder eine Meise, eher erhaben wie ein Habicht, ein Adler oder elegant wie eine Möwe. Doch Möwen gibt es auf dem Hunsrück ja gar nicht. Ich habe einfach meine beiden Arme ganz weit nach den Seiten ausgestreckt und bin, ohne mich viel anzustrengen, so eben über die Gärtnerei Bohn, die Jahnhalle und die Jugendherberge gesegelt. Dabei habe ich unter mir den Josef Hecker (Hecker Jupp) beobachtet, wie er auf seinem mit hohen Bäumen umgebenen Betriebshof die schweren Rodungsmaschinen geputzt und mit einer Fettpresse sehr penibel abgeschmiert hat. Der Jupp hat sich bei seiner Arbeit nicht stören lassen.

Das Wetter war gut, die Sonne schien, und ein paar Wolken zogen langsam über den Himmel. In der Luft fühlte ich mich jetzt so richtig wohl und sicher und flog von dort den Bahnschienen entlang hinauf und nach Westen zur Dietrichshöhe. Bevor ich die „Beckasch Heh" aber in den Blick nehmen konnte, streifte mein Auge den kleinen Polizeiposten an der „Lautzer Stroß", in dem damals Franz Göbel mit seiner Frau wohnte und auch gleichzeitig die ihm aufgetragene exekutive Staatsgewalt über die etwa 500 Bürger des Dorfs hoheitlich ausübte. Wenn er nicht mit seiner flachen ledernen Umhängetasche zu Fuß oder mit dem Dienstfahrrad das ihm zugewiesene Revier durchstreifte, arbeitete er still und unauffällig im Homeoffice, und war damit seiner Zeit schon weit voraus.

Der Hausname „Beckasch" lässt auch den Fremden den Zusammenhang mit dem Bäckerhandwerk schnell erkennen. In den Hunsrückdörfern haben nicht nur die Menschen ihre Namen, auch die Häuser haben Namen. Das gilt vor allem für die alten Häuser, deren Geschichte nicht einmal allen zeitgenössischen Dorfbewohnern geläufig ist. Die Generationen wechseln, und damit auch die Namen der Familien. Der Name des Hauses aber verändert sich nicht, auch wenn sich zu den historisch begründeten Eigennamen keine Rückschlüsse mehr ziehen lassen.

Gleiches gilt für die Namen der Flurstücke, der Äcker, Wiesen und Wälder, die von den Bauern bewirtschaftet wurden. Auch die präsentieren sich in der Beschreibung meiner Traumreise durch die Lüfte in Anführungszeichen. An „Beckasch" wurde damals noch Brot gebacken. Mischbrot, Weißbrot, Milchbrötchen und zweiteilige Wasserwecken waren täglich im Angebot. Käufer und Konsumenten waren vor allem die Menschen ohne Zugang zu dem zentralen Backhaus, dem „Backes", von dem noch die Rede sein wird. Kurt, einer der beiden Junioren der verwitweten Gastwirtin, war aber jetzt mit seiner neuen Tankstelle beschäftigt, und die „Emma-Good" stand wie immer in ihrer Schankwirtschaft hinter der Theke am Zapfhahn. Wenn ich hätte hineinblicken können, dann wären meine Augen dort bestimmt den Stammgästen begegnet, dem „Adams Dick", „Büttnasch Richard" oder einem der beiden „Gasse-Buben", dem Günter oder dem Guka.

Von der Höhe mit der Straßenkreuzung und der Holzbrücke über den Bahnschienen flog ich weiter über die Äcker an der „Enkericher Strooß". Dabei konnte ich über das einsam an der Straße stehende „Hase Häuschen" hinweg bis nach Lautzenhausen sehen, wo damals der Flugplatz Hahn noch in der Entstehung gewesen ist. Bei einem Rundblick übers Ganze sprangen mir die vielen Dachständer des Energieversorgers RWE, die wie Hirschgeweihe aus den Spitzdächern der im Ortskern eng stehenden Häusern ragten, ins Auge.

Der einsame Wanderer Hans Löcherer, Junggeselle und verdienstvoller Mitarbeiter der ortsansässigen Landwirtschaftsschule, schritt soeben gemessen von der „Beckasch Heh" über die Feldwege daher. Offensichtlich strebte er nach Hause zu „Darlens Häisje", am Südrand des Waldes vor der neuen amerikanischen Housing des Flugplatzes Hahn, dem „Hepperich". Dort hütete er viele Jahre lang in seiner abgeteilten Mietwohnung das Ferienhaus der meist abwesenden Eigentümer aus dem Ruhrgebiet. Auf dem „Erdbichelche" streifte Hans noch das Gelände von Dr. Schülers Apfelplantage, das bei uns Dorfleuten unter dem Zweitbegriff „Dokdasch Gade" besser bekannt gewesen ist. Eins der noch verbliebenen Äpfelchen daraus musste jetzt als spontane Wegzehrung dran glauben und ergänzte das soeben bei der „Emma-Good an „Beckasch" genossene Abendbrot um einen fruchtigen Nachtisch.

Auf den Äckern der Umgebung ernteten die Bauern die letzten Rüben und Kohlraben, schlugen mit der Hippe das Kraut ab und warfen dann mit leichten dreizinkigen Gabeln die Früchte einzeln auf den Kastenwagen, um sie damit in das eigene Winterlager heimzufahren. Hier und da qualmte es auf den Feldern. Dort brannte das verwelkte Kartoffelkraut, und die Kinder brieten darin die „Krombeere", die sie beim Zusammenscharren des Krautes zuvor noch auf den Feldern gefunden hatten.

Westlich der großen Straßenkreuzung auf der Höhe des Ortseingangs, wo die gelben Wegweiser an den Ausfallstraßen in die weite Welt die Namen der nächsten Ortschaften schon immer anzeigten, folgte ich bei meiner Flugreise der Bundesstraße 50 parallel zur Bahnschiene in Richtung Dorfmitte. Beide Verkehrswege waren optisch noch getrennt durch ein schmales Wäldchen mit dürftigem Baumbestand.

An der Weggabelung danach traf ich auf das stattliche Gebäude der Zweigstelle der Kreissparkasse Zell. Dieses aber verwehrte mir leider den Einblick in seine Schatzkammer, wo ich die gesammelten Gegenwerte aller an die Bevölkerung ausgegebenen Sparbücher auf einem großen Bargeldhaufen vermutete.

Gleich zu Beginn der linken Häuserreihe an der Bundesstraße 50 fiel mir der Neubau der Drogerie Müller ins Auge. Das Haus hatte noch keinen Verputz auf den großen Tuffsteinen, war aber schon als Drogerie und Fotoladen eingerichtet, und der Verkauf florierte. Die Spezialisierung auf chemische Substanzen trug dem Ladeninhaber ganz schnell einen adäquaten Spitznamen ein. Wenn man im Dorf vom „Giftig" sprach, wusste jeder, wer gemeint war. Später erhielt das Haus einen Anbau und das Sortiment erweiterte sich um einige Lebensmittelprodukte. An der Hausfront war dann bald auch der Namenszug „Edeka" zu lesen.

Von oben herunter konnte ich ja gut und weit sehen, und habe dann auch bei meinem Kurs in Richtung Dorfmitte erkennen können, dass bei „Wänasch Oskar" an diesem Tag offenbar ein Schwein geschlachtet worden war. Noch am Nachmittag hing es sauber ausgenommen auf dem Hof auf der an die weiß gekalkte Scheune angelehnten hölzernen Leiter. Die beiden äußeren Haken eines Sielenscheids, das an der oberen Leitersprosse mittig fixiert war, griffen nach unten in die herausgelösten starken Sehnen der Hinterläufe des jetzt aufgebrochenen Schlachtopfers.

Oskar war damals Gemeindevorsteher, und zu ihm brachte ich als kleiner Bube die abgeschnittenen Schwänzchen meiner in der Gemarkung gefangenen Maulwürfe. Oskars Frau, die Luise, machte dann auf ihrer Liste hinter meinem Namen einen Strich, bevor sie die amputierten kleinen hinteren Körperteile der possierlichen Wühltiere ihren umherhuschenden Hofhühnern zum sofortigen Verzehr vorwarf. Als Lohn für die Maulwurfjagd des ganzen Jahres gab es zum Dorffest im Sommer vom Vorsteher für jeden der von Luise notierten Striche 50 Pfennige bar auf die Hand ausgezahlt, unversteuert und ohne Quittung, versteht sich.

Der Kurs meines Flugs folgte dem Lauf der Sonne, von Osten nach Westen. Aus luftiger Höhe genoss ich den Überblick nach links über das noch bescheidene Neubaugebiet der Gemeinde, wo in den letzten Jahren bis fast hinunter zu der ehemaligen unteren Mühle hinter „Gasse Heck" schon einzelne hübsche und teure Eigenheime entstanden waren. Manche von ihnen blieben viele Jahre ohne äußeren Verputz, weil das Geld dafür schon vorzeitig ausgegeben war.

Im Wiesengrund residierte der Wiesenschuster mit seiner Mehrgenerationenfamilie in seinem bäuerlichen Anwesen. Das alte Wohnhaus mit der kleinen Schusterwerkstatt war und ist noch immer mit den niedrigen landwirtschaftlichen Wirtschaftsgebäuden unter einem Dach vereinigt. Auf welchen Höfen im Dorf noch wirklich eine aktive Landwirtschaft betrieben wurde, zeigte sich in unbestechlicher Weise an der Existenz des dann unvermeidlichen Misthaufens auf dem Gehöft. Aus pragmatischen Gründen waren diese stets zwischen den Stallungen und der Straße angelegt.

An der Hauptstraße, ein wenig unterhalb von „Hinze", entdeckte ich jetzt auf dem Hof vor der Autowerkstatt den stets redseligen „Klein-Martin" zusammen mit Herrn Köhler, seinem schon betagten Schwiegervater. Martin paffte einen schon halb abgebrannten Stumpen und drückte dabei mit seinem dicken Bauch den grauen und verschmierten Arbeitskittel so gegen seinen viel kleineren Gesprächspartner, als wollte er dem klammheimlich die vielen Ölflecken daran vermachen. Seine Frau, die Liesel, sah und hörte den beiden vom Fenster ihres kleinen Wohnhauses aus zu und hat dabei ausnahmsweise mal nichts gesagt. In diesem Wohnhaus war ebenerdig jahrelang die kleine Zweigstelle der Raiffeisenbank Kirchberg untergebracht, wo wir Kinder an jedem Weltspartag unsere fleißig gesparten Pfennige, Groschen und Markstücke ablieferten, penibel registrieren und von Herrn Schmittinger dem Sparbuch gutschreiben ließen.

Ein Haus weiter war „Bauersch Hugo" derweil soeben mit der NSU-Quickly auf seinen Hinterhof zwischen Wohnhaus und Stallungen eingebogen und nahm nun seine schwere Handwerkstasche von dem Gepäckträger. Hugo war Schachtmeister, zuständig für das Dorf und den ganzen Amtsbezirk, und gleichzeitig Nebenerwerbslandwirt. Auch mein Opa, der mit seiner Familie, die ja unsere Familie gewesen ist, nur einen Steinwurf weiter wohnte, und an diesem Tag bestimmt in seiner Klempnerwerkstatt beschäftigt war, betrieb so nebenbei die Ackerwirtschaft. Bei meinem Traumflug konnte ich ihn heute leider nicht persönlich antreffen.

Nördlich der Hauptstraße waren hinter den Hausgärten damals gerade die vier großen Siedlungshäuser in der Entstehung begriffen, in denen einmal ein Teil der Bediensteten des neuen Flugplatzes Hahn wohnen sollte. Zweimal kurvte ich lautlos über das ganze Baugelände, aber keiner der Handwerker auf dieser Großbaustelle entdeckte mich dabei. Wahrscheinlich arbeiteten alle im Akkord, da war keine Zeit, in die Luft zu gucken.

Auf dem abschüssigen Gelände der Baulücke zwischen der Linden-Apotheke und „Geibs Scheune" ließ eine Horde Lausbuben gerade einen Autoreifen mit Schwung den Hang hinabrollen, um ihn unten mit einer quer gehaltenen Stange daran zu hindern, auf die Straße zu geraten. Das Spiel aber schien gründlich schiefgegangen zu sein, denn der Reifen überwand die Barriere, torkelte auf die Straße und touchierte die hintere Stoßstange eines Pkw's, die daraufhin auf der linken Seite abriss und auf der Straße Funken schlug. Die Buben stoben im gleichen Moment in alle Himmelsrichtungen auseinander.

Die Scheune der Fa. Geib und Dieter diente schon lange als Zementlager. Auch heute waren kräftige Männer damit beschäftigt, unter Kapuzen mit Nackenschutz Stück für Stück die zentnerschweren Papiersäcke von den beiden Ladeflächen des vorgefahrenen Lkw-Gespanns mühsam abzuladen und in der Scheune zu stapeln.

Von meiner luftigen Höhe konnte ich ein zweites Mal über den Wiesengrund blicken. „Brieffillips Emma" kehrte dort gerade den Hof, und jetzt stand sie bei einem Schwätzchen mit „Fellenzersch Kallinche" an der Hausecke. Auf der Wiese mit den freilaufenden Hühnern bei „Schneierichs" hinter dem Haus war Berta damit beschäftigt, die frisch gewaschene weiße Bettwäsche der Familie des „Wiesenschusters" zum Trocknen auf die Leinen zu hängen.

Auf seinem Hof an der Hauptstraße führte „Hanjobs Albert" den Umstehenden ganz stolz den neu gekauften blauen Röhr-Traktor vor. Seine Frau Erna, die Nachbarn Wilhelm und Elsa standen mit dem Opa Gustav und der Oma Amalie dabei, hörten und folgten ergeben den lobenden Erläuterungen des Hausherrn. Der Röhr war ein leichter Traktor mit zwölf PS, wie er in seiner Art in der Mitte der Fünfzigerjahre von vielen Kleinbauern angeschafft wurde. Schon damals schien es mir so zu sein, als wolle jeder Bauer wegen des damit verbundenen Alleinstellungsmerkmals ein anderes Fabrikat besitzen. Wir Buben hatten es bald raus, am reinen Klang der Motorengeräusche zu erkennen, wer da mit welchem Bulldog im Dorf unterwegs war.

An der Rampe vor dem Kühlhaus der Firma Gustav Gass OHG, Hotel, Getränkehandel, Gastwirtschaft, Gasolin-Tankstelle und Kinobetrieb, beschäftigten sich zwei Arbeiter damit, große viereckige Eisblöcke von der Ladefläche eines parkenden Opel-Blitz abzuladen, und diese mit Hilfe metallener Krallen ohne Umwege schnell in den angrenzenden Eiskeller zu verschieben. Das Eis brauchte man zum Kühlen der Getränke, besonders für das Kirner Bier.

Daneben betankte „Geibs Fred" an der Shell-Tankstelle der Eisenwarenhandlung Geib und Dieter gerade sein Moped. Dazu gab es eine mobile Zapfstelle speziell für Zweiräder, in denen das gewünschte Kraftstoffgemisch von Benzin und Öl vorbereitet und auch genau portioniert werden konnte.

Gegenüber, bei „Franze", beschäftigte sich der „Eier-Ernst" hinter der Scheune im warmen Schein der Abendsonne mit seinen Bienen. Das dreirädrige Lieferfahrzeug mit der kleinen Ladepritsche parkte vor dem Haus an der Straße, damit es den anderen Familienmitgliedern bei ihren Arbeiten nicht hinderlich war.

Unterdessen lud „Jäbe Rudel" schon den ersten Dung von seinem stattlichen Misthaufen auf das Fuhrwerk, während sein Nachbar „Beckernickel" mit dem alten Büttner am Straßenrand dermaßen in angeregtem Disput stand, dass es den Eindruck vermittelte, als wollten die beiden hier und gleich die Welt verändern. Vielleicht unterhielten sie sich gerade in strittiger Weise über die neuen Straßenlampen, die seit kurzer Zeit über der Hauptstraße in regelmäßigen Abständen aufgehängt waren. Richard Büttner Senior zählte mit seiner Schlachterei und dem angeschlossenen Metzgerladen zu den wichtigsten Versorgungsbetrieben. Gleichzeitig war er auch Aufkäufer und damit Kunde bei den zahlreichen kleinen örtlichen Viehzüchtern. So manches Mal war ich selbst Zeuge der Prozedur eines Kuhhandels oder Schweineankaufs, die nach langen kontroversen Reden und Gegenreden scheinbar plötzlich mit einem kräftigen Handschlag von Verkäufer und Käufer ihren Abschluss fand.

Wo sich in späteren Jahren für eine vorübergehende Epoche das Kaufhaus „Convenda" mit den zugehörigen Parkplätzen einmal ansiedeln sollte, gab es damals noch das Wohnhaus mit dem bäuerlichen Anwesen von „Schärichs", daneben das von „Onnascht-Kunze". Hier war jetzt kein Mensch zu sehen, bei „Kunze" kein Hermann und keine Gertrud, bei „Schärichs" kein Manfred und keine Ida. Wahrscheinlich arbeiteten noch alle auf den Feldern. Es war ja noch nicht so spät am Tag. Es gab noch eine Kluft zwischen dem aktuellen Zeigerstand der Uhr hoch oben am Kirchturm und der Römischen Ziffer V auf ihrem großen Ziffernblatt, bei dessen Erreichen die kleine Feierabendglocke im Turm darunter mit einem kurzen Geläut automatisch und ganz deutlich die erreichte Feierabendzeit zu verkünden hatte.

Auf den Wiesen hinter den Häusern des Straßendorfes konnte ich hier und da sehen, wie die Kinder auf Leitern standen und in den Obstbäumen saßen, um die reifen Äpfel, Birnen und Zwetschgen abzupflücken, sie zu „brechen", wie es hier so im Dialekt heißt. Die Obstbäume gediehen in nicht besonders kultivierter Weise einzeln in den Gärten und auf den Wiesen hinter den Häusern und Stallungen. Hühner scharrten darunter im niedergetrampelten Gras ihre Wohlfühlkuhlen und pickten unter den wachsamen Augen ihrer Hähne unablässig auf den Freiflächen herum. Hier und da stachen mir große weiße und frisch gewaschene Laken ins Auge, die dort fein säuberlich nebeneinander auf den Wiesen in der Sonne zum Bleichen ausgelegt waren. Nicht jedes Federvieh zeigte davor den nötigen Respekt.

In größeren Abständen zu den Häusern verbrachten kleine Gruppen von Milchkühen und Kälbern den Tag kauend und wiederkäuend auf der Weide. Das Leben als Zugtiere lag schon hinter ihnen, oder ihre Herrschaft hatte mit einem bescheidenen Traktor würdigen Ersatz für ihre Muskelkräfte gefunden und konnte die Karriere der Glanrinder auf die Milchproduktion konzentrieren. Hin und wieder waren auch Schafe dabei, selten mal eine Ziege.

„Sattlersch" kehrten soeben mit einer neuen Fuhre Runkelrüben vom Acker „An der Korzgewann" auf ihren Hof zurück. Heinrich mit seiner dicken Brille spannte die beiden Kühe aus und seine Frau Wieni führte die erschöpften Zugtiere in ihren kleinen Stall neben der ebenerdigen Sattlerwerkstatt.

Von der benachbarten Amtsverwaltung gingen keinerlei Signale aktiver Arbeiten aus. Der Amtsbürgermeister Böhm erwartete unter seinen Behördendächern ja auch nur Kopfarbeit, und diese war von außen nicht sichtbar und schon gar nicht kontrollierbar.

Vor „Kaaschs" Haus parkte ein großer Sattelschlepper der amerikanischen Armee, aus dessen rechtem Seitenfenster so ein besoffener Mensch in Uniform seinen zugedröhnten Kopf willenlos und anscheinend ohne rechte Besinnung heraushängen ließ. Ich glaube, dem ging es nicht so gut. Er war zum Überlaufen abgefüllt mit dem Stoff, der jetzt für jedermann sichtbar über den weißen Army-Stern der olivfarbenen Außentür in die Gosse tropfte.

„Kaaschs Kätt" führte damals ein kleines Café in dem ehemaligen Wohnzimmer der Familie. Die solvente Kundschaft bestand aus amerikanischen Soldaten. Im Dorf war das Lokal mit zweifelhaftem Ruf bestens bekannt, und es wurde schnell hinter der vorgehaltenen Hand mit dem etwas despektierlichen Begriff „Kaffee Hemdhoch" belegt. Doch wie so oft im Leben anzutreffen, hatte auch diese Einrichtung seine Licht- und Schattenseiten: „Kaasch Erich" betrieb an gleicher Stelle neben der ortsüblichen Landwirtschaft im Miniformat die einzige Eisdiele weit und breit. Für einen Groschen gab es hier leckeres Schokoladen-, Vanille- und Erdbeereis auf einer Waffel zu kaufen.

Neben diesem „Kaasch-Haus" mit integriertem Eiscafé stand noch das alte Haus des Hotels der Familie Schüler in einträchtiger Nachbarschaft. Darin wohnten wir mit unserer Familie selbst einmal eine Zeitlang. Sogar der Dichterfürst Joh. Wolfgang von Goethe soll eine Reise durch den Hunsrück wegen ungünstiger Witterung einstmals unterbrochen und in diesem Gebäude übernachtet haben. Doch dafür fand ich an diesem Tag von meiner erhöhten Perspektive auch keine stichhaltigen Beweise.

„Schülers Rolf" und seine Frau Helga führten das dreigeschossige Hotel und bewirtschafteten die Gaststätte mit dem angeschlossenen Saal für gesellschaftliche Ereignisse aller Arten mit einer stattlichen Gästeschar. Doch in der Praxis war Helga die gestaltende Figur, während sich Rolf mit seiner Jagdflinte eher der kleinen und exklusiven lokalen Jägerschaft zugehörig fühlte und dieser gerne folgte und zu Diensten stand. Und das an diesem Tag mit sichtbarem Erfolg. Zusammen mit seinen grün uniformierten Jagdfreunden hatte er heute Morgen nach stundenlangem Ansitz auf einem Hochsitz im Gemeindewald schon einen beträchtlichen Eber sauber erlegt, waidgerecht aufgebrochen, ausgenommen und für die Küche aufbereitet mit nach Hause gebracht. Dieser war an den folgenden Tagen von der interessierten Bevölkerung portionsweise als Wildschweinbraten mit Rotkohl im Restaurant als Tellergericht zu erwerben.

Nebenan, auf dem großen Anwesen des Walter Stumm mit dem Hausnamen „Iewerscht Kunze", den der Volksmund wegen seines Vornamens und seiner poetisch angehauchten Redebegabung mit dem ehemaligen Reichsbauernführer Walter Darré in Verbindung brachte und ihm deswegen selber den Beinamen „Darre" beilegten, ging es derweil so richtig rund.

Schon von weitem kündigte eine Mischung aus säuerlichem Silogeruch und frischen Düften des kochenden Kartoffeldämpfers die aktuellen Arbeiten an. Mit solchen, mitsamt des Bedienungspersonals von Lohnunternehmen der Umgebung ausgeliehenen mobilen Kochtöpfen, bereiteten die Bauern im Herbst die Futterkartoffeln als Silofutter für die Versorgung ihrer Hausschweine im Winter vor. Diese Art der Vorsorge betrieben nur die größeren Höfe, die viele Kartoffeln zu verarbeiten und auch viele Schweineschnuten zu stopfen hatten. Hier hatte sich „Kramasch Knecht", der Fritz, für einige Tage als Fachmann für den Schweinekartoffelkochdienst verdingt.

Die nahe gelegene alte Wassermühle am „Wahlerweg" mit dem noch existenten Wasserzulauf über den schwenkbaren Trichter auf das riesige Wasserrad ließ mich jetzt an ihre frühere produktive Rolle in Sachen Getreideveredelung denken. Die Idylle erinnerte auch ganz spontan an die strengen Winter früherer Jahre, wo der Hirschbach kurz vor der Mühle über seine Ufer getreten und die Bodensenke hinter „Schärichs" Haus überspült hatte. Hier war im Handumdrehen für uns Buben eine perfekte Arena zum Hockeyspielen entstanden. Wer bei seinem Gerümpel auf dem Dachboden ein Paar Schlittschuhe aufstöbern konnte, schnallte oder klemmte sich diese unter die Sohlen seiner hohen Winterschuhe. Mit einem stabilen, unten etwas gebogenen Knüppel in den Händen trafen wir uns dann nachmittags auf dieser Eisbahn, bildeten zwei Mannschaften, markierten die Tore mit den abgelegten dicken Winterjacken und stürmten so lange aufeinander los, bis die Schuhsohlen von den Eisenkrallen der Schlittschuhe abgerissen waren.

Hier, am „Wahlerweg", lag auch die alte Feldscheune vom „Darre" in meinem Blickfeld. Diese aber bot schon damals das jämmerliche Bild des beginnenden Verfalls, obwohl darin im Winter noch allerlei landwirtschaftliche Gerätschaften einen halbwegs funktionierenden Wetterschutz genossen. Und ganz in ihrer Nähe gab es mitten zwischen den Wiesen noch einen mit einer hohen Hecke umfriedeten Nutzgarten, bekannt als „Graßmanns Gade". Auch meine Eltern bestellten und pflegten dort mit ihren Handgeräten ein paar Beete, um in den ständigen Genuss der frischen saisonalen Erzeugnisse zu gelangen. Ein gewaltiger Kirschbaum gab hier in jedem Jahr nicht nur eine große Menge dicker Süßkirchen her. Bei den Gartenarbeiten in der prallen Sonne spendete er uns allen auch willkommenen Schatten.

An der Seitenwand des nächsten Hauses neben dem dampfenden Kartoffelkocher, dem Friseurladen Nau, baumelte zum Zeichen der betrieblichen Öffnungszeit der silberne Teller seiner Zunft mit zwei zierlichen Kettchen an dem fest installierten Ausleger über dem schmalen Bürgersteig an der Dorfstraße. Fußgängergruppen konnten diese Engstelle zwischen Haus und Straße immer nur im Gänsemarsch passieren.

Im Gemeindebackhaus nebenan, dem „Backes", war zu dieser Nachmittagsstunde das letzte Brot des Tages längst gebacken und nach Hause gebracht. Genau hier war das Dorfzentrum, wo sich Ober- und Unterdorf voneinander schieden. „Bauasch Paula" hatte den nächsten Backtag offenbar für sich reserviert. Sie und ihre Leute fuhren jetzt schon mal mit dem Handwagen ihr Reisig von zu Hause aus bei, um es am nächsten Morgen trocken und griffbereit zum Anzünden des rechten Backofens zur Verfügung zu haben. Die Witwe Paula wohnte nämlich im Oberdorf, deswegen stand ihr der rechte Ofen zu. Der linke war den Bewohnern des Unterdorfs vorbehalten. Die kleine Glocke unter dem auf dem First der Gemeinschaftseinrichtung aufgesetzten Dachreiters schwieg zu dieser Stunde. Sie diente dem Gemeindevorsteher stets als Einladungsstimme, wenn er mal wieder eine allgemeine Besprechung mit seinen Bürgern für nötig hielt. Sie gab aber auch das akustische Startsignal für den Beginn einer zuvor angesetzten Fronarbeit der Menschen, aus jedem Haushalt einer.

Unter meinen Augen versammelten sich jetzt vor dem angrenzenden Betsaal der ev. Kirchengemeinde eine schwatzende Menge heranwachsender Kinder. Bestimmt wollten sie den obligatorischen Konfirmandenunterricht besuchen und warteten noch auf das Erscheinen des Herrn Pfarrers. Vielleicht aber waren sie auch mit dem Pfarrunterricht gerade fertig geworden.

Am Nachmittag hatte auf dem nahen Friedhof eine Beerdigung stattgefunden. Ich konnte noch sehen, wie der Gemeindediener, Herr Wegert, die Grube zügig zuschaufelte und die geschmückten Trauerkränze und Blumengestecke geschickt auf den frisch aufgeworfenen Erdhügel drapierte. Das Grab mit Schaufel und Kreuzhacke ausgehoben hatte sicherlich auch dieses Mal „Eberhards Ernst". Er war der Mann für die groben Fälle, und das nicht nur im Dienste der Gemeinde. Das lag ihm, zu dieser körperlich anstrengenden Arbeit war er stets willig und auch bestens geeignet.

Damals war es im Dorf üblich und auch Teil der ländlichen Kultur, dem Verblichenen von der oberirdischen Welt am offenen Grab noch ein Abschiedsständchen darzubringen. In den Fällen eines verschiedenen Mitglieds des örtlichen Gesangvereins besorgte dieser die Ehrenerweisung. In anderen Fällen trat der Frauenchor an. Immer aber war jeder dörfliche Haushalt mit mindesten einem Vertreter als Trauergast am Grab und beim Trauergottesdienst in der nahen Kirche persönlich anwesend. Von hoch oben genoss ich jetzt bei meinem Flug die Ausstrahlung eines ruhigen und gepflegten Friedhofsparks, der seinem Namen Ehre machte. Es war die Erhabenheit einer übersichtlichen bürgerlichen Kleingartenanlage.

Auf der anderen Straßenseite des schon überflogenen Hotels Schüler hatte das Kaufhaus Schüler einen wirklich zentralen und günstigen Standort. „Schelasch Laare", wie er bei der eingesessenen Bevölke-

rung hieß, hatte alles im Angebot, was der Dorfbe-
wohner neben seinen selbst erzeugten Produkten so
brauchte. Was es dort nicht gab, das brauchte man
auch nicht. Auf meiner weiteren Flugroute über das
Dorf werde ich noch einmal auf dieses bedeutende
Versorgungszentrum zurückkommen.

Direkt daneben wohnten „Arems Otto" und seine
Ida mit zwei nachfolgenden Generationen in ihrem
ein wenig von der Hauptstraße zurückgesetzten
Haus unter einem Dach. Auch diese Familie betrieb
die Landwirtschaft, und als sichtbares Zeichen dafür
grenzte eine breite Bruchsteinmauer direkt neben
Schülers Wohnhaus Ottos beträchtlichen Misthaufen
gegen die Hauptstraße hin ab. Daneben, und ganz in
der Nähe des Abtritts für die kleinen und die großen
Geschäfte der ganze Großfamilie, ragte eine Tauch-
pumpe mit angeschlagenem Schwengel aus der Erde
hervor, und Otto war dabei, das flüssige Gold unter
dem Dunghaufen mit mechanischer Körperkraft aus
der Jauchegrube zu fördern. Schon im Vorwege hatte
er die Ablaufeinrichtung über einen anschließenden
hölzernen Kanal zwischen Pumpenauslauf und Ein-
lauf zu dem hölzernen Jauchefass gewissenhaft her-
gestellt und gegen unvorhergesehene Instabilitäten
abgesichert. Das Fass selbst ruhte sicher verkeilt auf
dem bis auf das Tragegestell abgerüsteten, und mit
eisernen Reifen auf den hölzernen Rädern beschlage-
nen Ackerwagen, in dessen Zuggabel der Einspän-
ner geduldig auf Ottos Fertigmeldung und Abfahrts-
kommando wartete. Diese anstrengende Arbeit zu
unterbrechen, hätte dem Otto im Anschluss eine be-
trächtliche Mehrarbeit abverlangt. Das Steigrohr der
Handpumpe müsste sich aus physikalischen Grün-

den nach der Wiederaufnahme der Arbeit nach einer eingelegten Pause vor dem sichtbaren produktiven Ausstoß des zutage geförderten Bodenschatzes zunächst erneut füllen.

Auf dem leicht abschüssigen „Arems Hub" ließ sich der Sinn unserer Vorfahren fürs Praktische am Beispiel der Entsorgungseinrichtungen gut erkennen. Die flüssigen tierischen Ausscheidungen aus der Einlaufrinne der nahen Stallungen vereinigten ihre zähfließende Fracht mit den Intervallen menschlichen Abfalls aus dem oberhalb platzierten Plumpsklo kurz vor dem Einlauf in das Pulloch. Der stets akkurat gestapelte Misthaufen an der Straße vervollkommnete die Entsorgungskette unter geschickter Nutzung des mäßig abschüssigen Geländes. Es war das Musterbeispiel einer vertikalen Integration.

Diese Entsorgungsanlage war durchaus repräsentativ für die übrigen Gehöfte. Mustergültig war aber auch die Persönlichkeit des allseits geschätzten Hausherrn, der eine lange Zeit in der Gemeinde wichtige Ehrenämter, wie zum Beispiel das des Brandmeisters, bekleidete. Dies war dann auch der Grund, weswegen „Arems" schon früh ein Telefon besaßen. Nur wenige private Familien verfügten über diese moderne Ausstattung mit direkter Verbindungsmöglichkeit zu anderen Menschen am anderen Ende eines Drahtgeflechts. Zu diesen privilegierten Menschen gehörten auch der Ortsvorsteher, der Pfarrer, der Doktor und natürlich auch die wenigen Gewerbetreibenden.

Wo heute noch der Parkplatz der ehemaligen Volksbankfiliale den motorisierten Besuchern des Dorfs einen Stellplatz für ihre Fahrzeuge bietet, beherbergte an meinem Flugtag noch Mörschs altes Haus die Familie Caspary. August Caspary führte hier als Elektromeister einen kleinen Handwerksbetrieb mit Werkstatt und Elektrogeschäftchen. Die beiden Leiterwägelchen vor der Haustür aber waren beladen mit leeren Blechdosen, die von Kindern hierher gebracht waren. Die Dosen sollten von seiner Frau Ella oder der Tochter Ruth mittels ihrer speziellen Dosenschneidmaschine am oberen Rand gekürzt werden, damit sie von der Kundschaft nach der bevorstehenden Hausschlachtung ein weiteres Mal zum Einkochen von Fleisch- und Wurstwaren dienlich werden konnten.

Auf der anderen Straßenseite fehlte in der Häuserfront ein Gebäude. Hier duckte sich noch vor wenigen Jahren das sehr alte Haus von „Nickels". Leider war es nun abgerissen, und in dem Luftbild klaffte eine Lücke wie wegen des fehlenden Zahns in Opas Gebiss. Doch auch von meinem exponierten Aussichtspunkt hätte ich die Besonderheiten dieses jetzt nicht mehr vorhandenen Bauernhauses mit eigenem Brunnen, offener Küchenesse und eingebauten Alkoven in der guten Stube, nicht wahrnehmen können. Ernst und Mariechen hatten mit ihren drei Kindern inzwischen in der Nachbarschaft ein damals schon verlassenes Anwesen erworben, und dieses um eine neue Scheune für die Fortführung des landwirtschaftlichen Betriebs ergänzt und ertüchtigt. Dort, am Kirchplatz, waren die ehemaligen Besitzer von „Kohrdes Haus" schon vor einiger Zeit ohne Nachfolger geblieben und ausgestorben.

Heute beschäftigten sich die neuen Besitzer damit, in der neuen Scheune ihre soeben herbeigefahrene

Rübenladung abzuladen und zu verstauen. Diese Arbeit geschah wie überall mit den bloßen Händen, ohne schützende Handschuhe, versteht sich.

Nebenan bei der neuen elektrisch betriebenen Gemeinschaftsmühle der Gemeinde war an diesem Tag nichts los. Für mich gab es keine Aktivitäten zu sehen. Vielleicht war die Mühle auch kaputt und nicht einsatzfähig. Dieser Gedanke drängte sich mir deswegen auf, weil ich „Legrams Adolf" bei seinen technischen Arbeiten an der Mahleinrichtung beobachten konnte. Ich wusste ja, Adolf war der „Miehlarzt", also ein Arzt, ein Doktor für die Mühlen dieser ganzen Gegend. Wenn eine mal krank war und nicht zu Diensten stand, dann war Adolf zuständig.

Auch auf dem schwerlich einsehbaren Hinterhof dieses Gemeindeeigentums herrschte am Nachmittag noch himmlische Ruhe. Es war der Vorplatz zum Stierstall, wo der Gemeindestier zu Hause war, der Vater fast aller jungen Rindviecher des Ortes. Die frühe Nachmittagsstunde ließ ihm noch Zeit zur mentalen Vorbereitung auf seinen wirklich lebenswichtigen und systemrelevanten Einsatz am Abend kurz vor der allgemeinen Fütterungszeit. Oder aber hatte der fruchtbare Stier heute seinen Ruhetag? Wer weiß das schon?

An der Hauptstraße auf der anderen Seite des Kirchplatzes lag dieselbe gelassene Ruhe über „Perichs" Hof und Anwesen. Neben einer mittelgroßen Landwirtschaft unterhielt die Familie das schweinische Pendant zu dem Gemeindestier. Hier herrschte der „Bär", der Eber. Der Bär musste seine Damen nicht suchen, sie wurden ihm zugeführt, und das nicht nur aus dem eigenen Dorf. Seine genetischen

Qualitäten hatten sich auch bei den Schweinezüchtern in den umliegenden Ortschaften herumgesprochen. Doch auch auf diesem öffentlich einsehbaren Paarungsplatz war die Stunde noch nicht gekommen für ein erfolgversprechendes Techtelmechtel.

Für mich gab es jetzt weiter nichts zu sehen, als die beiden Frauen, „Male" und „Guste", beide in ihren dunkelblauen Kittelschürzen bei der Gartenarbeit auf der Südseite ihres niedrigen Wohnhauses. Da sich die Silhouetten von Mutter und Tochter in ihrer gebückten Körperhaltung sehr ähnelten, waren sie schwerlich voneinander zu unterscheiden. Welcher Hintern gehörte zu wem? Das war hier die Frage. Der Hausherr Fritz Senior hatte sich in diesem Augenblick sicher schnell mal in die gute Stube geschlichen, um dort in Ruhe und unbeobachtet sein Schnäpschen zu genießen. Für ihn war das schon wichtig, und es zählte zu seinen täglichen Beschäftigungen, ohne aber sichtbare negative Folgen bei ihm oder in seinem Umfeld zu hinterlassen.

An Henne nebenan hatten alle Hausbewohner ordentlich zu tun: Elli schimpfte mal wieder mit Hans, Else fegte mit gebundenem Birkenreisig die Nussbaumblätter vom Hof, und Oma saß hinter dem Haus auf ihrem dreibeinigen Melkstuhl und rupfte gerade mit gesenktem Haupt ein frisch geköpftes Huhn für die weitere Zubereitung am nächsten Tag in der Küche. Opa, der ja mein Opa gewesen ist, war jetzt nicht zu sehen. Wahrscheinlich saß er mit seinen verschränkten dünnen Beinen in der guten Stube auf dem Schneidertisch am Fenster und arbeitete brav auf seinem Handwerk, wie man hier so zu sagen pflegte.

Wir befanden uns in einer Zeit, in der das Straßenbild aus der Vogelperspektive durchgängig als bunt getupft zu erkennen war. Das hatte seinen natürlichen Grund in den vielen nicht motorisierten Gespannen, die ständig darüber rollten. Vor allem die vielen Kühe und die wenigen Ochsen und Gäule hinterließen während ihrer Passagen auf allen Fahrwegen die zahlreichen markanten, aber nicht zu verhindernden braunen Kleckse. Bei der obligatorischen samstäglichen Straßenreinigung mit Schaufel und Kehrbesen haben die braven Bürger auch diese zwischenzeitlich meist schon breit gefahrenen und angetrockneten Exkremente überall so nebenbei beseitigt.

Während diese „Streetart" animalischen Ursprungs so allgemein als hinnehmbar galt, sollte das liebe Federvieh allmählich von den Durchgangsstraßen verbannt werden. Die meisten Hühnerställe lagen schon auf den rückwärtigen Seiten der Wirtschafgtsgebäude. Dennoch fanden die geselligen Eierleger selbst unter der strengen Aufsicht der Hähne ihre Wege auf den vorderen Haushof und auf den Misthaufen, und der lag stets an der Straße. Hier gab es natürlich immer etwas für sie zu holen, ein Hühner-Eldorado also. Doch damit wollte man jetzt endlich Schluss machen, denn die zunehmende Motorisierung forderte vor allem auf der das Dorf durchziehenden Bundesstraße immer wieder seine gefiederten Opfer. Nach einem unvorhergesehenen Zusammentreffen von Auto und Huhn war das Verkehrsopfer selbst als Suppenhuhn nur noch selten zu gebrauchen.

Dann aber konnte ich noch im Augenwinkel erkennen, wie auf dem freien Kirchplatz „Bienewellems Erwin" mit seinem neuen Opel Kapitän recht forsch vom Inkerweg heruntergesaust kam und diesen exakt neben den gleichen Opel Kapitän von „Gerhards Hans" platzierte. Die beiden Autos sahen aus wie Zwillinge. Erwin stieg mit großer Gestik aus und freute sich sichtbar über das präzise ausgeführte Manöver. Er benutzte das Automobil aus Rüsselsheim gelegentlich auch als Taxi, wenn mal eins gebraucht wurde. Und so nebenbei fuhr er auch in Notfällen den örtlichen Krankenwagen. An diesem Nachmittag aber stand dieser auf seinem Hof vor der Bahnhofsgaststätte, die er damals noch zusammen mit seinem Vater Ferdinand als Gastwirt betrieb. Für die Menschen im Dorf hieß die Gaststätte am Bahnhof einfach nur „an Bienewellems".

Noch immer wehte so ein leichter Westwind, während ich ganz ruhig weiterflog in Richtung „Brandeweiher", der schnöden Abfallgrube an der Straße nach Traben-Trarbach. Man kann auch sagen, ich sei geschwebt oder gesegelt, wie das heute die Paraglider so tun. Aber ich hatte keinen Gleitschirm, nur meine Arme und Beine dienten als Auftrieb und Vortrieb, die Ohren waren dabei nur wenig hilfreich. Anhalten konnte ich natürlich nicht, das hätte sofort zum Absturz geführt. Mit den Armen wie ein Hubschrauber zu kreisen, um dadurch ortsfest zu bleiben, wagte ich nicht.

Hinter dem repräsentativen Textilhaus Ludwig Gerhard angekommen, erkannte ich, wie „Schelawellems Ruth" und die Kinder Hetti und Werner auf dem Hof unter dem mächtigen Baum die vielen reifen Walnüsse einsammelten, während der Vater Hel-

mut mit leichten Werkzeugen an seinem 11-er Deutz
werkelte.

Jetzt hörte ich schon das rauschende Wasser am
Auslaufwehr des nahen Weihers zu dem gekrümm-
ten Ablaufgraben der die Straße unterquerte. Der
aufgestaute Hirschbach diente als Feuerlöschteich
und im Sommer auch so manchem mutigen Jung-
mann als Badetümpel. Mit der Inbetriebnahme des
Flugplatzes Hahn ging dieses Badevergnügen später
aus hygienischen Gründen leider gänzlich verloren.

Gegenüber bei Albin Fink war wenige Tage zuvor
in das kleine Textilgeschäft mit der Kübler-Mode in
recht schändlicher Weise eingebrochen worden. In
der östlichen, an den Ablaufbach des Weihers gren-
zenden, und nach „Henne" zugewandten Hauswand
aus Fachwerk und Lehm war noch immer das runde
Loch zu sehen, durch das die Spitzbuben hinein- und
offenbar auch wieder mit dem Diebesgut herausge-
kommen waren. Es müssen recht schlanke Diebe ge-
wesen sein, vielleicht sogar auch Diebinnen, denn
die Öffnung in der Wand bot großvolumigen Gangs-
tern nicht genügend Platz. Die Polizei aus Bad
Kreuznach war mit ihrer kriminalistischen Arbeit
noch nicht ganz fertig. Wer von uns kann sich noch
an die Familie Fink und das Textilgeschäft erinnern?

Auch auf dem Bauernhof von „Kramasch" wurde
feste gearbeitet. Wenn es um dieses Gehöft ging,
sprachen unsere Großeltern noch von der „alt Post"
oder auch von der „alt Apedek". Beides hatte seinen
historischen Hintergrund. An diesem Platz befand
sich die Poststelle mit Umspannquartier für die Pfer-
de der Postkutschen so lange, bis sich der erste Arzt
im Dorf, Dr. Schüler, hier niederließ und anfangs ne-

ben seiner medizinischen Praxis auch noch den landwirtschaftlichen Betrieb bewirtschaftete. Lange vor meiner Zeit wurde ihm auch noch eine Konzession zur Führung einer Hausapotheke zugestanden, was dem Haus den Titel „alt Apedek" einbrachte. Dieses Haus erinnerte mich sofort an die eigene Biographie, denn genau hier stand in den ersten Nachkriegsjahren eine Zeitlang mein Kinderbettchen.

Bei den zeitgenössischen Pächtern dieses historischen Anwesens handelte es sich um die erste Familie Kramer, Richard Kramer, in deren Haus auch mein Schulfreund und späterer Lehrlingskollege bei der Volksbank Kirchberg, Otto Wegert, zusammen mit seinem Onkel, der im Dorf Gemeindediener gewesen ist, lebte. Diese Patchworkfamilie bewohnte und bewirtschaftete nach ihrer Vertreibung aus den deutschen Ostgebieten so lange als Pächter diesen Hof, bis einige Zeit später neue Pächter oder Käufer auftraten. Allerdings ergab sich mit dem Wechsel der Herrschaft keineswegs ein Wechsel des Namens, denn auch die neue Familie brachte den Namen „Kramer" mit.

Nach Westen hin, der „Eiche Höhe" entgegen, hatten bei „Bauasch" und „Posjaaps" die Frauen im Garten zu tun. Arno half derweil seinem Nachbarn Hans im Gelände des benachbarten Steinbruchs, den im Gemeinschaftsbesitz stehenden Bindemäher mit Muskelkraft rückwärts in den selbst gebauten Unterstand mit dem notdürftigen Wellblechdach zu schieben. Da kamen Erinnerungen bei mir auf, hatte ich doch selbst im zarten Schüleralter am Bau dieses Schuppens mitgewirkt.

Auf der anderen Straßenseite war Fritz Kulessa auf dem ehemaligen „Eiche Hub" gut beschäftigt. Nach seiner Ansiedlung als Ostflüchtling war der Hof für diesen qualifizierten Landwirt nur ein Zwischenspiel, bevor er wenige Jahre danach als einer der ersten Bauern mit seiner fünfköpfigen Familie am „Wahlerweg" eine völlig neue Betriebsstätte nach modernen Gesichtspunkten gründete und auch dorthin aussiedelte.

Auf der linken Straßenseite, unter dem Schutz der mächtigen Linden, standen als zusammenhängender und mit grauem Schiefer beschlagener Gebäudekomplex gelassen wie eh und je meine alte Schule und die landwirtschaftliche Fachschule, die in den Dörfern des Amtsbezirks Büchenbeuren besser unter dem Namen „Winterschule" bekannt war. Umweltfreundlicher grauer Naturschiefer bedeckt noch immer die Dächer und alle Fassaden, was in meinen Augen dem stattlichen Gebäudekomplex schon damals wie heute als optischer Makel anhaftete. Auch viele andere Häuser strahlen wegen ihrer Schieferdächer und den gleichermaßen beschlagenen wetterseitigen Giebeln und Fronten ein abweisendes Einheitsgrau aus.

Schon immer war auch die örtliche Feuerwehr mit ihren Gerätschaften auf diesem gemeindeeigenen Grundstück hinter der Schule untergebracht. Neben der Garage für die Großgeräte gab es den „Steicherturm", ein hölzerner Hochbau, in dem die benutzten Schläuche nach den Brandabwehrübungen und den ernsthaften Außeneinsätzen unserer freiwilligen Wehr in aller Ruhe an der Luft trocknen konnten. Die laute Stimme der auf dem hohen Dach der Schule postierten Feuerwehrsirene ließ im Alarmfall das ganze Dorf erzittern.

Auf dem gleichen Gelände lud mein Onkel Ernst heute wieder ganz alleine die vielen Säcke mit Düngemittel, Kali und Kalkammonsalpeter von der Ladepritsche seines dunkelroten Ford Lastwagens ab und stapelte diese in der Scheune der landwirtschaftlichen Hauptgenossenschaft, genannt „LHG". Die Szene erinnerte mich spontan an meine aktiven Schulzeiten auf diesem Gelände. Wenn Onkel Ernsts Erscheinen mit unserer großen Pause zusammentraf, dann brachen wir unser gemeinsames Völkerballspiel aller Schülerinnen und Schüler ab, und wir großen Buben aus den oberen Klassen halfen ihm gerne bei seiner schweren Abladearbeit. Auf diese Weise konnten wir doch den Mädels unsere aufstrebenden Leibeskräfte eindrucksvoll demonstrieren. Erst in den folgenden Jahren sollte sich noch zeigen, dass manche der hier erwähnten „großen Buben" noch um eine Haupteslänge zulegen konnten.

Bis zum westlichen Ortsausgang war es nun nicht mehr weit. „Hammerudels" waren hier zu Hause, eine typische Familie mit landwirtschaftlicher und auch handwerklicher Grundlage. Hans, den jungen Schwiegersohn des Schuhmachermeisters Rudolf Hammen, hatte ich ja schon bei seiner Arbeit im angrenzenden Steinbruch entdeckt. Mit diesem aufgegebenen Schiefervorkommen endete auf dieser Straßenseite unser Dorf.

Gegenüber bei „Feldekarls" bog Werner soeben mit einem voll beladenen Gespann mit frisch geerntetem Weißkohl und ein wenig Rotkohl in seinen Hof ein. Da er ein Grundstück mit leichter Hanglage sein Eigen nannte, war der Umgang mit einem voll beladenen Kuhfuhrwerk hier besonders mühsam.

Im weiteren Straßenverlauf in Richtung Traben-Trarbach lagen noch der alte Kindergarten, Powarzinskys Haus und das des Försters Fuchs in meiner Sichtweite. Die junge und elegante Frau Fuchs mit ihrem dicken Bauch und mit ihrer nur mäßig beladenen Einkaufstasche hatte ich ein paar Minuten vorher schon von oben herab schleppenden Schrittes auf ihrem Nachhauseweg entdeckt. Ihr Bauch nahm täglich ein wenig zu, und das hatte eine ganz natürliche Ursache. Frau Fuchs war überhaupt die erste Frau, bei der wir Buben in ihrem hoffnungsvollen Zustand schon „so Bescheid gewusst" haben.

Auch beim Anblick der Baracke und des umliegenden Freigeländes des alten Kindergartens kehrten Erinnerungen aus der eigenen Kleinkindzeit in behüteter Umgebung unter der Leitung der leider ach so früh verstorbenen Leiterin Inge in mein Bewusstsein. Soeben noch hatte ich ihr Elternhaus, das des „Hamme-Rudel", überflogen, in der ich sie einst in ihrem hölzernen Sarg mit geschlossenen Augen liegen sah, sie war tot.

Aus dem Hause Powarzinsky drangen sehr lebhafte Zeichen zu mir herauf. Zunächst schien es mir ein freundliches Zuwinken aus dem Fenster zu sein, doch die Farbe des Tuchs und die Art der Bewegungen ließen eher auf konsequente Hausarbeit schließen. Hier war die Hausfrau bei der Arbeit, Margarethe ritt schon ein merkwürdiges Steckenpferd, das ihr den liebevoll gemeinten Kosenamen „Schüttelgretchen" eingebracht hatte.

Das Ende des Dorfs war jetzt erreicht, und ich musste einen Bogen nach Norden schlagen. Das klappte wie im Traum, und ich konnte mich über „Dokdasch Villa" hinweg dem Postgebäude, der Molkerei, den Gleisanlagen und dem Bahnhof zuwenden. Dort war gerade mit viel dunklem Dampf aus dem schwarzen Schornstein ein Personenzug nach Sohren abgefahren, und auf dem Bahnsteig hielt ein Uniformierter aus der rückwärtigen Position parallel zu dem Gepäckwagen dem aus seinem Lokfensterchen nach hinten blickenden Chauffeur noch immer die grüne Seite seiner Signalkelle entgegen. Ich konnte nicht genau erkennen, wer unter der roten Schirmmütze der Bahnuniform steckte und soeben das hoheitliche Abfahrtkommando erteilt hatte. Entweder war es „Fellenzersch Wellem" oder es war mein „Baba".

In der Nachbarschaft gab es damals noch die alte Bahnmeisterei. Das repräsentative Verwaltungsgebäude ist im gleichen typischen Stil erbaut wie der Bahnhof selbst, und ist deshalb auch deutlich als Dienstgebäude der Deutschen Bahn zu erkennen.

Neben diesen staatlichen Liegenschaften gab es noch ein Gelände, das von einem hohen Metallzaun umgeben war, der auch der Grund dafür gewesen ist, dass wir im Kindesalter als neugierige Heimatforscher das so geschützte Grundstück nie gründlich untersuchen konnten. Hinter dem Zaun befand sich Schülers Magazin, und das sollte kein Spielplatz sein. Es war das Depot und Warenlager des örtlichen Handelsbetriebs Ferdinand Schüler, der in diesen Jahren in seinem Einzelhandelsgeschäft in der Dorfmitte neben der Amtsverwaltung nicht nur Kolonialwaren und sonstige Lebensmittel hinter der Ladentheke führte, auch manche der heute sogenannten Non-Food-Artikel gab es schon im Sortiment. Es war unser kleiner Supermarkt, in dem jeder Kunde noch einzeln bedient wurde, wenn er an der Reihe war. Zucker, Salz, Mehl, Grieß und andere Schüttgüter wurden mit einer Aluminiumschaufel in Papiertüten gefüllt und auf der mechanischen Zeigerwaage auf der Theke abgewogen. Die kleine Maggiflasche aus dem heimischen Küchenschrank ließ sich dort aus der großen viereckigen unter dem Ladentisch wieder auffüllen. Auch Öle und frische Molkereiprodukte waren in „Schelasch Lare" lose erhältlich.

Im Magazin am Bahnhof, so liegt es noch in meiner Erinnerung, packten die Bediensteten regelmäßig auch Steinkohle, Koks und Briketts auf den ächzenden dreirädrigen Lieferwagen und lieferten sie damit an die Kundschaft aus. Die bläuliche, und übel riechende Verbrennungswolke seines Zweitaktmotors stieg mir selbst hier oben noch beißend in die vorgestreckte Nase.

Die Versorgung des Magazins hinter dem Drahtzaun mit Nachschub erfolgte hauptsächlich über den nahen Bahnanschluss gegenüber. Dazu bedurfte es wegen der günstigen Lage noch nicht einmal einer Zwischenlagerung der Waren in dem Güterschuppen. Wie praktisch und ökologisch das doch schon gewesen ist! Schon die Reichsbahn hatte auf dem Hunsrück in den Dreißigerjahren eine Güterzuglinie für die schnelle Versorgung der Region mit Stückgütern eingerichtet. Im Betrieb der Deutschen Bundesbahn war er bekannt als Leichter Güterzug mit der Abkürzung „Leig".

Bei dem Schwenk meiner Flugrichtung zum „Inkerweg" strich mein Blick noch einmal über die Anhöhe des „Erdbüchelchens" mit der Apfelplantage und dem schmucken Wochenendhaus der begüterten, aber nur sehr selten präsenten Industriellenfamilie aus dem Ruhrgebiet vor dem „Hepperich"

In der Molkerei, die am nordwestlichen Dorfrand viele Jahre lang an dem täglich angelieferten Naturprodukt Rohmilch ihre zuverlässigen Veredelungsdienste leistete, schien an diesem Tag schon der Feierabend eingekehrt zu sein. Nachdem „Adams Werner" die Anlieferungsrampe an der Vorderfront des Genossenschaftsbetriebs mit Wasserschlauch und Schrubber ordentlich gereinigt hatte, war im Außenbereich kein weiterer Mitarbeiter mehr zu sehen.

Vor dem benachbarten Postgebäude wartete großes Publikum, denn es muss so um den Ersten des Monats gewesen sein, da hatten „Bauasch Walter" und Kollegen in ihren dunklen Postuniformen in dem stattlichen Klinkerbau neben dem Bahnhof stramm zu tun.

Die hölzerne braune Wand zwischen Dienstzimmer und Warteraum sah aus wie ein trennender Lettner in der Kirche. Ein kleines Türchen in Sitzhöhe des diensthabende Postbeamten erlaubte ihm, nach der Öffnung desselben, seine geduldig wartende Kundschaft in bequemer Körperhaltung hoheitsvoll zu bedienen.

Heute trafen sich hier die Rentner, um sich die jeweils zustehende Altersversorgung auf Heller und Pfennige in Scheinen und Münzen bar vorzählen zu lassen. Für die alten Leute war es ein monatlich wiederkehrendes feierliches Ritual. In der kalten Jahreszeit legte mein Opa dazu gerne über dem weißen kragenlosen Hemd seine dunkle Weste an, zwischen deren zweitem Knopf und rechtem Seitentäschchen das Silberkettchen mit dem angelöteten Projektil der nachträglich versilberten belgischen Gewehrkugel schaukelte, die ihn einst im Feld ganz hinterlistig getroffen hatte. Schon zu Hause hatte Opa im Hintergrund seiner Gedanken diese Garderobe mit Bedacht gewählt, denn bei der Post traf er seine Freunde, und von dort bis zu „Bienewellems", dem Gasthof zum Bahnhof, war es nicht weit.

Jetzt kehrte ich um und schwebte hoch über dem Inkerweg hinunter ins Dorf. Bergab an „Wickerts" vorbei strebten einige der Leute, die eben noch aus dem Zug von Hirschfeld und Hochscheid gestiegen waren, zu der Sprechstunde von Doktor Straßburg in die Villa unter den hohen Kastanien. Um diese Tageszeit hatte der Landarzt den größten Zulauf von Patienten. Seine Hausbesuche begannen erst später am Abend.

In der Kurve zwischen „Doktasch Villa" und der Stellmacherwerkstatt von „Ochse Fritz" musste ich gut auf die mächtigen Bäume achten. Von unten herauf konnte ich die lauten Geräusche der Säge- und Hobelmaschinen aus der Werkstatt hören. Aber vielleicht kam der kreischende Lärm auch aus der benachbarten Schreinerei von „Seiwels Willy".

Dann war ich auch schon über dem Haus des „Schmieds Dick", dem kleinen Anwesen von einem der vier Schuster in unserem Dorf, das an den „Bulles" angrenzte. Der Hausherr, hatte eine stattliche Figur mit ausgeprägtem Mittelteil, das er besonders gut in Szene zu setzen verstand. Wie meistens um diese Tageszeit, stand er auch jetzt wieder mit seiner umgebundenen braunen, ledernen Schusterschürze an der Straße und unterhielt sich mit den Leuten, die vom Dorf her den Inkerweg heraufkamen und ebenfalls auf dem Weg zum Doktor gewesen sind. Ob er an diesem Tag in seiner Werkstatt nichts mehr zu tun hatte, oder ob er zu seiner Arbeit keine Lust mehr verspürte, war nicht aufzuklären.

Auf der anderen Seite dieser holprigen Pflasterstraße sah ich „Perich Rapp", das einzige Pferd von „Perichs Arthur", bei „Bores Schmied" in Behandlung. Seniorschmied Ernst hatte den braven Ackergaul zu diesem Zweck vor seiner ruß geschwängerten Werkstatt an einem eisernen Ring an der Hauswand festgebunden. Er sollte heute neue Hufeisen erhalten. Vielleicht waren es die letzten Eisen für das treue Zugpferd, das „Perichs" so lange als Einspänner vor dem Wagen und dem Pflug diente, bis sich seine Herrschaft den neuen Lanz Bulldog anschaffte. Während der Juniorschmied den zu bearbeitenden Huf mit beiden Händen fest umschlossen auf seinem Knie hielt, passte sein Vater mit grobem Werkzeug das glühende Eisen ganz routiniert an die Lauffläche an. Ich kann mir denken, dass Meister Ernst sich schon von Beginn an innerlich darauf einrichtete, gleich nach dieser schweißtreibenden Arbeit seinen dicken Bauch den Inkerweg abwärts in die Gastwirtschaft zu „Schelasch Helga" zu schaukeln, um ihn dort endlich mit dem heutigen Hefeschnaps genüsslich zu versorgen.

Über den Bulles, die lokale Arrestzelle der Gemeinde für aufsässiges Volk, gibt es keine aktuellen Geschichten zu berichten. Die ursprüngliche Nutzung dieses kleinen, grauen und fast fensterlosen Gemäuers mit der groben und schmucklosen Eingangstür, war schon jahrelang stets rückläufig gewesen, was ja grundsätzlich für einen aufsteigenden Trend der öffentlichen Sicherheit und Ordnung in unserem schönen Dorf zu werten ist.

Noch vor dem Textilhaus Gerhard an der Westseite des Kirchplatzes ließen bei „Hambadels" die Hedwig und der Otto den mäßig beladenen Plattwagen mit einer frisch eingefahrenen Fuhre Klee gemeinsam von dem abschüssigen Hof in das weit geöffnete Scheunentor rollen. Auf diesem Anwesen sollte niemals ein eigener Bulldog das Kuhgespann ablösen.

Jetzt tat vom nahen Kirchturm herunter die gleiche kleine Glocke, die sich noch um 11 Uhr als Mittagsglocke präsentiert hatte, als Abendglocke ihre Pflicht, es ertönte das Geläut zum Feierabend. Das aber war von den Dorfbewohnern überhaupt nicht wörtlich zu nehmen. Die Glocke erinnerte nur an die Uhrzeit, nämlich fünf Uhr nachmittags. Jetzt war es an der Zeit, um die Tagesarbeit auf den Feldern zu unterbrechen oder einem Ende zuzuführen, und im Anschluss daran, mitsamt den begleitenden Gespannen und Gerätschaften, von dort die Wege zu den heimischen Gehöften anzutreten.

Weil er jetzt damit rechnen konnte, seine Bürger bald innerhalb des Dorfes anzutreffen, war auch schon der Ortsvorsteher unterwegs, um auf der Hauptstraße und dem Inkerweg nach dem kurzen und scheppernden Ruf seiner Handglocke die aktuellen Nachrichten und Bekanntmachungen unter die Leute zu bringen:

- Am Samstagnachmittag um zwei Uhr Gemeidefrondienst in „Otschelds Heck", Ausbesserung der Fahrwegen
- Die Versteigerung der Grünfutterränder der Gemeindewege im Oberdorf findet am Mittwoch um 18 Uhr im „Backes" statt
- Ab Januar müssen alle Hühner und Gänse eingezäunt sein und dürfen nicht mehr auf die Straße laufen. Zuwiderhandlungen werden mit Bußgeld belegt

Natürlich vernahm auch ich das kurze Geläut der Feierabendglocke vom Kirchturm, befand ich mich doch jetzt schon über „Aulasch", wo Gustav und seine Florine mit der Tochter Frieda sich gerne schon lange aufs Altenteil zurückgezogen hätten, wenn sie denn für ihren Hof und die stattliche Landwirtschaft eigene Nachkommen gehabt oder fremde Nachfolger gefunden hätten.

Nun lag nur noch der große freie Platz zwischen mir und dem Kirchturm, auf dessen abgeschirmter Freifläche vor dem Westportal ich gerne meinen traumhaften Flug beenden wollte. Auf der linken Seite hielt die schon erwähnte Scheune von „Nickels" den Wind im Zaum, und zur Rechten boten das Pfarrhaus und das ebenso große Gebäude der alten Schule, das jetzt in mehrere Sozialwohnungen aufgeteilt war, willkommenen Flankenschutz.

In diesem Augenblick rannte „Eberhards Luwwis" mit großer Aufregung aus diesem Haus und stürmte, mit ihren beiden ganz außer sich nach oben fuchtelnden Armen, zu meinem auserkorenen Landeplatz vor dem Kirchenportal und rief:

„Loo ue flieht äna, dä es net richdich, eich gläb, dat es Henne Dieter!"

(Da oben fliegt einer, der ist nicht richtig, ich glaube, das ist der Dieter!)

Das laute Geschrei der Luise ließ mich im gleichen Moment aus meinem Traum erwachen. Sofort fand ich mich selbst wieder so in meinem warmen und weichen Kuschelbettchen vor, als sei überhaupt nichts gewesen und nichts geschehen.

Mein Flug über das Dorf war jetzt zu Ende, ich hatte viel dabei erlebt. Und weil mich die Abenteuer meiner traumhaften Luftfahrt über das Dorf so beeindruckten, habe ich sie für euch und für die zukünftigen Leser und Zuhörer aufgeschrieben.

Das Büchenbeurener Fest

Einführung

Jedes Hunsrückdorf, das etwas auf sich hält, veranstaltete schon immer in jedem Jahr selbst ein eigenständiges Fest. Das war schon so, als noch niemand an mich dachte. Wie auf ganz alten Fotografien zu sehen ist, gab es in den Hunsrückdörfern ganz früher sogar öfter noch einen Festzug mit fein geschmückten Prunkwagen, die von zwei herausgeputzten und geschmückten Kühen oder Ochsen unter dem Beifall der Bevölkerung durch das ganze Dorf gezogen wurden. So etwas schlief aber schon zu Beginn der Fünfzigerjahre nach und nach ein. In Büchenbeuren kann ich mich nur noch an einen einzigen Festzug dieser Art erinnern.

Die Dorffeste im Hunsrück sollten einmal im Jahr den Bewohnern einen kulturellen und gesellschaftlichen Höhepunkt anbieten, auf den sie sich das ganze Jahr über allesamt schon freuen konnten. Und das war auch so, weil es im eigenen Dorf nur einmal jährlich stattfand. Als Termin dafür stand immer das letzte Wochenende im Juli fest. Das ganze Wochenende, also der Samstag und der Sonntag, musste noch im Juli liegen. So war das auch mit den benachbarten Ortschaften abgesprochen, damit sich ja nichts mit deren Terminen überschneiden konnte. Da hätten sich die Nachbarorte ja auch gegenseitig die Kundschaft streitig gemacht, und vor allem sollten die Schausteller, Karussellbetreiber und Schießbudenbesitzer sich früh genug darauf einrichten und planen können.

Zu dem Zeitpunkt war bei den Bauern schon das Heu in die Scheunen eingefahren und dort bis hinauf unter die schrägen Dächer gut verstaut, und die Getreideernte begann gerade so mit der Wintergerste. Es gab also einen kleinen zeitlichen Übergang von einer Arbeit zu der nächsten.

Zu Beginn des Monats Juli wurden Plakate gedruckt, verteilt und geklebt. Das nicht nur an der großen Anschlagtafel links neben der Tür zu unserem „Backes", auch an anderen Stellen und in den Dörfern der Umgebung wiesen sie deutlich auf unsere Kirmes am letzten Juliwochenende hin. Sie sollten die Leute aus den umliegenden Ortschaften nach Büchenbeuren zum Fest locken. „Marketing" nennen wir das heute. Natürlich hing auch in jeder Gastwirtschaft ein solches Plakat. Darauf stand, dass die dreitägige Veranstaltung in der Turnhalle samstags mit einem Kommersabend beginnen und montagabends um Mitternacht ihren Abschluss finden sollte. Unser Festplatz war damals immer unter den Eichen zwischen dem Sportplatz und der Jahnhalle eingerichtet. Doch zwischenzeitlich gab es Ausnahmen von dieser Gewohnheit, wo das nicht so gewesen ist. Da wurde das Festzelt am Niederweiler Weg aufgebaut, auf dem Parkplatz gegenüber dem Kaufhaus „Convenda", an der Stelle, wo noch wenige Jahre zuvor „Schärichs" altes Haus mitsamt bäuerlichem Gehöft seinen Platz hatte.

Den Eröffnungsabend mit Kommers gab es nicht in jedem Jahr. Es war eine folkloristische Veranstaltung mit Blasmusik und Volkstanz, nichts für uns junge Leute, eher für die ältere Generation geeignet.

In den umliegenden Dörfern gab es das in dieser Form nicht, da begannen die Dorffeste am Samstagabend schon gleich mit Tanzmusik.

Für die Leute, die sich hauptsächlich bei dem Fest auf das Tanzen gefreut hatten, war es wichtig zu wissen, welche Tanzkapelle von dem Veranstalter denn verpflichtet worden war. Damals waren „Die Bundenbacher Tanzrhythmiker" die beste Musikband weit und breit. Sie bestand aus fünf oder sechs jungen Männern, die sich als Amateurmusiker unter dem wohlklingenden Künstlernamen „Tanzrhythmiker" zusammengefunden hatten und eine so mitreißende Tanzmusik spielen konnten, dass sie schnell in unseren Landkreisen Zell, Simmern und Birkenfeld große Beliebtheit errangen. Mit der Zeit wirkte sich das auch auf deren Gage für die Auftritte in den Dörfern aus. Die Veranstalter mussten immer tiefer in ihre Taschen greifen, wenn sie die „Bundenbacher", wie man sie nannte, engagieren wollten. Während der Woche gingen diese Musiker alle ihrer ganz normalen Beschäftigung nach wie auch die anderen Leute. Die Tanzmusik betrieben sie als zunehmend einträgliches Hobby nur so nebenbei.

Jedes Jahr bestimmte unser Gemeinderat beizeiten, welcher örtliche gemeinnützige Verein das Fest organisieren sollte, entweder der Gesangverein, der Sportverein oder die Feuerwehr. Später trat noch der Verkehrsverein hinzu, der anfangs ein wenig verächtlich als „Verschönerungsverein" tituliert wurde. Die ausrichtenden Vereine konnten bei diesen Gelegenheiten etwas verdienen, je nachdem, wie sie sich organisierten und dafür aufstellten. Deshalb bewarben sie sich um die Ausrichtung eher aktiv, als dass sie der Aufgabe aus dem Weg gegangen wären, weil sie die Arbeit gescheut hätten. Welcher Verein das Fest auch immer ausrichtete, es waren ja doch fast immer dieselben Leute, die tatsächlich die damit verbundenen Arbeiten leisteten. Diejenigen mit Zeit und Geschick waren Mitglieder in allen dörflichen Vereinen gewesen.

Ganz ohne die professionelle Hilfe des örtlichen Gastronomiebetriebs und Getränkegroßhandels „Gass" oder des Hotels „Schüler", der Gastwirtschaften „Bienewellems" oder „Beckasch" war die Sache aber nicht zu stemmen. Diese professionelle Unterstützung musste natürlich bezahlt werden, genauso wie die Schmuckgirlanden, mit denen die Vereinsmitglieder die Turnhalle und das danebenstehende Festzelt dekoriert hatten, und auch der andere Kleinkram, der für das Fest nötig war. Das Birkengrün als Innen- und Außenschmuck kostete nichts, das ließ sich einfach aus dem Gemeindewald beschaffen, in der Festhalle an die Balken annageln und im Festzelt zwischen das Gestänge und die Zeltplane klemmen.

Zur Vorbereitung des gastronomischen Angebots fuhr rechtzeitig eine Abordnung des Vereins an die nahe Mosel, um dort bei den Winzern des Vertrauens den künftigen Festwein zu testen, den besten auszuwählen und einzukaufen. Für diese verantwortungsvolle Aufgabe gab es stets viele Kandidaten, das war eine begehrte Aufgabe. „Hermanns Heinz" hatte gute familiäre Beziehungen zur Moselregion und war nicht nur deswegen immer einer der ersten Männer an der Spritze. Aus Erfahrung verstand er auch etwas von diesem Zaubertrunk und seiner Wirkung.

Das Weinangebot blieb bewusst auf wenige Sorten Weißwein begrenzt: „Briedeler Herzchen", „Kröver Nacktarsch" und „Enkircher Steffensberg" als Kabinett, Naturwein oder Spätlese, waren dabei gut vertreten. Der Rotwein fand nicht so viele Liebhaber.

Das Bier kam aus Kirn oder aus Koblenz, es gab also Kirner oder Königsbacher Bier oder Pils. Gleichzeitig bestimmte der Festausschuss, wer die anstehenden Arbeiten der Vorbereitung, der Durchführung und der Nachbereitung zu leisten hatte. Als Antwort auf folgende Fragen entstanden Arbeitspläne und verbindliche Zuteilungen auf das verfügbare Personal.

- Wann und von wem wird das Festzelt angeliefert und aufgestellt?
- Wann und von wem werden die Tische und Bänke angeliefert und gerichtet?
- Gibt es im Festzelt an der Theke auch Bier vom Fass oder nur aus Flaschen?
- Wer schleppt die schweren Getränkekisten vom Lastwagen zur Ausgabetheke?
- Wer bereitet die Getränkekarten vor?
- Wer gibt die Getränke aus?
- Wer verkauft am Eingang der Festhalle die Tanzbändchen?
- Wer bedient die Gäste nachmittags und wer abends?
- Wer spült die Gläser?

Für die groben Hilfsarbeiten vor, während und nach dem Fest standen „Kramasch Fritz" und „Eberhards Ernst" bereit. Das waren zwei Junggesellen, die in ihrer Jugend einiges verpasst hatten, sie rauchten wie die Schlote, tranken in großen Schlucken, waren mager wie Spazierstöcke aber stets arbeitswillig und auch dazu fähig.

Zu Beginn der Fünfzigerjahre machte ich mir als kleiner Bube noch keine Gedanken über die Vorbereitungen zu diesem Ereignis. Für mich war es wichtig, dass der Monat Juli so schnell wie möglich verging, und ich das Fest besuchen und gründlich daran teilnehmen konnte. Einen Tag vorher aber mussten meine Jagdkumpanen und ich noch zu unserem Ortsvorsteher, um dort das verdiente „Maulwurfgeld", abzuholen. Ich glaube, euch von den Hintergründen dafür schon einmal berichtet zu haben. Die Gemeinde hatte nämlich für jeden während des Jahres in der Gemarkung gefangenen Maulwurf eine Prämie von 50 Pfennigen ausgesetzt. Zum Beweis für den persönlichen Jagderfolg haben die Maulwurfjäger die kleinen Schwänze der Tierchen beim Ortsvorsteher abgegeben, und der notierte jeden Fall sorgfältig in seiner Liste. Die aufgelaufene Summe war am Tag vor dem Fest bei ihm bar abzuholen.

Jetzt glaubt aber nicht, ich hätte mein ganzes „Maulwurfgeld" auf dem Fest ausgeben wollen oder ausgeben dürfen. Nein, in guten Jahren waren das für mich um die 20 DM, das meiste davon landete auf dem Sparbuch bei der Raiffeisenbank.

Kommers am Samstagabend

Nicht in jedem Jahr begann unser Fest mit einem musikalischen Kommers am Samstagabend. Der Wunsch nach dieser Art von folkloristischer Unterhaltung war in der Dorfbevölkerung eine Zeiterscheinung. Vielleicht als Ersatz für einen seit vielen Jahren schon eingestellten Festzug durch das ganze Dorf. An so etwas kann ich mich selbst nur noch ganz schwach erinnern.

Die Turnhalle zeigte sich fein geputzt und dekoriert mit Girlanden und allerlei Grünzeug. Die schmalen Kirmestische und die dazu passenden Bänke waren links und rechts der zentralen Tanzfläche ordentlich aufgebaut. Auf der erhöhten Bühne am Kopfende des Saals präsentierten sich die Musikvereine von Hirschfeld-Wahlenau oder Lötzbeuren zusammen oder abwechselnd mit unserem Männergesangverein. Unsere Gemeinde hatte leider selbst keine Musikanten aufzubieten.

Als stumme Führer durch das wechselvolle kulturelle Abendprogramm dienten die ausgelegten Programmzettel. Doch zur Eröffnung gab es auch eine ordentliche Begrüßung durch den Bürgermeister oder einen Beauftragten des ausrichtenden Vereins mit der Vorstellung der Akteure des Abends. Dem folgten gelegentlich ein paar unbedeutende Reden von dazu berufenen Honoratioren, und am Ende des offiziellen Teils kamen auch die tanzwilligen Gäste noch auf ihre Kosten. Mit den Klängen des jetzt gelockerten Musikstils füllte sich die Tanzfläche ganz schnell und der Geräuschpegel veränderte sich.

Sonntagnachmittag

Für uns Kinder startete das Fest erst am Sonntagnachmittag. Nach dem Mittagessen zogen die Familien in Scharen vom Dorf hinauf zur „Beckasch Heh", von dort geradeaus über die Kreuzung hinüber zur anderen Straßenseite, und dann über den parallel zur Bahnlinie links abzweigenden Fußweg unter den Eichen, vorbei an dem großen Anwesen vom „Hecker Jupp" in Richtung Turnhalle und Sportplatz.

Alle hatten sich fein mit ihrer Sonntagskleidung herausgeputzt. Die Herren trugen lange Hosen mit Aufschlag, kurzärmelige Hemden und gelegentlich darüber ein leichtes Sakko, und auf dem Kopf zuweilen einen Hut aus Stroh oder Leinen mit Schweißband. Die Damen jeden Alters boten ihre farbenfrohen Sommerkleider auf, oder sie kamen im zweiteiligen Kostüm daher. Auch die jungen Mädels hielten sich an diesen Kleidungsstil, nur ganz selten verstellte mal eine lange Hose den Blick auf die Beine einer Dame. Allerdings zeigte sich hier und da schon mal so eine wackelige Unsicherheit in der Bewegung, offensichtlich hervorgerufen von ungewohntem Schuhwerk, deren Absätze dem Betrachter höher erschienen als die Länge ihrer Sohlen.

Trotz des meist freien Blicks auf die Beine der Damen steckten diese dennoch in eng anliegenden zweiteiligen Hüllen aus transparentem und feinstem Gespinst. Einzelne Nylonstrümpfe ohne Verbindung zueinander, zu Anfang mit, später ohne hintere Naht, unterstrichen die natürliche Linie beider Frauenbeine von den verstärkten Fußspitzen über die ebenfalls doppellagigen Fersen bis hinauf über die Knie und den unteren Rand der wallenden Petticoats. Hier irgendwo müssen diese transparenten Beinkleider verlässliche Haltepunkte gefunden haben, denn niemals hingen die Strümpfe „auf Rollen".

Die Kleiderordnung für uns Schulbuben war großzügiger. Sie ließ Sandalen, kurze Hosen mit Hosenträgern und leichte Hemden zu. Wer hatte, durfte auch ein modisches Buschhemd tragen. Unsere geliebten Lederhosen unterschiedlicher Erhaltungsgrade standen nicht nur an diesem Sonntag auf der Verbotsliste, sie gehörten nur zur Werktagskleidung.

Auf dem Festplatz unter den Eichen war jetzt die ganze Technik für das erwartete Amüsement aufgebaut und schon seit der Mittagszeit, seitdem die kleine Kirchturmglocke das Ende des Gottesdienstes verkündet hatte, auch in Betrieb genommen. Aus einem allgemeinen anerzogenen Respekt vor der Kirche warteten die braven Menschen mit der Teilnahme am Festvergnügen auf diesen Zeitpunkt.

Es war alles in Bewegung, was einen als Kind interessierte: Eine überdachte Autobahn mit elektrischen, zweisitzigen Autochen, die jeder Besucher selbst fahren durfte. Eine Fahrt kostete 50 Pfennige. Alleine zu fahren war zu teuer. Ein solventer Beifahrer garantierte für zweifaches Fahrvergnügen. Rundherum zeigten sich die Doppelsitzer von einem dicken und schützenden Gummiwulst umgeben, damit sie der harten Wirklichkeit des Verkehrs auf der metallenen Piste auch dann standhalten konnten, wenn der eine mal heftig an den anderen gestoßen ist. Im Gedränge passierte das schon mal aus Versehen und auch in mutwilliger Absicht.

Die kleinen Fahrzeuge waren leicht steuerbar, hatten einen engen Wendekreis, und sie fuhren vor-

und rückwärts. Der Umgang damit brachte richtigen Spaß. Ein solches Gefährt besaß keine Bremse, nur ein Gaspedal und ein rundes Lenkrad. Hinten ragte ein langer Mast empor mit einem bunten Wimpel und einem an der Decke des Fahrgeschäfts schleifenden Stromabnehmer. Dieser Mast diente auch als Haltepunkt für die Kartenkontrolleure, die sich, affengleich, während der Fahrten sehr elegant von einem zum anderen Fahrzeug schwangen.

Das Kettenkarussell daneben bestand aus einem drehenden Turm mit langen Ketten in Vierergruppen, an deren Enden kleine und rundum mit weiteren Kettchen gesicherte einsitzige Sesselchen paarweise hingen. Nur die Einstiegsseite war offen, und in der Fahrpause hing die dafür zuständige Sicherungskette mit Schnappverschluss einladend nach unten.

War das Ungetüm erst einmal nach der röhrenden Startsirene in Bewegung, schleuderte es seine Fahrgäste in mäßigem Tempo rundherum über die Besucher des Festgeländes. Bei hohem Andrang am Kassenhäuschen währte das Flugvergnügen in zwei Meter Höhe nicht sehr lange. Es war also schlau, den ersten Andrang abzuwarten. Eine Fahrt damit schmälerte die persönliche Kirmeskasse um 30 Pfennige. Nicht jeder Fahrgast vertrug diese Art der Fortbewegung ohne akute Veränderung seines Wohlbefindens.

In manchen Jahren gab es zusätzlich noch ein Raupenkarussell, bei dem die Wägelchen in Wellenlinien bergauf und bergab im Kreis rundherum sausten. Zur Überraschung der Passagiere stülpte sich während der Fahrt schon mal ein undurchsichtiges Stoffverdeck über die einzelnen Kabinen. Das war dann der günstige Moment, bei dem die halbstarken Buben ihre neue Flamme noch ein bisschen fester an sich drücken konnten, als das sowieso durch die wirksame Zentrifugalkraft der flotten Fahrerei auf dem Rundkurs unausweichlich gewesen ist.

Die Vorschulkinder hatten an dem einfachen Karussellchen ihre Freude. Hier konnten sie das Pferdchen, die Kutsche, das Eselchen, das Motorrad und noch ein paar andere Figuren aus Holz für ein paar gemütliche Umdrehungen kapern. Manchmal waren die Kinder noch ein wenig ängstlich und die Mütter, Väter, Omas oder Opas mussten sie auf der Fahrt begleiten. Das gab sich aber schnell, und dann wollten die kleinen Eroberer nicht mehr von dem frisch entdeckten Vergnügen lassen.

Jeder Karussellbetrieb machte bei Fahrtantritt seine eigene lautstarke Ansage über Lautsprecher und schleuderte seine eigene Musik vom Plattenteller ins Publikum. Die Summe aller Geräusche türmte sich auf zur turbulenten Kulisse, bei der das eigene Wort kaum noch zu verstehen war.

Der halbe Sportplatz war belegt mit Fahrgeschäften und Buden. Die meisten Dorfbewohner und auch auswärtige Gäste schoben sich jetzt zu Fuß mit und ohne Kinderwagen in Schlangenlinien durch die freie Gasse. Die Kleinen bekamen von ihren Eltern und Großeltern, von Patentanten und Patenonkeln, von einfachen Onkeln und einfachen Tanten mit bedeutungsvoller Gestik ihr heiß ersehntes Festgeld zugesteckt, das sie auch gleich umsetzen konnten und durften. Gelegenheiten zum Geldausgeben waren im Überfluss vorhanden.

Eine oder sogar zwei Schießbuden zogen die jungen Burschen und die jungen Väter mitsamt ihren Söhnen magisch an. Sie alle wollten doch zeigen, was sie konnten, was sie drauf hatten, und dass sie eine ruhige Hand besaßen. Bei manchen Trophäen war es nötig, das weiße Röhrchen darunter restlos abzuschießen, bevor der Budenbesitzer dem stolzen Schützen das davon gestützte Figürchen oder die Blume aushändigte. Für einen Schuss musste nicht nur ich 20 Pfennige berappen, und für sechs Schuss eine D-Mark. Die Schießerei konnte also ganz schnell weiter ausufern, als es die Reichweite des eingenommenen Festgelds von Tanten und Onkeln zuließ. Da war es also immer gut, noch die Maulwurfprämie in der Tasche zu haben.

Und dann gab es da noch eine Bude mit allerlei Süßigkeiten, bunte, transparent verpackte Zuckerstangen, frisch gebrannte Mandeln, Bonbons aller Sorten, luftig aufgeblasene Zuckerwatte, Lakritzrollen und -Stangen, braune Lebkuchenherzen und so weiter. Hatte sich so ein junger Spund schon ein süßes Mädchen geangelt, wollte er ihm auch etwas spendieren. Er wollte Großzügigkeit demonstrieren, sich nicht lumpen lassen. Dafür eigneten sich die braunen Lebkuchenherzen mit den liebreizenden Sprüchen aus Zuckerguss ganz ausgezeichnet. Eine solche Herzenssache machte Eindruck, für den Kavalier war sie erschwinglich, und er konnte sie der momentan Angebeteten wie ein Collier persönlich um den nicht immer schlanken Hals legen.

Die meisten Buden und deren Besitzer und Betreiber kamen aus anderen Ortschaften angereist, aber „Kaasch Erich" mit seinem Eisstand war ein Einheimischer. Bei ihm konnten wir alle für einen Groschen eine Kugel Eis auf einem Waffelhütchen bekommen. Er führte auf seinem mobilen Verkaufsstand nur zwei Sorten Eis, Schokolade und Vanille. Wenn die zwei großen Kupferkessel ausgekratzt waren, schob er seinen einachsigen Handwagen mit den großen seitlichen Fahrradrädern nach Hause, um dort den inzwischen fertig gewordenen Nachschub zu holen.

Auch gab es in jedem Jahr noch mindestens eine Losbude zwischen all den ganzen Fahrgeschäften, Schießbuden und Verkaufsständen aller Art. Hier konnte jeder Besucher sein Glück auf die Probe stellen und für 20 Pfennige ein Los erwerben und bei viel Beistand von oben einen dieser schönen ausgestopften Teddybären mit einem roten karierten Tuch um den Hals oder ein anderes Kuscheltier in Großformat gewinnen. Aber meistens gab es nur einen Dauerlutscher, eine Tüte Brausepulver oder ein Neckbällchen am Gummiband. Das aber ließ sich fein und ungestraft gegen andere Leute werfen, weil es immer wieder wie ein Bumerang von selbst zurückkam.

Kinderbelustigung

Der Zeitplan der Dorfkirmes sah ab 15 Uhr die Kinderbelustigung in der Festhalle vor. Jetzt waren die kleinen Kinder zu altersgerechten Vergnügungen und Spielen eingeladen. Dazu zählten Sackhüpfen, Eierlauf mit einem Suppenlöffel und Wurstschnappen. Dabei hatten die Alten mindestens eben soviel Spaß wie die Kinder selbst. Die Mütter, Väter, Omas und Opas mussten ja nicht alle gleichzeitig ihre Kleinen hüten und bei den einzelnen Disziplinen begleiten. Wer von seinem Filius nicht gerade als Assistent gebraucht wurde, behielt ihn von einem der langen Kirmestische aus im Auge, genoss Kaffee und Kuchen und redete mit den Leuten.

Zuweilen weinten die Kinder bitterlich, wenn sie hüpfend in ihren Kartoffelsäcken unterwegs waren und noch kurz vor dem Ziel stolperten und der Länge nach hinfielen. Auch ein vorzeitig vom Löffel gesprungenes Gipsei vermochte die Laune der Kleinen plötzlich zum Schlechten hin zu wenden. Aber am Ende ging immer alles gut aus. Wer nichts gewinnen konnte, bekam trotzdem noch etwas zum Naschen zugesteckt und war glücklich.

Fütterungspause und Rüstzeit

Nach diesem vergnüglichen Abschnitt für die Minis sah das Festprogramm eine Pause vor, die von den Bauern genutzt wurde, zu Hause in den Ställen das liebe Vieh zu versorgen. Die Gelegenheit nutzten auch andere Besucher für den Heimweg. Jeder hatte ja noch seine familiären Aufgaben oder andere Verpflichtungen zu erledigen, und eine kleine Erholungspause vor dem abendlichen Tanzvergnügen war ja auch angebracht.

Der Beginn dafür war für 20 Uhr vorgesehen. Zu Hause erfrischten sich die Festgänger, vielleicht gab es nochmal eine Katzenwäsche, bevor sie sich in die neue Garderobe warfen. Die progressiven Damen hatten jetzt Gelegenheit, ihre Sommerkleider Marke „Letzter Schrei" aus den Schränken zu nehmen und sich damit stolz der Öffentlichkeit zu präsentieren. Die Herren wählten zwischen dem wahrscheinlich einzigen Sommeranzug und einer kreativen Kombination von Hose und Sakko. In beiden Fällen gehörte ein weißes Hemd mit Krawatte zu der Antrittsausstattung für den Abend, auch wenn letztere nach den beiden ersten Tänzen wegen der aufkommenden Hitze gelockert und zur Seite gelegt, oder in die Innentasche des Jacketts versenkt werden sollte.

Wenn uns jungen Burschen der Konfirmationsanzug noch einigermaßen auf den Leib passte, waren wir von den Eltern dazu angehalten, sich noch einmal in diesen hineinzupressen, samt weißem Hemd mit Krawatte und den schwarzen Lederschuhen an den Füßen. Die damalige Schlipsmode hatte sehr schmale Binder hervorgebracht. Sie repräsentierten den Zeitgeschmack, waren bequem, beengten nur mäßig den umschlungenen Hals und ließen dem Träger Luft zum Atmen.

Niemandem kam es in den Sinn, in schäbigem Räuberzivil zu den Tanzveranstaltungen zu kommen, wie das heutzutage leider vielfach anzutreffen ist. Bluejeans gab es auch damals schon, aber nur wenige trauten sich, damit in einem festlich geschmückten Tanzsaal zu erscheinen. Nur etwas zwielichtige Subjekte, die mit der Stubbiflasche in der Hand in schlaksiger Haltung an der Biertheke lungerten und herum schwadronierten, trugen diese Cowboyhosen aus Übersee, deren Erhaltungsgrad schon mal den Verdacht aufkommen ließ, deren einzige Beinkleider zu sein.

Eintritt, Tanzbändchen und „Scheeze"

Am Eingang der Festhalle musste jeder Besucher ein Tanzbändchen für 1,50 DM erwerben und an seinem Handgelenk befestigen. Das war der Nachweis, den Eintritt für das bevorstehende Tanzvergnügen an diesem Abend ordentlich entrichtet zu haben. Auch die Gäste, die gar nicht tanzen wollten, hatten dies zu tun, wenn sie die Halle betreten wollten.

Doch da gab es auch immer ein paar „Scheeze", deren Ansprüche geringer waren, sie wollten nur an der Theke stehen und Bier trinken. Diese einfach gestrikten Zeitgenossen mussten dann im Bierzelt bleiben, und sie konnten nur von dort aus durch die Seitentür miterleben, wie sich das bürgerliche Publikum in der geschmückten Festhalle beim Tanzen vergnüglich austobte.

Ja, nicht alle, die mit dem offenen Stubbi in der rechten und der brennenden Zigarette in der linken Hand an der Theke lungerten, waren richtige „Scheeze". Manche Junggesellen wollten auch nur ein bisschen in die ihnen nicht besonders geläufige Gesellschaft hineinschnuppern und für sich einen kleinen Erlebnisanteil abzweigen. Sie trauten sich gar nicht zu tanzen, weil sie es nicht konnten, nicht gelernt und vielleicht noch nie praktiziert hatten. Sie waren zu bedauern!

Die Amis

Auch ein paar Amerikaner standen gelegentlich dort an der Theke oder hatten sich auf den harten Klappbänken im Bierzelt niedergelassen. In den Anfängen des Flugplatzes Hahn erschienen sie noch in ihren blauen Uniformen der Luftwaffe mit den aufgenähten Dienstgradabzeichen an den Oberarmen, doch in späteren Jahren bevorzugten sie ihre Zivilkleidung. Manche der Soldaten wohnten mit ihren kleinen Familien in privaten Mietwohnungen in den Dörfern der Umgebung.

In dieser Zeit setzte ein Wandel ein, die Menschen auf dem Hunsrück begannen, ihre Lebensweise umzustellen und an die neue Zeit anzupassen. Sie bauten neue Häuser, gestalteten die vorhandenen Quartiere um oder erweiterten diese. Oft wurde eine neue Wohnung zum Vermieten an das vorhandene Haus angebaut. Die Kundschaft war ja vorhanden. Den Amerikanern gefiel es, wenn sie mit ihren Familien nicht in der Housing des Flugplatzes wohnen mussten. Wenn sie in einem der Dörfer schon ein wenig heimisch geworden waren, brachten sie auch ihre Frauen und Kinder schon mal auf unsere Kirmes mit.

Doch nur selten traute sich einer der amerikanischen Junggesellen auf unsere Tanzfläche. Vielleicht kannten sie das nicht aus ihrer amerikanischen Heimat hinter dem großen Teich und mussten erst mal ein bisschen warm werden mit unserer Hunsrücker Bevölkerung. Wenn aber so ein junger Soldat aus Texas oder Nevada schon sein einsames Herz an ein deutsches Mädchen verloren glaubte, dann schöpfte er daraus Mut und traute sich unter die Menschen, machte es ihnen nach und tanzte nach Lust und Laune und tat schließlich, als sei er bei uns zu Hause. Für die Einheimischen war es eine besonders vergnügliche Erfahrung, die ersten deutschen Worte und Sätze aus deren Mund zu vernehmen. Wir erkannten sofort an der Aussprache, wo sie diese Kenntnisse erworben hatten. Bei den Kindern fiel dies besonders auf, denn manche sprachen perfektes Hunsrücker Platt.

Und dann gab es natürlich auch die „Festekel", sie repräsentierten die untere Etage der von mir vor einiger Zeit schon charakterisierten Spezies der „Scheeze". Das waren diejenigen, die dauernd herumstänkerten, Streit anzettelten und Kloppereien suchten. Und das noch nicht einmal wegen der Mädels, das hätten wir ja verstehen können. Diese Zeitgenossen fochten unter ihresgleichen gerne immer wieder mal die Meisterschaft im einarmigen Reißen der Halbliterklasse aus, so lange, bis der Tagessieger ermittelt war. Diesem zweifelhaften Kraftsport mit den Bierhumpen folgten schnell Ausbrüche von ungezügelten Emotionen in Form von gegenseitigen Pöbeleien, bis einem dieser Rabauken nichts Besseres einfiel, als seine Fäuste als schlagkräftige Argumente für seine Sache einzusetzen.

Zeitweise kam es zu harten körperlichen Auseinandersetzungen mit den amerikanischen Soldaten oder auch nur innerhalb dieser Besuchergruppen. Diese Kerls waren ja auch Menschen wie wir, hatten auch Durst wie wir, und sie fanden Gefallen wie wir an unserem guten Kirner oder Königsbacher Bier und an der Spätlese von der Mosel. Wenn aufgeheizte Atmosphäre auf erhöhte Promillekonzentration traf und einem der Hitzköpfe zur Unzeit ein falsches Wort entschlüpfte, machten diese Burschen schnell mobil.

Bei den Amis trat noch ein Aspekt auf, den wir bei uns in Deutschland überhaupt nicht kannten. Wie man hörte, ließ die Army hinter ihrem Zaun rund um den Flugplatz Hahn das eigene militärische Personal in dienstlich verordneter Harmonie gleichberechtigt miteinander existieren. Bei heftiger Einflussnahme durch den Alkoholgehalt der genossenen Getränke geriet die verordnete Harmonie unter den Soldaten gelegentlich in Schieflage, was sich auf einem Dorffest hin und wieder in körperlichen Auseinandersetzungen zwischen den schwarzen und den weißen Amis entlud.

Da blieb dem Veranstalter nichts anderes übrig, als telefonisch die Airpolice des Flugplatzes zu Hilfe zu rufen. Die Militärpolizisten vom Dienst erwarteten offenbar schon solche Rufe nach bereinigendem Beistand, denn schnell waren sie da mit ihren Jeeps mit je vier Mann Besatzung. Sie fragten nicht lange nach dem Grund des Anrufs, sondern traten gleich mit ihren Gummiknüppeln wie die Ochsentreiber zwischen die streitenden Akteure. Dann nahmen sie alle ihre angeschlagenen Rabauken mit auf ihre Air Base hinter dem Zaun. Es war egal, ob diese schwarze oder weiße Hautfarbe besaßen, und ob sie in Uniform oder in ziviler Kleidung steckten. Bei sich anbahnenden Auseinandersetzungen grober Art reichte es gelegentlich schon aus, den streitenden Parteien nur das Wort „Airpolice" laut entgegen zu rufen. Es erwies sich als das Zauberwort für eine erstaunlich schnelle Befriedung der aufgeheizten Lage.

Tanz am Sonntagabend

Sonntagabends Punkt 20 Uhr ging es dann los, die „Bundenbacher" Tanzkapelle spielte das erste Musikstück, und die Buben flitzten quer durch die Festhalle zu den Mädels, die sie schon vorher ausgeguckt hatten. Da mussten sich die „First Ladies" nicht wundern, wenn für den bereits angeklungenen Tanz plötzlich zwei oder mehr Bewerber gleichzeitig vor ihr brav mit den murmelnden Worten „darf ich bitten" ihre anerzogenen Diener ausführten. Die jungen Herren standen untereinander im ständigen Wettbewerb, doch nur einer konnte im Augenblick die Gunst der Dame gewinnen.

Es kam auch vor, dass wir uns einen Tanz vorbestellten, ja sogar vorbestellen mussten, weil das Mädchen als Tanzpartnerin bei allen Buben sehr begehrt war. Wer da ein wenig weiter weg seinen Platz hatte, und nicht gleich vorne am Kopfende des Tisches an der Tanzfläche saß, der kam immer zu spät zu seinem eigentlichen Ziel. Außerdem gab es damals wirklich viel mehr Buben als Mädchen, das war schon eine bittere Erkenntnis aus der Tanzschule gewesen. Aber davon erzähle ich ein andermal.

Es gab auch Körbe. Weniger aus persönlicher Ablehnung des Bewerbers als aus einer momentan eingetretenen Ruhebedürftigkeit einer überforderten Dame. In der Tanzschule lernten wir, es sei nicht höflich, nach einem erhaltenen Korb schlankerhand eine benachbart sitzende Dame zum Tanz aufzufordern, es signalisiere diesem Geschöpf eine ihm von dem Kavalier zuvor zugewiesene Zweitklassigkeit, sie sei jetzt nur Ersatz und ein Notstopfen, zweite Wahl im wahrsten Sinn. Das war logisch, das mussten wir doch einsehen.

Ja, da habt ihr schon richtig herausgehört, dass die jungen Buben und Mädchen nicht immer an einem oder an benachbarten Tischen saßen. Nicht einmal auf der gleichen Seite der Tanzfläche hatten sie ihre Plätze eingenommen, die Buben saßen für sich und die Mädchen saßen für sich. Erst später, wenn sich am Abend schon Pärchen gebildet hatten, rückten alle doch näher zusammen.

Bei der älteren Generation spielte sich die Prozedur gemütlicher ab. Die Ehemänner erschienen in Begleitung ihrer Frauen und hatten sich schon vorher mit befreundeten Paaren zusammen gute Plätze an ausgesuchten Tischen gesichert. Hier waren die Wege zur Paarbildung also nicht weit. Um am Abend auch die gewünschten Plätze zusammenhängend in der Festhalle zu bekommen, schickte jede Clique rechtzeitig ihre Quartiermacher voraus.

Sie hatten die Aufgabe, die nötige Anzahl von Sitzplätzen an ganz bestimmten Tischen zu reservieren.

Weil das Publikum in unserer Turnhalle wirklich von 14 bis über 75 Jahre sehr gemischt war, musste die Musikkapelle auch für jeden Geschmack und für jedes Temperament die geeignete Musik aufbieten können. Die Tanzrhythmiker konnten das gut! Die alten Herrschaften wurden von den Klangkünstlern mit einem schwungvollen Wiener Walzer auf die Tanzfläche gelockt. Mein Vater war einer der Herren, die diesen Königstanz rechts- wie auch linksherum ganz prima beherrschte und die Damen führen konnte. Als zu Beginn die Arena erst mäßig gefüllt war, jagte er meine Mutter flott, schmissig und sportlich über die Bretter unserer Turnhalle, links herum und rechts herum, dass die Leute nur so guckten, besonders die Damen. Nicht mit jeder Tanzpartnerin konnte er gut zurechtkommen. Die Tanztalente müssen also bei beiden vorhanden gewesen sein.

Meistens spielten die Musiker zwei Songs in Folge, danach trat eine kleine Pause ein, damit sich das Tanzvolk wieder ordnen, sich hinsetzen, abkühlen und etwas trinken konnte. Alle Tanzpaare und auch das sitzende Publikum klatschten nach jedem beendeten Lied der trefflichen Kapelle lebhaften Beifall. War es eines zum Mitsingen gewesen, taten sich die Tänzer keinen Zwang an. Reichten Textsicherheit und Atemluft aus, hielten sie nicht selten durchgehend vom Anfang bis zum Ende dieser Karaokeübung mit. Nach dem zweiten Lied geleitete der Kavalier seine Partnerin zurück an den Platz, von dem aus er sie vom Fleck weg engagiert hatte. Mit einem braven Diener und einem hörbaren Dankeschön schloss die Zeremonie formvollendet ab. Anschließend genoss nicht nur er die Pause. Wenn ein Herr mit einer Dame zu tanzen gedachte, die nicht alleine saß, sondern in Begleitung gekommen war, erforderte das Gebot der Höflichkeit eine Anfrage nach der Zustimmung bei ihrem Ehemann, Verlobten oder Freund. Niemals erlebte ich eine Ablehnung dieser höflichen Bitte. Auch dies war ein entkrampfendes Produkt der Tanzschulerziehung auf dem Land.

Schon vor dem ersten Tanz an dem jungen Abend wurden in der Festhalle die Getränke bei den Kellnern bestellt, von diesen auch serviert und sofort bar abkassiert. Angeschrieben wurde nicht. Ein paar frische Burschen zwischen 18 und 65 Jahren, Mitglieder des ausrichtenden Vereins, bedienten im Saal die Gäste mit Getränken. Ausgestattet mit schwarzen Hosen und Schuhen, weißen Hemden mit Krawatten, darüber blütenweißen und frisch gebügelten Leinenjacken, wandelten sich Schüler und Lehrlinge, Väter und Opas aus dem dörflichen Alltag zu flinken und geschickten Kellnern, die sich jetzt auch gerne mit „Herr Ober" ansprechen ließen. Ihre Jacketts waren meistens geliehen. Mit diesem Dienstanzug war das Servicepersonal gut gerüstet, um auch bei dem Publikum mit gehobener Garderobe in unserem Festsaal bestehen zu können.

Die Getränkekarten lagen auf den schmalen Klapptischen, die ringsum mit den Schmalseiten zur Tanzfläche wiesen, und an denen die Gäste zu fünft auf jeder Seite ihre Plätze eingenommen hatten. Mit der Besatzung der benachbarten Bank saßen die feiernden Festgäste auf Tuchfühlung Rücken an Rücken. Ganz oben auf der Getränkekarte stand der

Wein, darunter das Bier und unten die Getränke ohne Alkohol. Der Preis für eine gute Flasche Moselwein lag bei sechs bis sieben DM, ein Stubbi kostete eine Mark und eine Flasche Sinalco, Cola oder Sprudelwasser davon gut die Hälfte.

Natürlich standen auch genügend Aschenbecher auf den Tischen, auf jedem mindestens zwei. In diesen Jahren rauchten noch fast alle Männer, und die Buben konnten es kaum erwarten, bis sie das mit 16 Jahren in der Öffentlichkeit auch durften. Die Damenwelt hielt sich mit dem Tabakkonsum noch sehr zurück. Eine Dame mit Glimmstengel war selten zu sehen.

Zur erfolgreichen Bekämpfung aufkommender Hungergefühle bei den Festgästen hatte der ausrichtende Verein natürlich bestens vorgesorgt. Wem nach Essen zumute war, betrat am besten das kleine Zelt vor der Halle, wo fleißige Hände von Beginn bis zum Ende der Veranstaltung die leckeren Bratwürste ständig frisch zubereiteten. Dort genossen die Speisegäste nicht nur ihren Imbiss im geselligen Umfeld, auch die abendliche Frische war ihnen eine willkommene Quelle für neue Energie.

Als wir Buben mit 14 Jahren das erste Mal diese Veranstaltung besuchten, konnte noch keiner von uns richtig tanzen. Das lernten wir erst in der Tanzschule, die im folgenden Winterhalbjahr einmal pro Woche in „Schelasch Saal" gastierte. Den Mädchen ging es ebenso. Hier tanzten wir aber trotzdem, und fragt nicht, wie!

Hatten sich die „Bundenbacher" mal auf volle Touren gebracht, kamen sie richtig aus sich heraus und präsentierten nach und nach das volle und breit angelegte Spektrum ihres musikalischen Könnens. Ein Superhit folgte dem anderen.

Sie spielten außer den braven Titeln wie „Wheels", „Tom Dooley", „Sugar Baby", dem „River-Kwai-" und dem „Hilomarsch" auch progressivere Stücke wie Rock'n Roll und Cha cha cha, dass die Fetzen flogen. Folgte gleich darauf ohne Pause noch ein flotter Charleston, schwitzte auch der magerste der Tänzer wie ein Rollbraten, und es blieb einem fast der Atem weg.

Bei manchen Titeln, die von der Bühne herunter donnerten, war nicht gleich klar, ob diese am besten zusammen oder auseinander zu betanzen waren. Wir probierten ganz einfach aus, wo die beste Lösung liegen konnte, mal so, mal anders.

Wenn ich Glück hatte und es sich gut einrichten ließ, hielt ich meine Herzdame noch in den Armen, wenn die Musikkapelle nach dem zustimmenden Beifall für den abgeschlossenen Song als nächstes gleich „Moonlight" so schmusig intonierte, und ihr Vormann dies auch so soft ins Mikrofon hauchte, als stünde Ted Herold persönlich auf unserer Bühne in der Jahnhalle zu Büchenbeuren. „Moonlight" war ein sehr gefühlvoller langsamer Walzer, und es ließ sich nicht anders einrichten, als jetzt mit beiden Armen und Händen das Mädchen in Lebensgröße an sich zu drücken.

Hatte ich mich mit der Herzdame nicht ganz vertan, ergab sich das nunmehr engere Verhältnis schon fast von alleine, der Widerstand war dann gering. Es war nicht nur Tuchfühlung, es war auch Hautfühlung, so Wange an Wange, dann, wenn die Partnerin ungefähr auf Augenhöhe gewesen ist. Dabei ergaben sich erweckende Erfahrungen mit mir selber und der spontanen Wirkung einer kurzfristigen Vollversammlung aller eigenen fünf Sinne, gepaart mit ausschwärmender Fantasie.

Der danach oft noch folgende Oberschmuseschlager „Je t'aime" setzte der schon knisternden Spannung unter den Tanzpaaren auf äußerst herausfordernde Art die erotische Krone auf und verlangte den verliebten Herren äußerste Disziplin ab.

Bei den flotten Rhythmen machten sich die Bundenbacher Musiker auf der Bühne einen besonderen Spaß daraus, mehrere Titel ohne Pause direkt hintereinander zu präsentieren. Mancher Tänzer geriet dabei bald außer Atem und musste seine Partnerin gelegentlich vorzeitig wieder auf ihren Platz zurückbegleiten. Am Tisch bedankte er sich dennoch brav mit einem Diener für die vollzogene Hopserei und zog mit sichtbaren Schweißperlen geschmückt wieder ab auf seinen Sitzplatz.

Wenn die Musikkapelle mal wieder richtig außer Rand und Band geraten war, schmissen sich beide Gitarristen schon mal rücklings auf die Tische und steigerten ihren Rhythmus, kopfüber und unablässig weiter auf ihren elektrischen Instrumenten spielend. Sie erweckten den Anschein, jetzt außer sich geraten zu sein, jetzt von dieser Welt abzuheben. Doch nichts dergleichen, im Gegenteil, sie holten erst einmal ganz tief Luft und spielten auf mit einem endlos erscheinenden Potpourri zur Polonaise. Es begann sehr harmlos und nicht für jeden der Gäste gleich erkennbar, mit einem gängigen Schlager der Zeit. Die Fortschrittlichen und Geübten unter den Tanzpaaren erkannten die Zeichen und begannen, sich paarweise an den Händen haltend, im Takt der sich steigernden Rhythmen und im doppelten Gänsemarsch und im Gleichschritt rund um die Tanzfläche zu marschieren. Waren endlich alle Paare eingereiht, gab es kein Halten mehr. Auch die Sitzenbleiber mussten jetzt ihre Hintern lüften, und es blieb ihnen nichts anderes übrig, als sich in die formierte Schlange mit fröhlichem Herzen und wiegenden Schritten einzugliedern. Mehrere Runden durch den ganzen Saal waren bei dieser Übung zu überstehen. Danach folgte die große Pause als wahre Erlösung!

Nach einer solchen Ekstase zogen die Herren ihre großen Taschentücher ganz verschämt aus ihren Hosentaschen, um sich damit das Schwitzwasser von Gesicht und Nacken zu wischen. Ein kleines Tüchlein reichte nicht aus, weil man am ganzen Körper völlig nass geworden war. Wer von den Herren seinen Schlips noch nicht eingerollt und sein Jackett noch nicht abgelegt hatte, der tat das spätestens jetzt.

Die überflüssig gewordenen Kleidungsstücke schmückten die braunen Garderobenleisten, die rundum mit ihren vielen Haken in Augenhöhe die Seitenwände des Tanzsaals säumten. Jetzt ließen sich bei den weißen Hemden der Herren unter den Armen die hässlichen Schweißflecken nicht mehr übersehen. Wenn das Hemd nicht aus Leinen gefertigt, wenn es aus diesem neumodischen und bügelfreien Material wie Nylon oder Perlon hergestellt war, dann verbreitete das durchnässte Stück ganz schnell einen strengen Geruch, es stank! Das war damals schon unangenehm und ekelig, vor allen Dingen beim Tanzen selbst.

War nach solcher Herausforderung eine größere Abkühlung nötig, konnte dies eine erholsame Pause außerhalb der Halle bewirken. Doch diese brachte wegen der durchfeuchteten Oberbekleidung eine Erkältungsgefahr mit sich. Selbst hier draußen auf dem Festplatz herrschte an angenehmen Sommerabenden noch reges Leben, an dem wir alle unsere Freude hatten. Die Karussells drehten sich, der Autoscooter hatte seinen Betrieb noch nicht eingestellt und die Schießbude war umlagert und beleuchtet, bis es endgültig dunkel geworden war. Auch konnte jeder draußen zwischendurch mal ganz gemütlich ein kühles Stubbi trinken und sich mit den Leuten unterhalten. Nur Erich, der Eisverkäufer, war schon abgerückt.

Doch zu lange durften die Tänzer auch nicht draußen verweilen, sonst hätte sie einen ganz wichtigen Teil des Tanzvergnügens verpasst: Die Damenwahl! Der Frontmann der Musiker kündigte das Highlight schon rechtzeitig von seiner Bühne herunter an. Für die Buben und die jungen Männer bedeutete das gleichzeitig Entspannung und auch Anspannung. Entspannung, weil sich jetzt keiner von ihnen bei der Suche nach einer Tanzpartnerin ins Zeug legen musste. Gleichzeitig aber auch Anspannung deshalb, ob die junge Dame, die gegenwärtig im Fokus stand, aus freien Stücken ihr Wahlrecht zu den eigenen Gunsten ausübte oder etwa eigene und damit abweichende taktische Pläne verfolgte. Bei solchen Gelegenheiten zeigte es sich, wie weit die persönlichen Beziehungen zueinander gediehen waren oder auch nicht. Ob die Mädels ihre Tanzpartner nach tänzerischen Qualitäten oder nach anderen geheimen Kriterien auswählten, erschien ganz verschieden zu sein. Nicht immer schienen die wartenden Buben mit den Wahlergebnissen der Mädels zufrieden zu sein, das verrieten ihre Gesichter.

Als die Zeit schließlich über Mitternacht hinausgerückt war, rüstete das ältere Publikum langsam zum Aufbruch, es wollte nach Hause, Oma und Opa mussten ins Bett. Die Jungen aber blieben bis zum letzten Takt der beiden Gitarren, von Klarinette, Trompete, Schlagzeug und Tuba. Doch ehe das so weit war, gab es noch eine letzte Polonaise, die andauernd und immer wieder rundherum durch die ganze Halle lief.

Dann aber ergriffen die Weibsleute ihre weinseligen Herren und zogen, schoben und schubsten sie in sanfter Eskorte in Richtung Hallenausgang, wo die große, zweiflügelige Tür schon weit offen stand und die kühle Nachtluft einströmte. Manche Damen hatten ihre Mühen, weil die genötigten Begleiter die Sache augenscheinlich ganz anders betrachteten und noch ein wenig verweilen wollten. „Wir müssen doch noch unsere Flasche mit dem teuren Wein austrinken", war ein gutes Argument. Erfahrene Gelegenheitstrinker hatten kurz zuvor absichtsvoll und ein wenig hinterlistig noch eine neue Flasche Mosel bei ihrem Kellner mit der weißen Leinenjacke geordert.

Die männliche Jugend hatte indes ganz andere Sorgen: „Wer bringt jetzt wen nach Hause?" War die Musik endgültig verklungen und wurden auf der Bühne die Instrumente eingepackt, rückte das Jungvolk nahezu geschlossen in einer großen Gruppe vom Festplatz ab. Bald alle Mädels und Buben des ganzen Dorfs waren dabei. Auf dem dunklen Weg unter den Eichen zur Dietrichshöhe hinauf teilte sich der Haufen schon in kleine Grüppchen auf. Diese wurden bald noch kleiner, bis nur noch einzelne Pärchen zusammen waren. Einzelne Buben, die jetzt kein Mädchen mehr finden konnten, blieben übrig und mussten alleine nach Hause ziehen. Ja, wer weiß, wofür das gut war!

Damals, nur wenige Jahre nach dem furchtbaren Zweiten Weltkrieg, wurden nicht nur bei uns im Dorf mehr Jungen als Mädchen geboren, da mussten ja ein paar Buben übrigbleiben und alleine nach Hause gehen. Das war schon ein mathematisch zu nennendes Phänomen. Man könnte meinen, die Natur hätte in ihrer Weisheit diese sichtbare Folge der lange anhaltenden Fremdeinwirkung auf die Population von sich aus wieder zeitnah ausgleichen wollen.

Spießbraten am Montagmorgen

Der gleiche Stellenwert, dem im Rheinland und in unserer Landeshauptstadt Mainz schon immer dem Rosenmontag entgegengebracht wird, kam dem dritten Tag unserer Dorfkirmes zu.

Für den sprichwörtlichen „Mann auf der Straße" war er der wichtigste Tag im ganzen Jahr, auf den er sich schon lange immer wieder sehr gefreut hat. Warum war das so, worauf freute er sich? Auf den Spießbraten freute er sich am meisten!

An diesem Montag wurde im Dorf kaum etwas gearbeitet, er war praktisch ein regionaler Feiertag.

Die Kinder hatten meistens Schulferien, Handwerks-
betriebe und andere Gewerbetreibende waren sich
darin einig, gegen Mittag ihre Türen zu schließen.
Das männliche Personal besuchte das Fest, um dort
Frühschoppen und Spießbraten zu genießen. Auch
die Mitarbeiter der Volksbank, der Sparkasse und
auch die Männer vom Amt verlegten ihre Tätigkei-
ten auf die schmalen Bänke an den Kirmestischen
auf dem Freigelände des Festplatzes unter den Ei-
chen. Natürlich ließen sich auch die Bauern das Ver-
gnügen nicht gerne an der Nase vorbeigehen. An-
fangs blieben die Weibsleute des Dorfs noch daheim.
Mit den Jahren aber wandelte sich auch das.

Der Frühschoppen am Montag war so organisiert,
dass „Büttnasch Richard" die beiden nötigen
Schweinebraten schon daheim in seiner Fleischerei
fertig gewürzt, gefüllt, gerollt und mit Kordel zu-
sammengebunden hatte, und sie dann mit seinem
schwarzen Opel Kapitän zum Grillplatz unter den
Eichen brachte, wo das Feuer mit der glühenden
Holzkohle schon wartete. Die vorbestellten Wasser-
wecken und Milchbrötchen brachte er gleich von
„Beckasch" mit, das lag auf dem Weg.

Die Holzkohle des Grillfeuers war bei seinem Ein-
treffen schon so gut durchgebrannt, dass sie für die
beiden gespickten Bratenrollen von Anfang an eine
ideale Hitze abgab. Richard steckte die noch rohen
Fleischrollen mit seinen fetten und fettigen Händen
auf die langen, schlanken Eisenspieße, wo an beiden
Enden je zwei Zinken in das frische Fleisch hinein-
griffen, damit es sich auf den Spießen über dem Feu-
er auch ordentlich drehen ließ und nicht einseitig in
die Glut des Feuers absinken konnte. Die Fleisch-

spieße schwebten bald auf der mittleren Stufe zwischen den vorderen und hinteren Haken des doppelten Drehgestells.

In den ersten Jahren waren die Fleischrollen noch selber langsam mit der Hand zu drehen. Das sollte immer gleichmäßig vonstattengehen, nicht zu schnell und nicht zu langsam. Es war klug, sich bei dieser Arbeit gegenseitig abzuwechseln. Auf diese Weise kamen wir Buben auch einmal an die Reihe. Während dieser Dreharbeiten war es nötig, die beiden Bratenrollen immer wieder vorsichtig mit dem vortrefflichen Kirner oder Königsbacher Pils zu übergießen. Das wäre gut für eine knusprige Außenseite, belehrte uns der Metzger Richard.

Am Anfang machte uns die gewährte Beteiligung an dem Produktionsvorgang natürlich sehr stolz. Doch als zu spüren war, wie die monotone Kurbelei allmählich mit zunehmendem Ziehen und Krampfen in die Arme fuhr, ließen wir schon mal eine freiwillige Ablösebereitschaft erkennen. Natürlich wirkte sich auch die nahe Sitzposition am heißen Feuer einschränkend auf das Befinden aus. Dagegen half nur eins: Ein Stubbi aus der Flasche!

Als das Schweinefleisch am Spieß langsam zu schmoren begann, trieb es ihm überall das Fett aus den Poren, es tropfte von der Rolle hinunter in die glühende Holzkohle, so dass jedesmal von dort mit einem kurzen Zischen ein kleines Flämmchen nach oben schoss.

Als der Braten schließlich äußerlich das erwartete schöne braune Aussehen angenommen hatte, stieß Richard alle paar Minuten seine zweizinkige Gabel tief in das Fleisch hinein, um damit seinen inneren

Zustand zu prüfen. Als er das Produkt schließlich für gar erklärte, öffnete er mit einem beherzten Schrägschnitt beide Rollen, was auch den inneren Reifezustand des Fleisches und seiner Füllung sichtbar werden ließ. Wenn der Fachmann den Braten für gut befand, musste er außen dunkelbraun und ein bisschen knusprig, und innen zartrosa bis hellbraun durchgebraten aussehen, mit hellen und weich geschmorten Zwiebeln in der Mitte. Heute würden wir es „medium" nennen.

Als es endlich ans Zerlegen und Verteilen ging, bekam jeder Gast eine ordentliche Portion von vier Zentimeter Breite von der Bratenrolle abgeschnitten und auf seinen Teller gelegt. Daneben einen Wasserweck von „Beckasch" und eine Flasche Bier oder ein Stubbi. Stubbi war auch Bier, abgefüllt in einer handlichen 0,3-Liter-Flasche. Alle Gäste tranken heute das Bier aus der Flasche. Wer vorher daheim ein wenig nachgedacht hatte, brachte sein frisch gewetztes Taschenmesser mit. Es war das beste Werkzeug, um das große Stück Fleisch auf dem Teller in geeignete Häppchen zu zerlegen, um diese dann mit der mitgelieferten Metallgabel genüsslich dem Munde zuzuführen.

Der Platz mit den vielen Gästen an den Tischen und Bänken unter den Eichen vor der Jugendherberge bot zu solchen Gelegenheiten den Eindruck einer Straußwirtschaft aus dem Hessischen. Diese Bezeichnung war bei uns auf dem Hunsrück aber kein gängiger Begriff.

Eine unterhaltende Musik gab es montags beim Frühschoppen und beim Spießbraten nicht. Die brauchte auch niemand, das anwesende Volk hatte genügend untereinander mitzuteilen und zu erzählen, zu diskutieren und zu disputieren. Mit jeder Stunde nahm die lebendige und fröhliche Strahlkraft der Veranstaltung zu. Das Vergnügen zog sich über den ganzen Nachmittag hin, und weil abends um 20 Uhr schon wieder die zweite Tanzveranstaltung beginnen sollte, mussten die Frühschoppengänger darauf achten, ihre Energie und Verzehrkapazitäten in jeder Hinsicht klug über den Tag zu verteilen.

Inzwischen hatten sich auch die Familien wieder zusammengefunden, die sich an diesem zweiten Festtag wie an dem ersten mit den Karussells und allen anderen Attraktionen vergnügen wollten. Das Leben war wieder in vollem Gange.

Tanz am Montagabend

Wer am Abend noch vom Frühschoppen und Spieß-braten übriggeblieben war und ohne häusliche Ruhepause beim abendlichen Tanzvergnügen wieder seinen Mann zu stehen hatte, der musste mit seiner Kondition schon ziemlich auf der Höhe gewesen sein. Doch von diesen Helden gab es viele, oder erweckten sie bloß den Anschein?

So mancher Ehemann riss sich zusammen, ließ sich nichts anmerken oder nachsagen, wenn er seine Frau erst gegen Abend von zu Hause zu dem zweiten Tanzabend abholte. Ihr zuliebe und ein wenig schuldbewusst tummelten sich die sichtbar angeschlagenen Kavaliere mit letztem Energieaufwand noch bis kurz vor Mitternacht auf den schon mal mittels Persilpulver geglätteten Brettern der Festhalle mit ihren Partnerinnen nach den flotten Klängen der Bundenbacher Tanzrhythmiker.

Um Mitternacht war Schluss mit Lustig, jetzt war das Fest vorbei! Kurz zuvor trieben die Jungs auf der Bühne ihre Musikinstrumente noch einmal zu Höchstleistungen an und jagten die noch verbliebenen Tänzerinnen und Tänzer mit einem scheinbar nicht enden wollenden Potpourri an Ohrwürmern durch den schon etwas ramponierten Saal. Dann packten sie schweigend ihre Klangkörper in die Futterale, tranken ihre Gläser aus und verschwanden schnell von der Bühne. Nicht nur die Musikanten mussten am nächsten Morgen wieder in Sohren in der Möbelfabrik „Felke", auf dem nahen Flugplatz Hahn oder sonst wo pünktlich zur ihrer Arbeit antreten. Genauso wie die Festgäste aus Büchenbeuren und den umliegenden Dörfern, die jetzt drei

Tage lang ihren Spaß hatten und sich selber damit als vorläufig abgefüllt betrachteten.

Trafen sich die Menschen das nächste Mal wieder, stellten sie gemeinsam fest:

„Das Büchenbeurener Fest ist doch immer das schönste Fest in der ganzen Gegend!"

„Hermanns Heinz" war einer der Macher

Die Mainacht

Zeigte das aktuelle Blatt des Abreißkalenders in der Küche hinter der Brotdose den ersten April an, war der kalte Winter endlich überwunden und die Kräfte der Natur brachen nach den ersten wärmenden Sonnenstrahlen schon bald hervor mit frischen grünen Spitzen an allen möglichen Pflanzen im Garten, auf den Feldern und überall ringsherum in der Landschaft. Seit einigen Tagen war der Lenz als die hoffnungsvolle Jahreszeit auch im Hunsrück eingezogen.

Der erste April ist kein Tag wie jeder andere. Ihn umgibt von alters her der besondere Ruf einer unzuverlässigen, ja zweifelhaften Wahrhaftigkeit. Mit der Wahrheit ist es an diesem Tag so eine unsichere Sache. Aussagen, erklärte Absichten, schriftliche wie mündliche, selbst Versprechungen, hervorgebracht mit steifer Miene hinter hoch erhobenem rechten Zeigefinger, können an diesem Tag ungestraft nach ihrer Veröffentlichung mit den beiden angehängten Worten: „April, April!" wieder einkassiert werden. Die Wirkung der Floskel ist so, als hätte es die vorherige Aussage nie gegeben. Man kann auch sagen, die Worte „April, April" wirken wie ein Radiergummi. In unserer Kultur bewegt sich der Mensch an diesem Tag auf juristisch schlüpfrigem Gelände. Dem Rechtsanspruch auf Verlässlichkeit einer Aussage steht am ersten April das tradierte Schurkenrecht der zeitnahe nachgeschobenen Doppelnennung des Monatsnamens „April" für einen straffreien Widerspruch entgegen.

Der auf diese Weise listig hintergangene und angeschmierte Zeitgenosse ist nach der Ziehung dieses

Jokers nicht nur enttäuscht, er muss sich auch noch den Spott und die Betitelung eines leichtfertig Glaubenden gefallen lassen. Ich vermute, die Wertigkeiten der nur am ersten April konkurrierenden Rechte wurden juristisch nie wirklich aufgeklärt. Ein bekanntes Sprichwort geht mit seiner Weisheit sogar noch weit über diesen ersten Apriltag hinaus:

Am ersten, zweiten und dritten April schickt man
die Narren hin, wo man will!

Ebenso ungeklärt bleiben die Gründe für die in den Hunsrückdörfern am Ende des gleichen Monats des Abends in Anspruch genommene und bis zum nächsten Morgen anhaltende Möglichkeit zur individuellen Beugung des allgemeinen Rechts auf Schutz des Eigentums und der öffentlichen Ordnung.

Es handelte sich um die Mainacht. Sie war eine Nacht der suspendierten Gesetze. Mit der Dämmerung begann die Hexennacht. Wie in den Karnevalshochburgen am Rhein und anderswo am Rosenmontag die Narren das öffentliche Leben an sich reißen, führten in unseren Dörfern in dieser Nacht die Hexen Regie. Es bedurfte keiner besonderen Verabredung für die Dorfjugend zur Bandenbildung am Abend des letzten Apriltages eines jeden Jahres. Als Schulkinder lauerte der dörfliche Nachwuchs lange schon in der sehnlichen Erwartung, nach der Entlassung aus dieser Bildungsanstalt oder nach der Konfirmation oder spätestens mit dem fünfzehnten Lebensjahr von den Mitbürgern in der Nacht zum ersten Mai als Mitglied der Dorfjugend mit der tradierten Lizenz zur Verschleppung von Gerätschaften aller Art akzeptiert zu werden. Selbst die Ordnungshüter in ihren grünen Uniformen hatten in der Mainacht ihre Patrouille auf die Demonstration einer rein beobachtenden Präsenz beschränkt.

Doch der Reihe nach: Das Jungvolk traf sich gegen Abend auf dem freien Platz vor der Kirche. Die Erfahrenen unter den in grobes Räuberzivil gekleideten und mit Tatendrang aufgeladenen Mädchen und Buben hatten Werkzeuge mitgebracht wie Axt, Beil und Bügelsäge. Auch ein oder zwei stabile Handwagen fehlten nicht. Unserer Generation Dorfjugend standen schon massive mechanische Transport- und andere Hilfsmittel zur Verfügung. Der Bulldog war hier und da in unser schönes Dorf eingezogen, und es gab auch fahrkundiges Jungvolk, wenngleich das in der Mainacht verfügbare junge Personal noch nicht fahrberechtigt gewesen sein mochte. Doch wie gesagt, heute war eine gesetzlose Nacht, es war die Nacht der Maihexen!

Die zusammengewürfelte Gemeinschaft in doppelter Mannschaftsstärke einer Fußballriege hatte jetzt eine Aufgabe zu erfüllen, die Generationen früher schon ihren Eltern und Großeltern in ihren Hunsrücker Heimatorten zugefallen war. Sie zog aus in den Wald, um einen Maibaum zu schlagen, und diesen auf dem zentralen Dorfplatz aufzurichten.

Es war keine blinde Suche im Gemeindewald, die Sache hatte Methode, weil der Tatort des angesteuerten Waldstücks von einem Vorauskommando schon vorher ausgesucht und die gewünschte Birke auch bereits markiert war. Kenner mussten diese selektive Auswahl mit Sachverstand im Hinblick auf die Verwendung des prächtigen Baums getroffen haben,

112

doch das war für uns ohne Bedeutung. Jetzt ging es darum, das Objekt der Begierde mit Axt und Bügelsäge von seiner noch stolzen senkrechten Position zwischen seinesgleichen im Wald elegant und für die Mannschaft und den Baum gleichermaßen gefahrlos in eine waagerechte Lage zu bringen. Die stolze Birke mit dem hohen Stamm war zur Strecke zu bringen wie ein Stück Wild im Wald, sie sollte uns zu Füßen liegen. Die ungestümen männlichen Novizen des Exekutivkommandos mit den breiten Schultern und den großen Mäulern plädierten für die Anwendung roher Gewalt durch Abhacken mit der Axt. Doch die besonnenen Erfahrungsträger schlugen als Mittel der Fällung eine fachgerechte Einkerbung auf der Seite der gewünschten Fallrichtung mit der Axt als Vorbereitung für einen waagerechten Schnitt mit der Bügelsäge auf der Rückseite der zu schlagenden Wunde vor. Vorher war natürlich ein unverstellter Sektor rund um den Stamm für die Niederlegung zu finden und dieser von den gaffenden Zuschauern aus der eigenen Clique freizuhalten.

Nun überrascht ein zu Füßen liegender Baum gewöhnlich durch seine bedeutende Länge, die noch eben neben ihm stehend und von unten betrachtet, als wesentlich geringer eingeschätzt worden war. Sofort erhob sich die Frage nach dem zu bewerkstelligenden Transport. Mit den ersten Handgriffen in diesem zweckdienlichen Sinne mag den Beteiligten eine kurze Erleichterung entschlüpft sein ob der rücksichtsvoll günstigen Auswahl des Vorauskommandos am zugänglichen Waldrand für die Mordtat an der jungen, schlanken Birke mit den ersten grünen Knospen im Gezweig der ehemals hohen Baumkrone.

Wir hatten also einen kleinen Bulldog, einen 11-er Deutz, und natürlich auch einen einachsigen Anhänger für den Transport der langgestreckten Trophäe von dem Waldstück an den „Fuchshuhlen" bis zum freien Platz vor unserer Dorfkirche am Anfang des Inkerwegs mitgebracht. Eine leichte Kette war schnell oberhalb der Schnittstelle um den dicken Teil des Stamms gewunden und mit dem anderen Ende mit kurzem Abstand so an der Anhängerkupplung des Schleppers befestigt, dass der Baumstumpf nicht von der halb abgesenkten Ackerschiene des ziehenden Fahrzeugs fallen konnte. Mit dieser Methode erreichten Bulldog und Birke schon bald den nahen Waldweg mit dem wartenden einachsigen Anhänger für die Aufnahme der Baumkrone. Dieser halbe Wagen konnte auch gerne das Hintergestell eines hölzernen Ackerwagens sein, der mit seinen beiden Rädern an der starren Achse der vorderen Zugkraft immer willenlos folgen musste, wenn er genau mittig belastet war. Das dicke Ende der Birke blieb an der Zugmaschine befestigt, so dass der schlanke Stamm das Langwied des eben montierten Langguttransporters darstellte. Transportmittel und Transportgut bildeten so eine geniale Einheit.

Schon bald zeigten sich die Nachteile eines sehr großen Maibaums, der im Dorf mitten auf dem freien Platz aufzurichten war. Die gepflasterte Fläche hielt unter einem sichernden Deckel ein tiefes Loch bereit zur Aufnahme des noch immer auf der Ackerschiene ruhenden Stamms. Unter der reiferen Jugend unserer Hexengemeinschaft fand sich qualifiziertes

Personal, das mehrere lange Sprossenleitern samt ihren jungen und unerfahrenen Bedienungsmannschaften wie auch Teams von Tauwerkarbeitern so erfolgreich kommandieren konnte, dass sich unter dem Einfluss ihrer gebündelten Kräfte der Baum wie von selbst wieder in seine ursprüngliche senkrechte Position erhob und zum Schluss unter angehaltenem Atem aller Anwesenden mit seinem Stamm und einem erlösenden Ruck in das vorgesehene Loch zwischen den Pflastersteinen in der Mitte des Platzes hineinsackte. Schnell trieben die jungen Maihexen unter den Augen ihres informellen Vorarbeiters rund um den versenkten Birkenstamm die stützenden Holzkeile in die senkrechte Röhre, bis sie von ihm das Stopp-Kommando erhielten.

Nun war es geschafft, unser Maibaum stand stolz an seinem Platz und musste bis zum nächsten Morgen bewacht werden. Denn in der Nacht waren Diebe und Halunken zu erwarten. Sie kamen von anderen Dörfern. Sie kamen heimlich, parkten ihre Fahrzeuge verdeckt in einiger Entfernung, und sie hielten ihre scharfen Bügelsägen oder gar auch Motorsägen hinter dem Rücken verborgen, stets bereit, diese in einem unbeobachteten Augenblick gegen den schlanken Stamm mit der weißen Rinde in abschneiderischer Absicht einzusetzen. Der Erfolg eines solchen Sabotagekommandos aus einem der Nachbarorte hätte für uns eine Schmach bedeutet, eine unverzeihliche Schande. Wir wären der Lächerlichkeit preisgegeben gewesen. Die Dorfgemeinschaft hätte uns sträfliche Unaufmerksamkeit oder gar auch schnöde Schwäche vorgeworfen. Doch wir waren jung und mit viel Elan und Herzblut bei den nächtlichen Abenteuern, die uns so viel Freiraum ließen, und wir alle wollten natürlich auch stark sein.

Unter dem Maibaum entstand das Lager des Wachpersonals, das aus einer gemischten Schar von Mädchen und Buben zwischen vierzehn Jahren und Mitte Zwanzig bestand, die zu ihrer Bequemlichkeit ausrangierte Sofas, Sessel, Bänke und Matratzen herangeschafft hatte. Schnell war ein Lagerfeuer entzündet, und im flackernden Lichtschein ließen sich in der dunklen Nacht zwischen den hochgezogenen Schultern nur schemenhaft die Gesichter der versammelten Maihexen beiderlei Geschlechts erkennen. Ein Vorrat an hölzernem Brennmaterial mit hinreichender Reichweite war natürlich ebenso herangeschafft wie eine Grundausstattung von Getränken für die gut gegen die Kälte der Nacht gerüstete Räuberbande. Ein Trapperlager in Kanada kann nicht abenteuerlicher und das Video einer Marlbororeklame nicht stilvoller sein.

Wer hatte und wer konnte, brachte mit und spielte sein Musikinstrument. Die hand- und mundgemachten Klänge der gezupften oder geschlagenen Gitarre, der eifrig gequetschten Ziehharmonika und die sehnsüchtig gezogenen Töne einer Mundharmonika im Gleichklang mit dem begleitenden Gesang der jungen Leute erzeugten schnell eine Atmosphäre urwüchsiger Zusammengehörigkeit und ein Gefühl verschwörerischer Gemeinschaft.

Balladen wie „Ständchen an Paula" schlugen Teilnehmer und Gäste unwiderstehlich in ihren Bann.

Horch, ich singe meine Lieder durch die kalte Nacht zu dir
Zupf die Laute immer wieder, dir zur Ehre sing ich hier
Komm ans Fenster, holde Schöne, zeig mir deinen süßen Blick
Hörst du nicht der Laute Töne, singe dir von Liebesglück

erster Refrain:

Machs Fenster auf, Paula – und lass mich rauf, Paula
Lass mich doch ein, Paula – ach das wär fein, Paula
Ich möchte dich drücken, Paula – und dich beglücken, Paula
Brauchst du kein'n Mann, Paula – gib nicht so an, Paula
Dein Temp'rament, Paula – doch jeder kennt, Paula
Weckt in der Brust, Paula – wonnige Lust, Paula

Auch die übrigen Strophen erzeugten bei den umstehenden Besuchern gespannte Aufmerksamkeit.

Von diesem zentralen Lagerplatz der Maihexen, nicht weit vor dem westlichen Portal unserer Dorfkirche, strömten die Räuber nun in kleinen Gruppen als Maihexen nach allen Richtungen aus, um auf den Höfen der Bauern nach lose herumstehenden Gegenständen Ausschau zu halten. Es galt, diese dann augenblicklich von ihrem Standort zu verschleppen. Solche Dreistigkeiten gehörten in der Mainacht zur lange gepflegten Tradition. Alle Bauern wussten es, und die meisten hatten ihre Fuhrwerke, Pflüge, Eggen und sonstigen beweglichen Gerätschaften hinter das verschlossene große Scheunentor in Sicherheit gebracht.

Hatte der Bauer seine präventive Arbeit am Vorabend gewissenhaft verrichtet, gab es für uns Hexen auf seinem Hof nichts zu holen und auch nichts zu verschleppen. War er aber nachlässig und vertraute zum Beispiel mit dem am Hinterrad an seinem Nussbaum angeketteten Leiterwagen auf dessen Unberührbarkeit durch das nächtliche Hexenpersonal, erwies sich das Vertrauen beim ersten Büchsenlicht schon mal als Irrtum. Am nächsten Morgen stand sein Schützling als Schmuckstück mit nur drei Rädern dann entweder im Backhaus vor den beiden Öfen oder auf dem flachen Dach von Luzies Kneipe. Das angekettete Hinterrad am heimischen Nussbaum war ihm allerdings als Platzhalter geblieben. Als Trost erging noch am Tag der Arbeit von den Maihexen das wirklich großzügige Angebot an den knurrigen Eigentümer, im fairen Tausch gegen ein Zwanzigröhrengerät der Marke „Kirner Pils" den unerwünschten Standortwechsel wieder zügig rückgängig zu machen.

Natürlich gebar die Hexennacht auch neugierige Nachtschwärmer, solche, die wir kannten, und auch solche, die wir nicht kannten. Es waren junge Leute, meistens Burschen, die vor wenigen Jahren selbst noch als Maihexen in ihren Dörfern unterwegs gewesen waren und ihren Schabernack betrieben hatten. Sie kannten die Not und vor allem den ständigen Durst der gegenwärtigen Hexenmannschaft, die in dieser Nacht am einseitig wärmenden Lagerfeuer den jungen Maibaum so tapfer bewachte und brachten freiwillig geeignete Mittel gegen diese Leiden mit. Doch es gab auch „falsche Fuffziger", das waren listige Kreaturen aus anderen Dörfern, die vor dem

Körper mit ein paar Stubbiflaschen scheinbare Freundlichkeit demonstrierten, aber gleichzeitig hinter dem Rücken eine Säge oder gar eine Axt verbargen, bereit, diese Werkzeuge gegen unseren Maibaum einzusetzen. Auch das gehörte in den Hunsrückdörfern zur Tradition.

Um die Gesetzlosigkeit der Mainacht nicht in intolerable Aktionen ausufern zu lassen, schlichen die Ordnungshüter mit ihrem dunkelgrünen VW-Standard langsam durch die Straßen der Gemeinde. Erkannten sie auf einem Grundstück verdächtige Bewegungen, flammte schon mal plötzlich von diesem Späher ein starker Suchscheinwerfer auf und stach zielgerichtet in die geortete Richtung. Hinter dem Blendlicht verbarg sich ein ebenso dunkelgrün uniformierter Polizist auf der Position des Beifahrers im Käfer vorne rechts. Die Polizei wollte das Hexentreiben im tolerablen Rahmen halten. Nie hatten wir mit der „Polente" irgendeinen „Huddel", und die auch nicht mit uns. Offenbar war die örtliche Vollzugsbehörde bei der Erkennung von leichten Eigentumsdelikten durch die Dorfhexen in dieser Mainacht und in diesem Dorf im Besitz einer ererbten und tradierten Sondergenehmigung zur Aussetzung staatlichen Zwangs.

Auch die schönste und die längste Nacht geht einmal vorüber. Morgens um fünf Uhr war dies nicht mehr zu übersehen, denn genau um diese Zeit war am östlichen Himmel der Zeigerstand der Kirchturmuhr gegen den aufkommenden neuen Tag wieder zu erkennen. Wer von uns am Feuer schon vor Müdigkeit eingenickt war, fühlte sich bald von dem beginnenden morgendlichen Treiben aufgescheucht.

In den umliegenden Häusern leuchteten hier und da einzelne Lichter auf, zuerst in den Küchen und dann in den Ställen. Bei „Perichs" zum Beispiel. Obwohl deren Küche nach hinten zum Garten hin lag, hatte das übernächtigte Hexenvolk in diesem alten Haus erste Bewegungen entdeckt. Aha, die Guste machte Frühstück für den Fritz! Das war die eindeutige Analyse des Vorgangs. Und bei Fritz vermutete man, ja man wusste von einem ordentlichen Weinkeller.

Auf dem rustikalen Küchentisch hatte die Guste jetzt neben der Kanne mit dem Muckefuck ordentliches Bauernbrot, Butter und Schwartenmagen aufgefahren. Mit einer kleinen Abordnung von vier Leuten, die alle großen Hunger mitbrachten, wurden wir dort sofort vorstellig. Die beiden Frühaufsteher empfingen uns als seien wir herzlich eingeladen. Gleich hinter der Haustür teilten wir uns auf: Zwei Leute nahmen am gedeckten Küchentisch ihre Plätze ein und Erwin und ich stiegen über die schlüpfrige Steintreppe hinunter in den feuchten Keller mit der gestampften Erde, wo irgendwo in einem Holzregal so einige Flaschen Riesling von der Mosel lagern mussten. Sofort wurden wir fündig. Das war für uns übernächtigten Maihexen (und auch für den Fritz) jetzt willkommener als der von Guste gebraute Muckefuck in der Blechkanne.

Am ersten Mai stand für unsere B-Jugend-Mannschaft morgens um zehn Uhr ein Fußballspiel auf dem Plan. Es war ein Punktspiel auf dem eigenen Sportplatz. Nach dem in vielerlei Hinsicht anstrengenden Hexendienst in der Mainacht hatten sich die müden Teilnehmer so nach und nach zurückgezogen, sie waren einfach nach Hause gegangen. Die meisten der Buben aber standen im Kader unserer B-Jungen-Fußballmannschaft, die noch am gleichen Tag ihre sportliche Kampfkraft zu beweisen hatte. Es blieb nur wenig Zeit zur Umstellung von dem Lagerfeuermodus der Hexennacht in den des sportlichen Wettkampfs auf dem heimischen Rasen unter den Eichen neben der Turnhalle. Doch tatsächlich war es gelungen, auch an diesem kritischen Tag jede Spielposition mit einer Figur zu besetzen, auch wenn einige Spieler nur nominal, also alleine wegen der Vollzähligkeit, ihren Posten eingenommen hatten. Doch einen Trost gab es: Die Akteure der gegnerischen Mannschaft boten ein ebenso trauriges Erscheinungsbild. Das Ergebnis der Begegnung ist nicht überliefert.

Der MGV und die OAS

(Eine ganz böse Geschichte)

Was hat ein Männergesangverein (MGV) mit der

„Organisation de l'armée secrète (OAS)"

zu tun?

Nicht viele Zeitgenossen werden diese Frage beantworten können.

Wer aber in den frühen Sechzigerjahren des zwanzigsten Jahrhunderts im Mittelhunsrück Mitglied eines Männergesangvereins gewesen ist, dem wird sich mit dem folgenden Rückblick auf einen Sangesunfall bei dem 90. Stiftungsfest in Oberkostenz das persönliche Erinnerungsfenster vielleicht wieder öffnen und ein ziemlich nebensächliches Ereignis in Erinnerung rufen, das sich in unserem Dorf Büchenbeuren in den folgenden Tagen und Wochen allerdings zu einer ganz bösen Geschichte entwickelte.

In den wenigen Städten und sogar in vielen kleinen Dörfern des Hunsrücks waren die Gesangvereine der Herren oft die einzigen anerkannten Kulturträger. Ihre Gründungen gehen zurück auf die frühe Kaiserzeit nach dem Deutsch-Französischen Krieg in den Jahren 1870 - 1871. Das genaue Jahr war stets auf den Vereinsfahnen und den aufwendig gestalteten Standarten mit bunten Farben kunstvoll aufgestickt. Nach dem gewonnenen Krieg entwickelte sich in der Bevölkerung des neu entstandenen Deutschen Kaiserreichs unter Wilhelm I ein stolzes Vaterlandsgefühl, dem vielerorts mit großer Begeisterung Vereinsgründungen folgten. Dazu gehörten Turnvereine, Musikvereine und eben auch Gesangvereine. Die allgegenwärtige Freude über die gewonnene militärische Auseinandersetzung mit den Nachbarn im Westen, die daraus folgende nationale Vereinigung und das entstehende Selbstbewusstsein der Bevölkerung belebten in Deutschland über viele Jahre den Gründergeist für diese formalen Vereinigungen. Die Euphorie blieb mit abnehmender Tendenz bis zum Ende des Kaiserreichs erhalten. So ist es auch kein Wunder, wenn die Sangesbrüder landauf und landab den neu gewonnenen nationalen Stolz in vielen Liedern ihres frühen Repertoires hervorkehrten.

Die Herren Otto Schüler und Philipp Schneider hatten in Büchenbeuren im Jahre 1912 den zahlreichen Liebhabern der Sangeskunst den Anstoß zur Gründung eines Männergesangvereins gegeben. Ihrem Aufruf folgten dreiunddreißig aktive Sänger und noch ein paar Fördermitglieder. Erst in sehr viel späteren Jahren erfolgte auf der Jahreshauptversammlung vom 13.03.1954 die Beschlussfassung zur Eintragung in das amtliche Vereinsregister. Wie wir in der amtlichen Bekanntmachung unten sehen, brauchte die Umsetzung offenbar ganze neun Jahre.

Es erfüllt mich mit Stolz, auch meinen Opa Rudolf unter den aktiven Gründungsmitgliedern zu wissen. Sein Name ist als Mann der ersten Stunde in der 1993 erschienenen „Chronik Büchenbeuren" von Barbara Müller verzeichnet. Die Rheinzeitung würdigte am 19.09.2012 das hundertjährige Bestehen unseres MGV und berichtete ausführlich von dem Jubiläumsakt vom 15.09.2012 in der Jahnhalle zu Büchenbeuren. Das Erinnerungsfoto zeigt unter der schmucken Vereinsfahne ein Grüppchen von noch sechzehn tapferen aktiven Sängern inklusive Dirigent in einheitlicher Garderobe.

Die erstmals im Jahr 1928 aufgelegte Chronik des MGV Büchenbeuren trägt auf dem Einband den Titel:

„M.G.V. Büchenbeuren 1912"

und auf der ersten Seite den folgenden Hinweis auf ihre Zweckbestimmung:

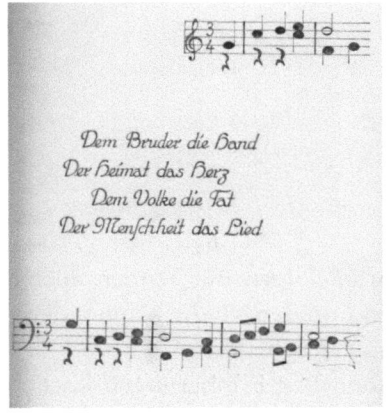

Die ersten handschriftlichen Eintragungen des Protokollanten L. Drumm stehen unter der Überschrift:

„Statuten des Männergesangvereins Büchenbeuren, beschlossen in der Generalversammlung am 14. April 1927"

Die genau zwanzig Paragraphen sind hier penibel aufgeschrieben und von sechsundvierzig Mitgliedern durch Unterschriften bestätigt.

Die Chronologie des Vereins beginnt nun mit folgender handschriftlicher Eintragung:

„Geschichte des Männergesangvereins Büchenbeuren"
„Der Verein wurde im Jahre 1912 gegründet. Der Präsident wurde Otto Schüler und Kassierer Rudolf Leonhard und als Schriftführer Karl Franz gewählt. Dirigent war der im Jahre 1919 verstorbene Lehrer Schneider."

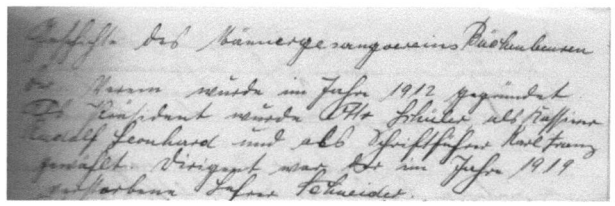

Diesen Worten folgen die Namen aller dreiunddreißig aktiven und danach die Namen der acht passiven Gründungsmitglieder.

Meine persönlichen Erinnerungen lassen die Blütezeit des MGV Büchenbeuren zwischen Ende der Fünfziger- bis zum Beginn der Siebzigerjahre wieder aufleben. Rund die Hälfte der jungen Dorfburschen der Jahrgänge 1943 – 1955 trat im zarten Alter von vierzehn bis fünfzehn Jahren nach der Konfirmation beziehungsweise dem Abschluss der achtjährigen Volksschule als aktive Mitglieder in den örtlichen Gesangverein ein. In unserer evangelisch geprägten Bevölkerung stimmte der Zeitpunkt der Schulentlassung mit dem der Konfirmation in den meisten Fällen überein. Nur wenige Familien waren nicht evangelisch, und nur wenige Buben besuchten nicht unsere Volksschule bis zur letzten Klasse. Die aktive Mitgliedschaft im MGV bot den Neulingen sofort die Möglichkeit zur Teilnahme an auswärtigen Festlichkeiten, zu denen der Verein eingeladen war. Das machte für uns den Reiz aus, es war ein attraktives Angebot und für uns Jungmänner eine sehr zugkräftige Beitrittsbegründung.

Die Chronik des MGV Büchenbeuren verzeichnet in den Jahren 1958 – 1959 einen Anstieg der aktiven Sänger von bisher einundvierzig auf siebenundfünfzig. Gleichzeitig wird von zwölf Sangesbrüdern unter einundzwanzig Jahren berichtet. Einer von denen bin ich gewesen. Damit vollzog sich eine spürbare Verjüngung von bisher durchschnittlich vierzig auf nunmehr dreiunddreißig Jahre. Zusammen mit den Fördermitgliedern umfasste das Vereinsregister hundertacht Namen. Auf dem Höhepunkt der Vereinsgeschichte erfolgte am 21.05.1963 endlich die Eintragung in das amtliche Vereinsregister.

Als kulturschaffende Kraft vermittelte unser MGV u. a. im Januar 1963 ein Gastspiel des Kabaretts und Tourneetheaters „Frankfurter Brettl" in der Festhalle der Firma Gass, kurz „Gasse Saal" genannt, der ansonsten als Kinosaal intensiv genutzt wurde. Auch kam es zu zahlreichen Kontakten zu auswärtigen

126

Sängervereinigungen und immer wieder auch zu festlichen musikalischen Veranstaltungen in der näheren und weiteren Umgebung.

Eine Fotografie von der Fünfzigjahrfeier aus dem Jahr 1962 in „Gasse Saal" zeigt genau vierzig stolze Sangesbrüder mit frischem Haarschnitt in ihren Ausgehanzügen, vor dem schweren Vorhang der Kinoleinwand sauber in drei Linien aufgereiht.

50 Jahre MGV Büchenbeuren 1962

Vierzig ist eine komfortable Zahl, die sich gut auf die vier Stimmlagen aufteilen lässt: Erster und zweiter Tenor, erster und zweiter Bass. Waren alle Divisionen mit bis zu zehn Sängern stark besetzt, konnte auch mal einer von ihnen, ohne gleich eine akustische Störung auszulösen, seine Mund- und Gaumengymnastik nur wegen des optischen Gesamteindrucks ganz tonlos ausführen.

Das aber musste damals bei dem neunzigsten Stiftungsfest in Oberkostenz anders gewesen sein. Kaum hatte der MGV Büchenbeuren auf der erhöhten Bühne im Festzelt vor den Augen des kritischen Publikums Aufstellung und Haltung angenommen, hob auch schon unser Dirigent Otto Viering sein Stöckchen zu der ersten Sangesdarbietung. Wahrscheinlich war es ein Volkslied von Friedrich Silcher gewesen, mit dem wir bei diesem Wettbewerb nicht nur punkten, sondern einen der vorderen Platzierungen erreichen wollten. Wie viele andere Silcher-Lieder auch, gehörte es zu unserem Standard-Repertoire, und wochenlang hatten wir es für diesen bedeutenden Auftritt bei dem Sängerwettstreit immer wieder in uns selbst verfestigt.

Doch dann, nach wenigen Sekunden, geriet das Stöckchen in der rechten Hand unseres Taktgebers plötzlich in Turbulenzen. Statt den Höhen und Tiefen unseres braven Gesangs stets einen Moment vorauszueilen, vollzog es vor vierzig angstvollen Augenpaaren einen heftigen und irritierenden Tanz, einen Zickzackkurs durch die stimmungsvolle Luft des gut gefüllten Festzeltes, dem unsere vier mal zehn Stimmen nicht folgen konnten. Offenbar hatte sich augenblicklich ein Ungeist über unseren Dirigenten hergemacht, denn auch die Strahlkraft seiner Augen wechselte von der bisher gekannten gütigen Zufriedenheit in ein zorniges Funkeln und vorwurfsvolles Blitzen. Augenblicklich sanken seine beiden Arme ratlos herab und die Münder der Sänger um mich herum klappten schweigend zu. Plötzlich war es totenstill auf der Bühne. Betretene Gesichter beschlichen das Publikum, Verlegenheit machte sich überall breit, keiner wusste Rat. Der MGV Büchenbeuren hatte sein Lied geschmissen, wir waren auf Grund gelaufen, der Kandidat verließ die Bühne mit null Punkten.

Dabei war mir persönlich überhaupt nichts aufgefallen, was diesen Eklat hätte rechtfertigen können. Als ich im weiteren Verlauf des Abends meinen enttäuschten Sängerkameraden mit dieser Selbsterfahrung die Schmach des Abbruchs tröstlich zu mildern gedachte, musste ich mir von ihnen den Vorwurf anhören, meine Unempfindlichkeit wäre genügend ausgeprägt, um niemals im Leben selber ein Chorleiter werden zu können. Das saß, ich war bedient und hatte jetzt mein Fett weg! Doch ich bin es nicht gewesen, der die neununddreißig Stimmen um mich herum soeben aus dem Takt geworfen hatte. Es war ein Selbstgänger, es war ein Unglück, es war Schicksal!

Nach dem Motto, „ein jeder soll seine zweite Chance haben", traten wir noch einmal auf die Bühne und lieferten ab, was man von uns erwartete, doch die Stimmung in der eigenen Sängermannschaft war dahin. Schon am Sonntagmorgen danach hatte die Nachricht von dem geschmissenen Lied im eigenen Dorf die Runde gemacht, jeder wusste Bescheid und fast jeder hatte eine Meinung. Wer noch keine hatte, ließ sich schnell eine einreden. Die älteren Sangesbrüder nahmen den erlittenen Schiffbruch sehr ernst, sie sahen darin ein ganz persönliches Versagen, ein Unglück, für das jeder von ihnen sich schämen musste. Hatten wir doch gleich das erste Lied geschmissen, erfüllten nicht die Norm, präsentierten uns als Stümper und Nichtskönner. Wir hatten uns blamiert bis auf die Knochen. Mit hängenden

Köpfen hatten wir die festlich geschmückte Bühne verlassen müssen. Als Reaktion erwarteten die schwer leidenden Sangesbrüder die dauerhafte Häme und Schmähungen des Publikums. Gut gemeinte Anteilnahmen einzelner mitfühlender Zuhörer fanden an diesem Abend kaum noch Zugang zu den untröstlich auf der Bühne verunfallten Sänger unseres MGV Büchenbeuren. War aus den freundlich und tröstlich gemeinten Sympathiebekundungen nicht eine hintergründige Schadenfreude herauszuhören? Wir schämten uns in Grund und Boden!

Doch was war geschehen? Nur ein Missgeschick! Niemand kam zu Schaden. Der Vorfall begünstigte die musikalische Konkurrenz, die sich ob des sich selber ausgehebelten Wettbewerbers heimlich ins Fäustchen lachte und uns mit scheinbar tröstenden Worten wieder zu einem aufrechten Gang verhelfen wollte. Unser Stolz und Trotz verhinderten in der ersten Enttäuschung die Annahme aller Tröstungsversuche. Hier wurde eine alte Weisheit wieder sichtbar: „In jedem Manne steckt ein Kind!" In diesem Fall war es ein sehr trotziges Kind. Vielleicht hatten wir schon den ersten Ton nicht getroffen. Mein mittelmäßiges Gehör hätte den Fehler ja leicht durchgehen lassen, und vielleicht hätte auch sonst niemand etwas bemerkt, doch unserem Dirigenten Otto Viering lag noch der unbestechliche Klang seiner Stimmgabel im Ohr, als er sich für den abrupten Abbruch entschied. Mir war so, als liefe ein Schiff auf Grund! Ein Schuldiger musste jetzt her, es könnten auch mehrere sein. Doch an wen waren die Vorwürfe zu richten?

Wir jüngeren Sänger, und davon gab es einen großen Anteil, nahmen die Folgewirkungen eher als stille Beobachter wahr statt als die direkt Mitbetroffenen. Wir empfanden durch das Debakel keine persönliche Beschädigung oder gar eigene Anteile einer Mitschuld daran. Natürlich hätten auch wir uns über ein gutes eigenes Abschneiden bei diesem Sängerwettstreit in Oberkostenz gefreut. Doch den Alten ging es um mehr: An diesem Abend war ihre Sangesehre verspielt worden, und die Ehre ist ein sensibles Ding. Nichts anderes ließ sich aus den versteinerten Gesichtern der gestandenen Sangesbrüder ablesen, und wir jungen Burschen verbuchten das Ereignis in unseren Köpfen als Lebenserfahrung ohne weitere Folgewirkung. Es war einfach nur dumm gelaufen und der Schaden war gering, so unser sportliches Credo. Den erhitzten Gemütern konnte diese gelassene Einstellung nicht als Vorbild dienen, für sie war es kein Trost.

Die anschließende gruppendynamische Entwicklung des Eklats schien mir als jugendlichem und auch teilnehmendem Beobachter spannender und bedeutsamer zu sein als dessen Auslöser. In der Folge entluden sich unter den aktiven Sangesbrüdern Spannungen, vereinigende Klammern hielten nicht mehr, Freundschaften wurden auf harte Proben gestellt und drohten zu zerbrechen. Ein Miniaturlaboratorium für gesellschaftliche Dynamik und Fehlentwicklung war zu besichtigen, weil jetzt der Bauch bestimmte und die Szene mit Spannungen auflud, Blitze, Gewittergrollen und Feuer erzeugte, das der Kopf später zu löschen hatte.

Zu Hause im Dorf begann in der Folgezeit ein übles Nachspiel mit Fraktionsbildungen. Die einen schoben dem Dirigenten die Schuld für den schmählichen Abbruch zu, die anderen fanden die Schuldigen in der mangelnden Konzentration und Disziplin im eigenen Sängerumfeld. Die Vorurteile verfestigten sich, sie wurden störrisch, und die gegenseitigen Vorwürfe erhielten Namen und Adressaten. In der aufkommenden Kakofonie der Meinungen und der Urteile bildete eine kleine Anzahl Gleichgesinnter bald eine wortstark auftretende Gruppe. Es waren die extrovertierten und leicht streitbereiten unter den bislang überwiegend braven Sangesbrüdern. Deren Argumente für die betriebene Spaltung der Sängerschaft waren nicht so recht zu erkennen, doch ihre Gefühle umso mehr. Bald waren sie nicht mehr zu überhören und manche aggressiven Wortführer zeigten sich infektiös. Einige der eher geduldigen Naturen ließen sich von ihnen anstecken. Der Umgangston verschärfte sich, er wurde rauer und nahm Anleihen aus dem Vokabular der damaligen Rundfunknachrichten über ein politisches Langzeitthema der damaligen Zeit in unserem Nachbarland Frankreich. Bald war bei uns die Rede von den feindlichen Sangesbrüdern, und bald war auch die Rede von der „OAS"! Eine wahrhaft böse Geschichte hatte begonnen.

Doch so weit wie in Paris war die Aufsässigkeit in Büchenbeuren noch nicht gediehen. Den Begriff „OAS" muss man natürlich im Kontext zu der Zeit aufnehmen, es war das Jahr 1962.

Kaum ein Tag verging, ohne dass im Radio und in den anderen Massenmedien die Rede von der „Organisation de l'armée secrète"

gewesen ist. In der Endphase des Algerienkrieges war die „OAS" eine bewaffnete französische Untergrundbewegung, die unserem Nachbarland im Westen im Bemühen zur Befriedung seiner ehemaligen algerischen Kolonie viel zu schaffen machte. Bei uns in Büchenbeuren waren es nur Worte, die zu Waffen wurden. Die Worte waren gewürzt, aber nicht gewetzt, sie waren scharf, und sie erzeugten auch Wunden.

Die Wortwahl „OAS" zur Benennung der Krittler und Abspalter innerhalb unseres Männergesangvereins nach dem Liedabbruch auf der Festbühne des neunzigsten Stiftungsfestes in Oberkostenz war ein böser Vergleich in einer sich böse aufbauschenden Geschichte. Freunde, nicht nur Sangesfreunde, rückten auseinander, Nachbarn entzweiten sich ob dieses Eklats, es entstanden subversive Feindschaften. Die folgenden samstäglichen Übungsabende in „Schülers Saal" waren überschattet vom Geist der Zwietracht. Einzelne Sänger blieben gekränkt oder beleidigt zu Hause oder saßen während der Übungsstunden mit schmollenden Gesichtern demonstrativ im Restaurant an der Biertheke.

In der Chronik des MGV findet sich unter dem 31.05.1962 folgender dünner Eintrag:

„Der erweiterte Vorstand beschließt, sich wegen der Vorkommnisse in der Gaststube vom 30.05.1962 von Herrn Viering als Chorleiter zu trennen."

Die „Vorkommnisse" betrafen eine heftig betriebene Auseinandersetzung in der Gaststätte Hotel Schüler vom Vorabend, also vom Mittwoch, dem 30.05.1962, bei der es von den anwesenden Akteuren heftige gegenseitige Anschuldigungen, Angriffe und Zurückweisungen anderer Ansichten gegeben haben muss. Mit anderen Worten ausgedrückt, muss es wohl hoch hergegangen sein. Wir jungen Sangesbrüder nahmen die Agitationen mit einigem Erstaunen auf und wunderten uns über die Ernsthaftigkeit der ausgebrochenen Streitereien. Wir hielten sie für überzogen und dem Auslöser nicht mehr angemessen.

Unmittelbar vor diesem Chronikvermerk finden wir unter dem 26.05.1962 den im folgenden zitierten Eintrag, der das schicksalhafte Unglück auf der öffentlichen Bühne mit sich brachte:

„Der MGV Büchenbeuren nahm am 90. Stiftungsfest in Oberkostenz teil."

Leider ist dort der erlebte Eklat auf der Bühne mit keinem Wort erwähnt. Vermutlich scheute sich der Protokollführer vor der Niederschrift seiner subjektiven Wahrnehmung.

Nach diesem (vorläufigen) Rausschmiss unseres langjährigen Dirigenten Otto Viering, dem Lehrer aus Niederweiler, standen wir ohne einen musikalischen Taktgeber und auch ohne die weiterhin abseits stehenden Hardliner aus einer Gruppe verschwörerischer Opponenten da. Mit dem Klammerausdruck zu Beginn des letzten Satzes soll die Voreiligkeit des Rausschmisses schon jetzt angedeutet werden. Händeringend suchten und fanden die verbliebenen Sänger schon bald einen neuen musikalischen Leiter. Otto Schell aus Raversbeuren sollte es richten. Er hatte die Freundlichkeit und auch die Empathie und Kompetenz, unserem gerupften MGV Büchenbeuren in dieser schicksalhaften Lage zunächst einmal das Überleben zu sichern.

Die Chronik berichtet unter dem 30.06.1962 von einer außerordentlichen Mitgliederversammlung im Hotel Schüler mit nur einem Punkt der Tagesordnung, der die Bestätigung des Beschlusses des erweiterten Vorstands vom 31.05.1962 vorsah und damit auch das Votum der Mitglieder für eine dauerhafte Trennung von dem altbewährten Dirigenten Otto Viering aus Niederweiler einholen sollte. Nach einer leidenschaftlich geführten Debatte, so heißt es dort, widersprach die Mehrheit der versammelten Mitglieder diesem anmaßenden Anliegen des einladenden Vorstands.

In der Chronik heißt es handschriftlich und wörtlich:

„In einer geheimen Abstimmung entschied sich die Mehrheit der Versammlung gegen den Beschluss vom 31.05.1962. Aufgrund dieses Abstimmungsergebnisses trat der gesamte Vorstand zurück."

Es kam dann so, wie auch meine Oma immer schon zu sagen pflegte: „Kommt Zeit, kommt Rat!"

Die Zeit verging, und sie brachte den Rat der Vernunft mit sich. Die aufgewühlten Wogen glätteten sich, und die verfeindeten Lager kommunizierten wieder miteinander.

Unter dem 14.07.1962 finden wir unter dem Top drei der Tagesordnung für eine weitere außerordentliche Mitgliederversammlung in dem Gasthof Hammen den Titel:

„Wahl des Chorleiters"

Eine geheime Abstimmung darüber ergab eine Mehrheit für die Rücknahme des Beschlusses vom 31.05.1962 und die Bestätigung, dass Herr Otto Viering weiterhin Dirigent des MGV Büchenbeuren bleiben soll. Unter dem Top eins der Tagesordnung war unmittelbar vorher ein komplett neuer Vorstand gewählt worden. Im Schlepptau der revidierenden Beschlüsse dieser Versammlung ergaben sich noch weitere kleine Veränderungen ohne nachhaltige Wirkungen.

Damit kehrte Otto Viering mit seinem Taktstöckchen zurück an seinen alten Dirigentenplatz in „Schülers Saal" und alles war wieder gut. Nur ein paar wenige Sangesbrüder nahmen die Sache dauerhaft krumm, sie kündigten ihre Mitgliedschaften in unserem eingetragenen Verein und waren am Ende die einzigen Opfer unseres erlittenen Unglücks auf der Bühne im Festzelt bei dem neunzigsten Stiftungsfest des MGV Oberkostenz.

Der Schneeball von Erwin

Der Winter brauchte eine Pause, so schien es. Nach einer langen Periode mit heftigem Schneefall zu Beginn und nachfolgender Eiseskälte vermeldete der Südwestfunk für unsere Region schon vorgestern ein bald einsetzendes Tauwetter. Es würde ein von Westen kommendes Tiefdruckgebiet erwartet, und die Tagestemperatur solle auch in der Mittelgebirgslage des Hunsrücks wieder über null Grad ansteigen.

Nicht immer hatte der kleine Mann recht, der da irgendwo in unserem Saba Rundfunkgerät hinter dem stoffbespannten Lautsprecher und zwischen all den heißen Röhren sitzen musste und uns nach jedem Nachrichtenblock an seinem neuen Wissen um die aktuellen Wetteraussichten teilhaben ließ. Heute aber schien es zu stimmen, denn schon zu Beginn der Sechs-Uhr-Nachrichten verkündete derselbe kleine Mann hinter dem Stoffbezug Sprühregen und aufkommendes Blitzeis. Allen Verkehrsteilnehmern sei äußerste Vorsicht empfohlen, vom Fußgänger bis zum Autofahrer. Auch solle die Bevölkerung mit Störungen des öffentlichen Nahverkehrs rechnen, also der gewohnten Verlässlichkeit von Bussen und Bahnen nicht mehr vertrauen.

Mit dieser Eilmeldung trat meine Mutter ein wenig früher als sonst an mein Bett, um mir genügend Zeit zu lassen für eine an die neue Lage angepasste Vorbereitung für den Schulweg und die wahrscheinlich nötige zeitliche Ausdehnung desselben. Gleichzeitig begann sie, in der unteren Schublade der Kommode zu kramen, aus der sie schließlich ein Paar alte selbstgestrickte Schafwollsocken meines Vaters hervorzog und mir diese mit den Worten: „Ziehe auf dem Weg zur Schule die Socken mal über deine Schuhe", überreichte. Dieses probate Mittel für eine sichere Gangart des fußläufigen Volks bei Glatteis war keine neue, soeben aus der Not geborene Erfindung. Schon die Tatsache der ansonsten überflüssigen Bevorratung mit ausgedienten und wahrscheinlich auch hoffnungslos löchrigen Socken und Strümpfen aller Arten, Farben und Größen, sprach für eine reiche Lebenserfahrung und vorsorgende Erwartung bei solch überraschenden Wetterkapriolen.

Eine Viertelstunde früher als gewöhnlich war an diesem Tag mein Frühstück mit Bauernbrot, Butter und Marmelade am heimischen Küchentisch beendet und der Schulranzen fertig gepackt. Im vierten Schuljahr bedurfte es selten einer speziellen Vorbereitung auf den nach Stundenplan anstehenden Lehrstoff. Wichtig waren die saubere Schiefertafel mit dem daran angeknoteten feuchten Schwamm und dem quadratischen Lappen, die rechts unter der geschlossenen Abdeckung des Lederranzens an einer gewundenen Kordel zum Trocknen an der frischen Luft baumelte. Die Tafel im stabilen Holzrahmen und der dazu nötige dünne Griffel, beides aus Schieferstein, bildeten eine sich gegenseitig bedingende Funktionseinheit, die eine war ohne den anderen nicht denkbar. Die Tafel war multifunktional einsetzbar. Die Vorderseite besaß feine, vorgezeichnete rote Schreiblinien, während die Rückseite mit ihren akkuraten, quadratischen Kästchen der Aufzeichnung unserer Rechenübungen diente.

Die Schiefertafel war für die Schülerinnen und Schüler unserer achtklassigen Volksschule mit zwei Unterrichtsräumen zu je vier Jahrgängen ein wiederverwendbares und deshalb sehr nachhaltiges und ökologisch unbedenkliches Arbeitsmittel. Wir Schüler schätzten die Tafel samt ihres Zubehörs sehr, war sie doch überhaupt nicht nachtragend. Hatte man im ersten Anlauf einen Schreibfehler produziert, der nach einem verschämten Spähblick zum Banknachbarn schnell als solcher erkannt war, ließ dieser sich mithilfe des Schwämmchens zunächst elegant eliminieren, bevor mit dem Griffel die Korrektur erfolgte, ohne irgendwelche Spuren zu hinterlassen. Gleiches galt auch bei einem nur fast richtig getroffenen und in den roten rückwärtigen Kästchen notierten Rechenergebnis. Nach Abschluss der Übungsstunden ließen sich die benutzten Schreibflächen stets mit Schwamm und Lappen für neue Dokumentationen mit dem Schiefergriffel sauber herrichten. Eine gefühlvolle Bedienung des genialen Schreibstifts hinterließ auf der steinernen Tafel als Abrieb nur den gewünschten hellen Strich, aber keine bleibenden Kratzspuren.

Das Lese- und das Rechenbuch gehörten ebenso zur Standardausstattung eines Zehnjährigen wie das Schreib- und das Rechenheft sowie die Federtasche mit dem Füllfederhalter und den Blei- und Buntstiften, und, nicht zu vergessen, dem wichtigen Radiergummi. Bleistift und Radiergummi gehören zusammen wie Schultafel und Griffel. Der Malkasten, der Malblock und die Turnschuhe hingegen zählten zu der nur bei Bedarf mitzuführenden Sonderausstattung.

Die Frage meiner Mutti, ob ich heute doch lieber meine Gummistiefel anziehen wolle, wies ich mit der Begründung zurück, darin doch sehr schnell kalte Füße zu bekommen. Das überzeugte, und so durften die hohen Winterschuhe mit den groben Gummisohlen herhalten als Körper für die überzustreifenden alten Wollsocken aus der Kommode. Aus Wolle gemacht waren auch meine von einer Oma oder Tante selbst gestrickten Handschuhe. Zu Schneeballschlachten eigneten sie sich wegen ihrer Haftneigung gar nicht. Da die strenge Kälte der vergangenen Tage etwas gewichen war, reichte als Wetterschutz auf dem Schulweg der braune Anorak mit der glatten, wasserabweisenden Oberfläche und der Kapuze über dem wollenen Pullover und dem um den Hals gewundenen Schal heute mal aus. Natürlich durfte die vom Vater nach dem Modetrend der Zeit selbstgefertigte Schirmmütze im Brakelmannstil nicht fehlen. Zwischen Winterschuhen und Mütze bestand meine Straßenkleidung aus den von Opa aus warmem Wollstoff geschneiderten langen Hosen, die über den Fußgelenken wie Knickerbocker zuzubinden waren, was beim Schlittenfahren das ärgerliche Eindringen des Schnees verhindern konnte. Am Hosenbund boten sie leider keine flexiblen Anpassungsmöglichkeiten. Lederne Hosenträger an Knöpfen hielten sie mit der vorgesehenen Einstellung in der Schwebe.

Mein Schulkamerad Hans-Wilhelm aus der Nachbarschaft hatte sich auch rechtzeitig mit angemessener Kleidung und der aktuell angesagten Sonderausstattung für den gemeinsamen Weg zur Schule im

Oberdorf gerüstet. Fünf Minuten früher als gewöhnlich stapfte er nach dem Abtreten seiner feuchten und sockenbewehrten Schuhe auf dem ausgelegten Putzlappen hinter unserer Haustür durch den dunklen Flur und zeigte sich grinsend mit aufgeschnalltem Tornister ohne Anklopfen im Rahmen der Küchentür. Er brachte schon eine kleine Wegerfahrung mit und fand meine Ausstattung angemessen. Jetzt konnten wir unseren gemeinsamen zehnminütigen Schulweg durch das Dorf antreten. Heute jedoch nahm er mehr Zeit in Anspruch. Schon der erste Schritt vor die Haustür überzeugte mich von der Sinnhaftigkeit der übergestülpten Wollsocken väterlichen Ursprungs. Auf dem glatten eisigen Untergrund erfüllten sie die ihnen zugeschriebenen Eigenschaften ganz hervorragend. In freundlicher Symbiose miteinander steigerten sich Wollsocke und Blitzeis in einen Übereifer, der zwar ein sicheres Auftreten ermöglichte, aber auch eine störende nachwirkende Anhaftung des Fußes an den Untergrund mit sich brachte. Bei positiver Auslegung ließ sich die spürbare Adhäsion als praktische experimentelle Physikerfahrung deuten, die unsere Volksschule laut Lehrplan nicht vorgesehen hatte. Doch ich bin ganz sicher, wir hätten die junge Lehrerin nach den tieferen Ursachen dieser Erscheinung fragen können. Ob ihr spontan eine korrekte Antwort möglich gewesen wäre, lasse ich offen.

Mein physikalisches Experiment ganz anderer Art vom Vortag wollte ich heute gerne vermeiden. Es war mir nicht so recht bekommen. Bei einer gefühlten Minustemperatur von zehn Grad nahm ich mit einer Zungenberührung an der massiven Metallklinke unseres noch verschlossenen Schulportals einen Selbsttest vor. Mit meiner Zungenspitze wollte ich prüfen, wie die Temperatur so schmeckte und wie sie sonst so auf mich wirken könnte. Umgehend erfuhr ich das Ergebnis: Schmecken tat sie gar nicht, und wirken tat sie sofort. Für ein paar Sekunden war ich in gebückter Körperhaltung mit dem vorgestreckten Fühler zwischen Ober- und Unterlippe an dem kalten Eisen so lange festgefroren, bis mein durch aufkommende Panik heftig ausgestoßener Atem die kritische Stelle bald von selber löste. Sofort war mir klar, dass dieses Experiment leicht zu meinem noch größeren Nachteil hätte enden können. Auch um mich vor hämischen Kommentaren der Schadenfreude aus dem Kreis meiner Mitschüler zu bewahren, wollte ich nach Schulbeginn keine nachforschende Frage bezüglich der misslich erfahrenen physikalischen Kräfte an unsere Lehrerin stellen.

Als Frau Tomaschewsky um 7:40 Uhr unsere Klasse mit den Jahrgängen eins bis vier betrat, waren im Vorraum die Garderobenhaken ordentlich mit Jacken, Mänteln und Mützen belegt und im Klassenraum alle Bänke besetzt, keiner fehlte. Nach ihrem kurzen Gruß erhoben wir uns alle wie auf ein Kommando von den Plätzen und brachten nach eingeübter Manier ein gemeinsames „Guten Morgen" hervor. Jetzt nahm der Unterricht seinen Lauf.

Spätestens in der großen Pause gewann die Sorge um die Nachmittagsbeschäftigung bei uns Buben an Bedeutung und führte auf dem Schulhof zu Diskussionen, Verhandlungen und Verabredungen. Schlittenfahren auf dem Kirchhofsweg war heute wegen des eingetretenen Tauwetters nicht möglich, Schneemannbauen musste ebenso entfallen wie Schlitt-schuhlaufen auf dem noch gestern über seine Ufer getretenen und dann vor Kälte erstarrten Hirschbach am Wahlerweg. Auf seiner Eisfläche hatte sich schon so manche Wasserlache gebildet. Schneeballwerfen am Kirchturm wäre eine Idee gewesen, wer dort den höchsten Abdruck hinterlassen, oder wer gar seinen Ball durch eins der Schalllöcher in den Turm hinein-bugsieren kann. Die Fertigkeiten zu diesen kleinen Heldentaten lagen ohne Zweifel bei uns vor, das sollte sich noch am gleichen Tag auf eine ganz ande-re Art erweisen.

Mein Freund Erwin schlug dann eine Verschie-bung der Entscheidung auf den Nachmittag vor. Er wolle nach dem Mittagessen und den erledigten Schulaufgaben auf jeden Fall mal bei uns an die Haustür schlagen oder mich rufend oder pfeifend auf seine Anwesenheit aufmerksam machen. Ich war einverstanden. Pünktlich um 14 Uhr 30 vernahm ich ein heftiges Pochen an unserer stabilen, nicht durch-sichtigen Tür nach draußen, und ich hörte davor mit seiner Stimme meinen Namen rufen. Auch ich war fertig und betriebsbereit zur gemeinsamen Nach-mittagsbeschäftigung. Um aber meinen Freund nicht so lange in der Kälte warten zu lassen, eilte ich ohne Anorak und Mütze durch den langen Flur zu eben dieser Haustür und zog sie mit der ausgestreckten linken Hand weit auf.

Peng! Klatsch! Aua! Spritz! und Trief!

So waren in diesem Augenblick meine spontanen Wahrnehmungen, als Erwins Schneeball, der eigentlich ein Matschball gewesen ist, durch den erst schmalen Spalt der aufschwingenden Tür urplötzlich mit größter Präzision auf meine unbeschirmte Stirn knallte, sofort für mich völlig schmerzfrei nach allen Seiten zerspritzte, und sein noch anhaftender Rest mit dem darin enthaltenen Straßenschmutz in trüben Strähnen über mein überraschtes Gesicht lief. Es war ein Meisterschuss! Ich konnte Erwin schon deswegen nicht böse sein, weil er offensichtlich in exakt derselben Zehntelsekunde, in der ich von innen die Tür öffnete, dazu ausholte und das Geschoss aus Schnee und Matsch abfeuerte.

Die Kartoffelernte

Wenn das Getreide geerntet, und der Krummet ein-
gefahren war, kam die Reihe an die Kartoffelernte.
Dafür gab es in unserer Schule extra zwei Wochen
Ferien. Das war immer in der Mitte des Monats Sep-
tember, und in manchen Jahren war das Wetter noch
so gut, dass man bei der Erntearbeit auf dem Kartof-
felacker schwitzen musste. Manchmal regnete es
auch wie aus Eimern, doch die Kartoffeln mussten
trotzdem aus der Erde gegraben werden.

Das Gerät für den Transport der in Säcken ver-
packten Feldfrüchte vom Acker nach Hause war
noch immer der großflächige Plattwagen, den man
den ganzen Sommer über in Gebrauch hatte, um das
Heu in die Scheunen zu holen und danach für den
Roggen, den Weizen, die Gerste den Hafer und na-
türlich auch den Krummet von den Wiesen. Erst
wenn die Kartoffelernte vorüber war, nahm man die
große Platte ab, schob den hinteren Wagenteil über
den tragenden Langbaum darunter näher an das
Vorderteil heran und sicherte diese Einstellung mit
dem dicken Eisennagel. So war die Unterkonstrukti-
on des verkleinerten „Hordewan" hergestellt. Es war
ein Lastenwagen oder Kastenwagen, an beiden Sei-
ten über jeder Achse mit stabilen Stützen ausgestat-
tet, an die man die breiten „Hordebretter" schräg an-
stellte. An den Kopfenden ließen sich noch zwei tra-
pezförmige Teile einpassen, dann war der ehemalige
Plattwagen zu einer rundum geschlossenen, aber
oben offenen Transportkiste umgebaut, die man im
Herbst für die schweren Lasten, wie die Runkelrü-
ben und die Kohlraben, benötigte. Hinten ragte jetzt

145

der Langbaum ein Stück unter der verkürzten Ladefläche hervor. An seinem Ende war er mit zwei überstehenden Flacheisen beschlagen, in dessen deckungsgleichen Löchern ein stabiler Eisennagel oder auch Eisenhammer steckte. Das war die einfache Kupplung für einen weiteren Anhänger.

Bei der Kartoffelernte aber benutzte man wegen der großen Ladefläche lieber noch den Plattwagen. An seine gleichartige Anhängevorrichtung ließ sich der Kartoffelroder ankoppeln und in einer Fuhre auf den Acker transportieren.

Bis in die Mitte der Fünfzigerjahre bewirtschafteten im Hunsrück die meisten Kleinbauern ihre Ländereien wie ihre Vorfahren noch mit den Kühen. Nur selten waren Pferde im Einsatz, noch weniger Ochsen. Dann aber kamen die ersten kleinen Schlepper ins Dorf, und schließlich schafften auch wir uns einen „Bulldog" an.

Ja, aber jetzt möchte ich euch von der Kartoffelernte erzählen. Als man noch die Kühe einspannen musste, war das immer eine schwere Arbeit gewesen. Doch später mit dem Bulldog, der ja zwölf PS hatte, also so stark war wie zwölf Pferde, sollte die Sache ja einfacher sein, denn seine Zugkraft war scheinbar so viel stärker als die zwei „KS" der beiden Kühe. Doch als ich mir das „Bulldegchen" bei der realen Arbeit betrachtete, musste ich mitansehen, wie es sich bergauf mit einem vollgeladenen Mistwagen sehr quälte, fast so wie zuvor die beiden Kühe Ella und Ilse. Da konnte ich nicht glauben, dass der wirklich zwölfmal so stark sein sollte wie „Perichs Rapp" der Einspänner unserer Nachbarn, oder sechsmal so viel schleppen konnte wie das Pfer-

depaar von „Onnascht Kunze". Mit oder ohne Bull-
dog, wenn das Kartoffelkraut dürr, braun und
schlapp herunterhing oder schon bald vergangen
war, wurden die Kartoffeläcker zunächst an beiden
Enden mit dem „Kaascht", einem Handgrabgerät,
aufgegraben und die Kartoffeln daraus geerntet. Die
anfängliche Handarbeit diente der Erweiterung der
Verkehrsfläche für den Einsatz eines Gespanns mit
dem Pflug, oder, in späteren Jahren, der Rodungs-
maschine. Bei dem Maschineneinsatz sollte an den
Kopfenden des Ackers nichts verlorengehen oder
zertrampelt werden.

Jetzt zeigte sich, wie gut man während des Jahres
diesen Acker bewirtschaftet hatte. Nachdem im Mai
der Stallmist untergepflügt und die Saatkartoffeln
ausgelegt worden waren, brauchte der Acker Regen.
Zu viel durfte es aber nicht sein, sonst wäre die Saat
im Boden verfault, noch bevor sie ihre jungen Triebe
aus der Krume heraus und der wärmenden Sonne
hätte entgegenrecken können. Wenn jetzt das Kar-
toffelkraut grün und üppig ausschlug, kamen in
manchem Sommer die Kartoffelkäfer wie vom Him-
mel gefallen und klebten als fette Biomasse an dem
frischen Blattwerk der Feldfrüchte. Die jungen Lar-
ven und die fertigen gestreiften Käfer besetzten je-
den Zentimeter der Pflanze und schlugen sich daran
mit großem Eifer die Bäuche voll. Das Ergebnis wa-
ren große Löcher in dem satten Grün des üppigen
Kartoffelkrauts bis zu total abgenagten Strünken.

Zur ökologisch unbedenklichen Bekämpfung die-
ser listigen Angreifer musste schon mal die ganze
Familie ausrücken. Es ging nicht anders, als das gelb
und schwarz gestreifte Viehzeug mit den Händen

einzeln abzusammeln und entweder gleich zwischen den Fingern zu zerdrücken oder in einem Eimerchen zu sammeln, in dem man die lebendigen Tierchen forttrug und irgendwo weitab vom Kartoffelacker wieder der Natur übergab, tot oder lebendig. Wäre dies nicht geschehen, hätten die Schädlinge das Kartoffelkraut radikal aufgefressen, und das weitere Wachstum der begehrten Knollen im Boden wäre zu Ende gewesen, sie wären erstickt.

Auch die wild und zahlreich wachsenden Disteln auf den bestellten Feldern mussten entfernt werden. Zur Vorbereitung der Bekämpfung hing sich jeder Distelstecher einen Kartoffelsack um, mit einer vor dem Körper nach oben offenen Ausbuchtung. Das war der Sammelbeutel für die Aktion „Mensch gegen Distel". Der Mensch führte in seiner rechten Hand das lange Messer, und seine Linke steckte in dem dicken Handschuh, mit dem er den stacheligen Widersacher gnadenlos packen konnte, ohne selbst von ihm gestochen zu werden. Fast senkrecht war das Messer in den Boden zu rammen, um die tief nach unten gewachsene Pfahlwurzel der Beute wie einen Spargel abstechen zu können, aus dem Boden zu ziehen und in den umgehängten Beutel zu stopfen. War dieser voll, wurde der Inhalt an einem Kopfende des Ackers auf einen Haufen geworfen, um diesen nach getaner Ausstecherei als Viehfutter mit nach Hause zu nehmen. Manchmal fraßen die Kühe abends noch so nebenbei die mitgebrachten kleinen und jungen Pflanzen, aber die größeren und störrischen unter ihnen mochten sie nicht. Hätte der Mensch sich dieser mühsamen Arbeit nicht unterzogen, wäre das Kartoffelfeld bald zu einem Distelfeld mutiert.

Flüssigkeiten mit chemischen Kampfmitteln gegen solche und andere Plagegeister waren auch damals schon in den Angeboten des Landhandels zu finden. Wollte sich der Bauer darauf einlassen, dann schnallte er sich mit einem unguten Gewissen einen bei der LHG (Landwirtschaftliche Hauptgenossenschaft) ausgeliehenen Spritzbehälter mit der in Wasser gelösten, aber ansonsten unbekannten, Substanz auf den Rücken, die er zuvor als Flüssigkeit oder als Pulver bei der „Winterschule" oder auch „beim Raiffeisen" erstanden hatte. Die linke Hand pumpte fortwährend an dem langen Kraftarm des Geräts auf und ab, und die rechte Hand führte das dünne Spritzrohr aus Messing mit der engen Düse am vorderen Ende mit einem kleinen Abstand über das Kartoffelkraut oder über das Unkraut am Boden, je nachdem, was es zu bekämpfen galt. Einen Atemschutz zum Abhalten des versprühten Gifts gab es nicht, auch andere Schutzmaßnahmen waren nicht vorgesehen. Wer gerne rauchte, konnte zur Ablenkung seinen Stumpen oder seine Pfeife in den Mund stecken.

Vor meiner Zeit, so erzählten die Alten, mussten unsere Vorfahren die Kartoffeln auf ihren Äckern nur mit einem einfachen Handgerät, dem „Kaascht" ausgraben. Da war alles, was Arme und Beine hatte, unterwegs, vom Opa bis zum Enkel, jeder ausgestattet mit einem zwei- oder dreizinkigen „Kaascht" und einem aus Weidenruten geflochtenen Korb, der „Mann". Die Kartoffelernte musste mit dieser bescheidenen Technik wochenlang gedauert haben.

Wer schon einmal daran teilgenommen hat, weiß, dass diese Aufgabe nur in stets gebückter Körperhaltung zu bewältigen ist. Zuerst muss ein kräftiger Hieb mit dem „Kaascht" und ein nachfolgender Ruck die einzelne Pflanze aus der angehäufelten Erde hervorzerren. Wer darin schon etwas Übung gewonnen hatte, dem gelang es, die noch anhaftenden Knollen gleich mit dem ersten Schwung an die Oberfläche zu befördern. Die noch in der Hunsrückerde verborgenen Früchte des soeben attackierten Gewächses ließen sich mit geschickt im Erdreich wühlenden Händen aufspüren. Die Suche danach setzte sich so lange fort, bis die eigene Vorstellung von der Ertragskraft der einzelnen Pflanze erfüllt war. Jetzt wurden die Knollen mit den bloßen Händen abgerubbelt und in dem mitgeführten Blecheimer versammelt.

Niemand trug dabei Handschuhe, auch nicht bei dem nachfolgenden Arbeitsgang des Sortierens nach den drei Kategorien: Speisekartoffel, Pflanzkartoffel, Schweinekartoffel.

Diese aufwendige Arbeit mit dem „Kaascht" mussten wir nur dann wieder auf uns nehmen, wenn das Feld mal zu nass gewesen war, um mit dem Fuhrwerk zu befahren, und der Regen in den kommenden Tagen auch nicht enden sollte.

Nach der Ära der reinen Handarbeit brachte auf dem Kartoffelacker der Einsatz des Erntepflugs mit dem buckligen Schar die erste Stufe der Erleichterung mit sich. An zwei Handgriffen führte der Bauer das einfache Gerät durch die angehäufelten Reihen der schon welken Pflanzen. Gleichzeitig hatte er mit der langen Peitsche, für die es an dem Handgriff eine eigene Haltevorrichtung gab, auch die Zugtiere unter seiner Kontrolle.

Auf den fortschrittlichen Höfen löste schon vor unserer Zeit die „Kartoffelmaschine" den simplen Pflug mit den beiden Handgriffen ab, der nur die begehrten Erdäpfel aus ihrer Verborgenheit ans Tageslicht befördern konnte. Auch das neue mechanische Gerät war noch auf Zugtiere angewiesen. Es machte aber die führenden Hände hinter dem Pflug überflüssig. So ordne ich diese Errungenschaft als zweite Stufe bei der Rationalisierung der Kartoffelernte ein.

Der Hunsrückbauer, der keine Pferde oder Ochsen besaß, mutete diesen einst neuen Roder seinen tapferen Zugkühen an der Deichsel noch so lange als Last zu, bis in den Fünfzigern der leichte „Bulldog" in Mode kam. Die neue einachsige Erntemaschine besaß an beiden Seiten große stählerne Sprossenräder mit quer auf den Laufflächen aufgeschweißten Stahlplatten, die auf dem Ackerboden als Stollen tief in die Erde griffen. In der Mitte des Geräts ließ sich mittels eines Handhebels ein dreieckig geformtes Schar heben und senken. Durch die Vorwärtsbewegung übertrug sich die eindimensionale Zugkraft über die großen Räder mit den quer verschweißten Stollen über ein Stirnrad im Getriebe auf einen Drehkranz, der hinten über dem dreieckigen Schar angebracht war. Während der Arbeit beförderte dieser mit seinen rotierenden vier langen und nach innen gebogenen Zinken die von dem Schar soeben freigelegten Knollen zur rechten Seite. Jetzt lagen sie da, offen und sichtbar, die begehrten Kartoffeln und deren entwurzelten Strünke als unvermeidliches Beiwerk.

Gegenüber der älteren Erntemethode bot dieser Roder eine bedeutende Erleichterung für das bäuerliche Personal, an dem es vor unserer Zeit wegen des Kinderreichtums in den Familien gewöhnlich nicht mangelte. Doch auch hier trat ein Wandel ein, bei der Arbeit wie auch bei dem Personal: Die Arbeit verlagerte sich vom Menschen auf die Maschine, und die jungen Menschen zeigten eine rückläufige Neigung zur Fortführung dieser Art des Wirtschaftens auf ihren Äckern.

Die noch nötige Handarbeit bestand darin, die verstreut liegenden hellen Knollen auf den Knien rutschend einzusammeln und zur Seite auf den „Gon" zu werfen. Das waren Haufen, die man so alle 20 Schritte als Zwischenlager anlegte. Jede Fuhre der Rodungsmaschine versetzte den Standort ein wenig zur Seite, so dass sie sich ständig im rechten Winkel über den abgeernteten Teil des Ackers verbreiterten.

An einem Vor- oder an einem Nachmittag schaffte man es, sechs bis acht Reihen Kartoffeln zu ernten, mehr war nicht zu machen. Das hing natürlich von der Länge des Ackers ab und davon, wie viele Leute zur Verfügung standen. Waren die Reihen einer Arbeitsschicht alle ausgefahren und die Kartoffeln auf den Haufen versammelt, folgte erst einmal das Frühstück, oder, wenn es Nachmittag gewesen ist, die Kaffeepause. Da die Ernte im Monat September stattfand, gab es dabei meistens Pflaumen- oder Zwetschgenkuchen zu essen. Der war im Korb durch sein Eigengewicht und den rüttelnden Transport so manches Mal schon ziemlich ramponiert und zermatscht, zudem zog er durch seinen süßen Geruch sehr erfolgreich die Wespen an. Das Kuchenstück hielt man in einer seiner dreckverkrusteten Hände und den derben Keramikbecher mit dem Kaffee aus gebrannter Gerste in der anderen. Um die lästigen Insekten fernzuhalten, hätte man etwas aus der Hand legen müssen. Die spontanen Abwehrbewegungen führten immer wieder dazu, den köstlichen mit Milch gemischten Muckefuck zu verschlabbern.

Der köstliche Pflaumenkuchen alleine erfüllte nicht jedermanns Erwartungen an eine stärkende Arbeitspause. Die Männer verlangten schon mal ihre deftigen Brote mit ordentlichem Wurstbelag oder einer Scheibe Schinken mit einem schönen weißen Speckrand. Dazu schmeckte ihnen ein Glas Apfelwein ganz vorzüglich. Käse, so liegt es noch in meiner Langzeiterinnerung, erreichte als Brotbelag nie eine so hohe Begehrlichkeit wie die selbst produzierten Schlachtprodukte aus der Räucherkammer.

Wenn am Vormittag um elf Uhr die Mittagsglocke verkündete, was die Uhr geschlagen hatte, machten sich auf den Kartoffeläckern einzelne Frauen auf den Fußweg zum heimischen Herd, um dort das Mittagessen für die Familien zu richten. Dafür reichte pro Haushalt eine Person, die anderen Frauen blieben auf den Feldern. Gab es in der Bauernfamilie noch eine Oma im rüstigen Alter, fiel ihr die Rolle der Köchin zu. Ich kann mich noch an eine Szene erinnern, wie zwei Frauen ziemlich müde nach Hause schlurften und mein Vater ihnen etwas vorwitzig zurief:

„Ihr zwei, kommt uns doch noch ein bisschen helfen!"

„Wir sind stumpf!"

war die schlagfertige Antwort der einen.

Darauf mein Papa ganz kess:

„Bei uns werdet ihr wieder scharf gemacht!"

Nach der Frühstücks- oder Kaffeepause machte man sich gemeinsam daran, die auf den zahlreichen „Gonen" liegenden Kartoffeln zu sortieren und zunächst in die „Mannen" und dann in die Säcke zu füllen. Beginnend an einem der beiden Enden des Ackers, den „Ahnern", knieten alle Mann rund um die länglichen „Gone", um dort die kleinen Kartoffeln zusammen mit den vom „Kaarscht" oder dem Pflugschar beschädigten in den linken Korb (Mann) zu werfen. Das waren die Schweinekartoffeln! Die ordentlichen Knollen von mittlerer Größe kamen in den mittleren Korb. Sie waren als Pflanzkartoffeln für das nächste Jahr vorgesehen. Die dicken Knollen wanderten als Speisekartoffeln in in den rechten Korb.

Die Verwendung der aus Weidenruten geflochtenen Körbe schonte die jungen Kartoffeln. Sie waren bei dieser Nutzung wegen des nachgiebigen Materials den aus verzinktem Eisendraht hergestellten „Mannen" überlegen. Plastikkörbe hatten sich noch nicht durchgesetzt. Ein Kartoffelsack aus grobem Jutegewebe konnte zweieinhalb bis drei Körbe Kartoffeln aufnehmen. Die Säcke mit den Saatkartoffeln markierte man zur besseren Unterscheidung mit oben eingebundenem Kartoffelkraut. Das war beim Abladen auf dem heimischen Hof eine gute Hilfe und vermied ärgerliche Verwechslungen und in dessen Folge unnötige Doppelarbeit.

Nicht immer begleitete angenehmes Wetter die Kartoffelernte auf dem Hunsrück, manchmal regnete es auch. Zum Schutz gegen Regen und Wind schlug man ganz einfach einen leeren Kartoffelsack an seiner unteren Ecke ein wenig nach innen ein und stülpte sich diesen als Kapuze von hinten über den Kopf. Die Männer zogen diesen Regenschutz über ihre „Pletschkappen", die Schlägermützen, und die Frauen über ihre obligatorischen Kopftücher. Damit ließ sich auch am Nacken das Eindringen des Wassers verhindern. Außerdem wärmte das geniale Hilfsmittel noch ein wenig die Schultern und den oft schmerzgeplagten Rücken.

Kam es mit dem Wetter mal ganz schlimm, kroch die bedrängte Erntemannschaft unter den großflächigen Plattwagen des eigenen Fuhrwerks und wartete auf das Ende des nassen Zwischenspiels. Jeder war davon überzeugt: Nach Regen kommt Sonne! Stets stand die Absicht im Fokus, die geernteten Kartoffeln sauber und trocken nach Hause und in den Keller zu bekommen, im nassen Zustand hätten sie in der Folge leicht faulen können.

An einem halben Tag konnte die ausgerückte Mannschaft der Familie bis zu 30 volle Kartoffelsäcke ernten, auf den Wagen des Fuhrwerks laden und nach Hause bringen. Natürlich waren nicht alle Säcke einer Wagenladung mit den dicken Kartoffeln für den menschlichen Verzehr gefüllt. Da waren auch die Säcke mit den kleinen und beschädigten für das Vieh ebenso mitgerechnet, wie die mit dem Saatgut für das nächste Jahr separat zu haltenden Pflanzkartoffeln. Die Gesamtlast der mit einer Fuhre zu bewältigenden Säcke hing von der verfügbaren Zugkraft ab. Waren es noch die beiden Kühe, dann sollte die genannte Anzahl eine Obergrenze markieren. Unser kleiner zwölfer Hanomag aber schaffte mehr, doch auch ihm waren Grenzen gesetzt.

Manche Männer konnten wegen einer Kriegsverletzung nur eingeschränkte körperliche Arbeiten verrichten. In diesen Fällen mussten die Frauen und die Kinder mit ihren Körperkräften helfend eingreifen. Gemeinhin konnte ein voller Kartoffelsack zu zweit mit einem angesagten „Hau-Ruck" auf die Ladefläche des Plattwagens geworfen und dort mit der zugebundenen Seite zur Mitte hin gedreht werden. So ließen sich die möglichen 30 Säcke, auf jeder Seite also 15, in zwei vollen Lagen übereinander auf dem Wagen stapeln. Natürlich war es etwas anstrengender, die zweite Etage der Ladung hochzuwuchten. Bei schwächelndem Personal ließ sich das nur mit einer assistierenden dritten Person bewirken, Frau oder Kind, was eben verfügbar, willens und fähig war. Nach ordentlicher Vorbereitung des Transports bestiegen die müden Erntehelfer selber noch das beladene Fuhrwerk und kehrten mit sich und der Umwelt zufrieden zurück ins Dorf.

Daheim auf dem Hof rangierte der Gespannführer den Plattwagen mit der Nutzlast gleich so präzise an die Stelle, von der aus sich die dicken Ackersegen, Aquila, Heida und Sieglinde über den hölzernen

Trichter gleich von oben durch die Kartoffellöcher des Bauernhauses in den Keller kullern ließen. Der Trichter war ein mobiler, selbst zusammengenagelter Ablaufkanal von zweieinhalb Metern Länge, hergestellt aus dünnen runden Hölzern oder flachen Latten. Er überbrückte ohne zusätzlichen Energieaufwand als schräge Ablaufbahn die Kluft zwischen der Ladefläche und dem Zugang zum Kellerdepot. Mit dem Runterkullern lösten sich noch viele anhaftende Erdkrumen und sonstige Verunreinigungen von den Speisekartoffeln. Der Abfall rieselten durch die Ritzen des Trichters als lose, feine Erde auf die darunter vorsorglich ausgebreitete Plane.

Die Pflanz- und die Futterkartoffeln mussten bei uns in Säcken durch die Haustür, den langen Hausflur und über die ausgetretene steinerne Kellertreppe bei funzeliger Beleuchtung in den niederen Keller getragen werden. Auf dessen gewachsenem und gestampftem Boden gab es für alle zu unterscheidenden Sorten eigene Abteilungen, die bis unter die Decke gefüllt werden konnten. Schon als Schüler schleppte ich die vollen Kartoffelsäcke in diesen Keller. Für mich war das am einfachsten, denn ich war der Kleinste in der Familie und passte mit der Last auf den Schultern am besten unter dem in Augenhöhe quer verlaufenden Stützbalken hinter der Kellertreppe und der daneben freischwebenden Wasserleitung hindurch.

In manchen guten Kartoffeljahren füllten die dicken Speisekartoffeln das größte Fach bis unter die Kellerdecke. Um den verfügbaren Platz voll ausnutzen zu können, musste man der Länge nach rücklings auf den Kartoffeln liegen und den ständig durch das Kellerloch einlaufenden Nachschub so lange mit den Füßen in die Ecken drücken, bis die eigene Nase an der Kellerdecke anstieß. Auch das war eine Aufgabe für den Kleinsten in der Familie.

Nach Abschluss der Ernte sollte der angesammelte Kartoffelvorrat für ein ganzes Jahr ausreichen, sowohl für die Menschen wie auch für die Tiere. Natürlich verwandelten sich die im Keller deponierten Vorräte mit der Zeit zu ihrem Nachteil. Bis zum nächsten Sommer wurden sie etwas schrumpelig und verloren dadurch ihre einst frische Qualität. Solche, die dem Tageslicht ausgesetzt waren, nahmen grüne Farbe an, und an denen, die zusätzlich in warmer Umgebung lagerten, trieben helle Keime aus. War die Lagerstätte zu feucht, entstand Fäulnis. Doch das alles musste man in Kauf nehmen, denn erst die folgende Ernte im nächsten Jahr brachte wieder neue Kartoffeln in den Keller und auf den Tisch des Hauses.

Vor der Verwendung in der Küche entfernte die Hausfrau die Keimlinge und schnitt die grünen, die faulen und die im Winter verfrorenen Stellen aus den Knollen heraus. Auch die dunklen und tiefsitzenden Augen der Kartoffeln entfernte sie mit einem Küchenmesser bis auf den Grund. Das alles hat sich in unseren Küchen bis heute ja nicht geändert.

Nur ganz wenige bäuerliche Familien waren dazu übergegangen, sich mit dem Anbau von Frühkartoffeln zu befassen. Das erwies sich als schwierig, nicht ertragreich und nicht wirtschaftlich.

Erst die spätere Professionalisierung der bäuerlichen Betriebe zeigten auf diesem Gebiet bescheidene Erfolge, die sich jedoch erst dann als solche erwiesen, wenn sich die geernteten Frühprodukte zu den erhofften Preisen an die Verbraucher verkaufen ließen.

Nicht in jedem Jahr reichte der Kartoffelertrag der kleinen Anbaubetriebe über den Eigenbedarf hinaus. Doch es gab gute Jahre, in denen auch wir schon mal ein paar Säcke verkaufen konnten. Der Zentner erbrachte in den mittleren Fünfzigerjahren einen Erlös von sechs bis acht DM.

Von den frisch geernteten Kartoffeln ließen sich ganz prima „gerappte Plätzjer", „Schales" und „gefellte Kleeß" herstellen. Das sind Reibekuchen, Dibbelappes und gefüllte Klöße. Wer jetzt immer noch nicht Bescheid weiß, der möge doch mal einen Blick in die hunsrücker Küche werfen, dort wird ihm nicht nur in dieser Beziehung geholfen. Diese Köstlichkeiten aus „Krumbeeren", wie die Kartoffeln liebevoll genannt werden, schmecken am besten zusammen mit Speckgrieben und Apfelkompott. Das war früher so, und es ist auch heute noch so!

Briefe an Onkel Kurt

Liebe Anneliese, lieber Kurt!
Mit dieser Anrede begannen zahllose Briefe, die in den Nachkriegsjahren von Erich, dem in der französischen Besatzungszone wohnenden Bruder, zu Kurt, dem in der sowjetischen Zone wohnenden Bruder, wechselten. Ganz zu Beginn mag diese persönliche Anrede auch noch den Namen der Schwiegermutter meines Onkels in der SBZ enthalten haben, doch diese Phase endete mit ihrem Tod in der Mitte der Fünfzigerjahre.

Weswegen unserer französischen Besatzungszone am Rhein nicht auch so ein prägnantes Kürzel mit drei Buchstaben zugewachsen war, wie der jenseits des immer undurchdringlicher werdenden Eisernen Vorhangs gelegenen, konnte ich nie ergründen. Wenn bei uns zu Hause von Kurt und Anneliese die Rede war, dann ging es auch immer um den Begriff der „SBZ" oder der „DDR" (Sowjetische Besatzungszone / Deutsche Demokratische Republik   ). Wir im Hunsrück hätten uns mit dem gleichen Argument auch in der „FBZ" (Französische Besatzungszone) verorten können. Doch das entsprach nicht dem populären Sprachgebrauch der Zeit. Stattdessen sprach man so allgemein vom „Westen" und meinte damit unsere französische Zone im Südwesten, die amerikanische im Süden und die britische Besatzungszone im Norden unserer neu erstandenen Bundesrepublik Deutschland. Fast gleichzeitig wandelte sich die „SBZ" zur „DDR". Bald aber hieß es bei den Menschen auf beiden Seiten der Trennlinie nur noch „Ost" und „West", in der Ostzone und im Westen.

Besser verstanden hatte ich die doppelte Verwendung der mir bekannten Ortsnamen in dem lange anhaltenden Schriftverkehr, den mein Papa und sein kleiner Bruder über einen langen Zeitraum zwischen den Städten Kirchberg im Hunsrück und Kirchberg in Sachsen führten. Die simple Erklärung dafür legte mir den Blick frei auf die Mehrfachexistenz dieser prägnanten Ortsbezeichnung in unserem gemeinsamen Deutschland von Ost und West. Deshalb betrachtete ich die Zusätze hinter dem Schrägstrich als hilfreiche Erweiterungen für die erfolgreiche Suche beider Städte auf einer detaillierten Landkarte Deutschlands. Wer die Tiefe der Mehrfachbenennungen unter den deutschen Städten ergründen möchte, sollte schon bis drei zählen können, und wer die kleineren Orte und Flecken bei der Suche einbezieht, sollte es bis zum Doppelten schaffen. Die Briefe liefen also von Kirchberg/Hunsrück nach Kirchberg/Sachsen. Für die Beförderung eines Standardbriefs hatte unsere Bundespost in den Anfängen der Korrespondenz zwischen den beiden Kirchbergen einen Preis von 20 Pfennigen für das reine Briefporto plus einen Aufschlag von zwei Pfennigen für die kleinformatige, blaue Notopfermarke Berlin vorgesehen. Die Zusatzgebühr zugunsten unserer damals noch arg bedrängten Stadt Berlin war nicht in allen westlichen Besatzungszonen gleichermaßen obligatorisch. Es gab kleine Unterschiede, und am ersten April 1956 wurde sie überall abgeschafft.

Die Gegenleistung für die oben rechts auf den Briefumschlag aufgeklebte rote 20-Pfennig-Briefmarke mit dem Posthorn war beachtlich. Manchmal dauerte es eine ganze Woche, bis Papas Brief seinen Weg vom schönen Hunsrück in das ererbte Familienpostfach in dem ebenso schönen Erzgebirge gefunden hatte. Über den geringen Stundensatz für diese Transportleistung konnte sich niemand beschweren. Doch der steigerte sich mit der Zeit. Schon bald war die 30-Pfennig-Briefmarke mit dem Konterfei unseres ersten Bundespräsidenten für die gleiche Leistung fällig. Mehr Geld also für die gleiche Leistung. Das nennt man Inflation!

Natürlich war bei diesem geringen Entgelt auch die heute noch gültige 20-Gramm-Grenze für den normalen Standardbrief einzuhalten. Hin und wieder enthielten die Briefe auch Fotos, meist kleinformatige Familienbilder in schwarz-weiß. Das galt es zu beachten, und bei Gewichtsüberschreitung war natürlich ein erhöhtes Porto fällig.

Mein Papa schrieb im Anschriftenfeld des Umschlags: Kirchberg/Sa.
Im Absenderfeld auf der Rückseite notierte er:
          Kirchberg/Hunsr.

Damit war die Sache klar, auch für die verantwortlichen Macht- und Befehlshaber jenseits der trennenden Demarkationslinie, die als Kriegsfolge unser schönes Land von Nord nach Süd durchzog und einen Kreis um Westberlin gewaltsam geschlossen hielt. Unsere Briefe waren Grenzgänger, sie wechselten von der freien westlichen politischen Hemisphäre in die östliche unter der totalen Sowjetherrschaft, kurz gesagt: Von West nach Ost! „Ost" besaß damals noch einen düsteren und beunruhigenden Klang. Einerseits waren Briefe zu beneiden, denn sie konnten reisen, auch über die innerdeutsche Grenze hinaus. Andererseits waren auch sie nicht vor neugierigen, prüfenden, überwachenden und forschenden Aktionen aller Arten sicher. Auch waren sie spontanen und willkürlichen Attacken ausgesetzt. Das hatten sie gemeinsam mit dem Schicksal der wenigen auf dieser Route persönlich reisenden Menschen. Briefe und Menschen wurden gleichermaßen bei ihrer Grenzpassage befingert und gefilzt. Entdeckte der Empfänger nach der Ankunft Spuren einer zwischenzeitlichen Öffnung eines Briefs oder eines Päckchens, teilte er das dem Absender in seinem folgenden Antwortbrief mit verdeckten Umschreibungen mit. Auf diese Art versicherten sich die beiden Brüder penibel der letztlich sicheren Ankunft eines jeden der eigenen versandten Briefe.

Später, nach unserem Umzug von Kirchberg/Hunsr. nach Büchenbeuren, vereinfachte sich die Beschreibung der Ortschaften, denn nun wohnten wir alle vier in einem unverwechselbaren Ort, den es in Deutschland nur einmal gibt. Um ihn zu finden, bedarf es noch nicht einmal der Postleitzahl, weder der damals noch vierstelligen, noch der heute fünfstelligen. Anders war es dagegen um den Zielort unserer Briefe in Kirchberg/Sa. bestellt. Der ehemaligen Leitzahl der „DDR" verordnete unsere Obrigkeit kurz nach der politischen Wende ein führendes „O" als auffälliges Kennzeichen für die Region im Osten. Bei der großen Postleitzahlenreform erhielt die Region um Kirchberg/Sa. schließlich den heute noch gültigen Code „08107".

All das erlebte mein Vater leider nicht mehr. Im Jahr 1970 verstarb er im Alter von 57 Jahren völlig überraschend. Die Nachricht von Papas Tod sollte seinen Bruder schnellstens erreichen, dazu war ein Brief ungeeignet. Ein Telegramm musste her. Sein Wortlaut sollte außer der reinen Information auch die nötigen Daten für eine kurzfristige behördliche Genehmigung zur Teilnahme von Tante und Onkel an der schon terminierten Beisetzung enthalten. Doch der Beton der im Jahr 1961 errichteten Mauer blieb auch jetzt noch Beton, sowohl an der Grenze des Eisernen Vorhangs wie auch in den Köpfen der Ostbehörden.

Viele Gründe gab es für den Briefwechsel von hier nach dort und von dort nach hier. Als jüngstes Kind und dritter Bube in einer kleinbäuerlichen Familie waren in den Dreißigern die Aussichten auf ein persönliches Auskommen oder gar auf eine berufliche Karriere sehr überschaubar. So galt von Anfang an die Friseurlehre in Simmern für meinen Onkel Kurt als Notlösung. Der damalige Zeitgeist zog auch ihn hin zu neuen Taten und Abwechslung verheißenden Erlebnissen. Der nicht als freiwillig zu belegende Eintritt in den Reichsarbeitsdienst (RAD) verschlug den jungen Mann schließlich ins sächsische Erzgebirge, eine liebliche Mittelgebirgslandschaft, die unserer Hunsrücklandschaft ähnelt.

Dort erfuhr und erlebte er schnell den Wahrheitsgehalt des so dahingesagten Stammtischspruchs: „In Sachsen, wo die schönen Mädchen auf den Bäumen wachsen."

Zwar fand er seine liebe, blonde Anneliese weder auf einem Kirschen- noch auf einem Apfelbaum, doch er fand sie bald, und sie fand ihn. Gemeinsam hielten sie danach die dunkelste Epoche der deutschen Geschichte tapfer aus mit all ihren Folgeerscheinungen in militärischer, politischer, gesellschaftlicher und wirtschaftlicher Beziehung.

Schon im „RAD" wandte sich mein Onkel Kurt dem medizinischen Fach zu, er wurde Sanitäter. Offenbar trafen damit Neigung und Fähigkeiten zusammen. Schon bald erreichte er durch die erworbenen medizinischen Kenntnisse in seinem Umfeld hohe Anerkennung, die ihn in den späteren Kriegsjahren bei seinem Einsatz in Italien zum Hilfsarzt der Wehrmacht befähigten. Auch die Amerikaner erkannten nach der Invasion in Italien in ihrem neuen „Prisoner of war" (POW) eine brauchbare medizinische Fachkraft und spendierten ihm erst einmal zusammen mit vielen anderen Schicksalsgenossen eine kostenlose Schiffsreise in die Südstaaten der USA. Die drei Gastjahre dort, so ließ er in rückblickenden Betrachtungen gerne durchblicken, wären nicht zu seinem Nachteil verlaufen. Ihm und seinen praktischen Fähigkeiten auf dem medizinischen Sektor habe man schnell vertraut, und ihm deshalb auch persönliche Anerkennung gezollt und Verantwortung übertragen. Auch habe er in dieser Zeit recht schnell den praktischen Umgang mit der ihm bis dahin völlig unbekannten englischen Sprache erlernt. In der Zeit der Gefangenschaft befähigte ihn das bald zum Dolmetscher in medizinischen Angelegenheiten zwischen dem amerikanischen Truppenarzt und der deutschen medizinischen Lagerleitung.

Im Bewusstsein so vieler dramatischer und traumatischer individueller Kriegserlebnisse von Soldaten aller Länder sagte er von sich: „Ich habe einen schönen Krieg gehabt!" Damit wollte er nichts anderes mitteilen, als die Freude darüber, ganz persönlich mit heiler Haut und ohne an Leib oder Seele Schaden zu nehmen, diese völlig überflüssige Kriegskatastrophe überstanden zu haben. Aus der späteren Korrespondenz ließ sich immer wieder herauslesen, wie segensreich sich seine umfassenden medizinischen Kenntnisse und praktischen Erfahrungen auf das jeweilige Umfeld auswirkten. Auch uns im Hunsrück hatte seine qualifizierte und schriftlich abgefasste Meinung zu aufgetretenen Unregelmäßigkeiten im persönlichen Wohlergehen eines unserer Familienmitglieder einen hohen Stellenwert.

Nach der Rückkehr aus der Kriegsgefangenschaft entschied sich Onkel Kurt für das Leben mit seiner lieben Anneliese, die 1943 in einer feierlichen Prozedur mit ihrem Ja-Wort den Status seiner Ehefrau angenommen hatte. Leider aber lag Sachsen in der „SBZ", in der Ostzone also, die sich nur wenige Jahre später selbst als „DDR" bezeichnete. Den Langtitel für diese weltläufig klingende Abkürzung möchte ich gar nicht nennen, denn die edlen Worte beschreiben das genaue Gegenteil von der damit schönmalerisch verklärten Wirklichkeit dieser autokratischen Republik auf deutschem Boden mit diktatorischen Strukturen und staatlich organisiertem Verbrechertum. Dieser „DDR", die man bei ihrer schriftlichen Erwähnung in unserer bundesrepublikanischen Presse stets in Anführungszeichen gesetzt fand, waren sie nun beide von Beginn an ausgesetzt, meine Tante Anneliese und mein Onkel Kurt im schönen Sachsen.

Seitdem ich denken kann, gehörte alle zwei Sonntage das Bild meines Briefe schreibenden Vaters zu unserem beschaulichen Familienleben. Da er als Beamter der Bundesbahn dem Schichtdienst zu folgen hatte, wählte er entweder den Vor- oder den Nachmittag für die anstehende Korrespondenz mit seinem kleinen Bruder aus. Es standen immer die gleichen Adressaten auf seinen periodisch produzierten Briefen, die an der herabgelassenen Schreibklappe unseres braunen Wohnzimmerbuffets aus Nussbaum unter seiner Feder entstanden. Ja, Feder ist der richtige Ausdruck für das anfangs verwendete Schreibgerät. Es war zwar keine Gänsefeder, so doch eine kleine Schreibfeder aus Stahl, die mit ihrem hinteren Ende in der gewölbten Aussparung eines dazugehörigen dünnen hölzernen Handgriffs steckte und damit bequem mit der Hand zu führen war. Der erste Weg der spitzen Feder führte tief hinein in das aufgeschraubte auf der Schreibfläche stehende Tintenfass. Na ja, die Tauchtiefe hing natürlich ab von dem Füllstand der blauen Flüssigkeit in dem kleinen Gläschen, das mit einem gewöhnlichen Fass keinerlei Ähnlichkeiten aufwies. Ein Tropfen dieser Schreibfarbe war nun für die Niederschrift des Briefkopfs und der Einleitung bereit. Nach der obligatorischen Orts- und Datumsangabe am oberen rechten Rand des weißen Schreibbogens, die jedem Dokument zu eigen sein sollte, folgte die immer wiederkehrende Anrede:

Liebe Anneliese, lieber Kurt!

Als technische Hilfsmittel aus der ledernen Schreibmappe standen meinem Papa ein Linienblatt und ein Löschblatt zur Verfügung. Beide waren keine Einmalartikel wie der Briefbogen selbst. Das weiße Papier mit den deutlichen schwarzen Linien auf einer Seite diente dem in Benutzung befindlichen Briefpapier in durchscheinender Unterlage als Navigationsassistent für die Kurstreue von Papas persönlicher Handschrift, diese sollte keinesfalls aus dem Ruder laufen. Das Löschblatt hingegen war auf der Außenseite eines wiegenden Halbrunds aus Blech unter dem marmornen waagerechten Handgriff darüber aufgespannt und hatte die Aufgabe, bei Bedarf die überflüssige Tinte, die aus der stählernen Schreibfeder auf das Papier geflossen war, rechtzeitig vorsichtig abzutupfen, um damit dem Brief ein sauberes Schriftbild zu bewahren. Irgendwann hatte ein moderner Füllfederhalter die kleine Schreibfeder am Stöckchen abgelöst. Papa gewöhnte sich schnell an dieses edle Weihnachtsgeschenk von Mutti.

Die ersten substanziellen Worte des bereits begonnenen Dokuments bezogen sich auf die zuletzt selber erhaltene Post, sei es als Brief, Postkarte oder auch als Päckchen. Letzteres kam als Festtagsgabe oder als Geburtstagsglückwunsch für ein Mitglied unserer vierköpfigen Familie schon mal vor. Die an sich abgegriffene Prozedur der gegenseitigen Versicherungen hatte den praktischen Sinn der gewissenhaften Bestätigung der gegenseitig erfolgreich ausgetauschten Korrespondenz. Der zweite Satz bezog sich auf den eigenen zuletzt versandten Brief mit Angabe seines Entstehungsdatums. So war schon mal eine Übersicht über die Vollständigkeit des Schriftwechsels der jüngeren Vergangenheit gegeben. Aufkommende Zweifel daran, weil etwa eine erwartete Antwort nicht innerhalb einer angemessenen Zeit eingetroffen war, führten zu versteckten, auf den Inhalt der bisher unbestätigten Post bezogene, Nachfragen.

Diesem, man kann es so nennen, formellen Teil eines jeden Briefs folgten die individuellen Nachrichten aus der gesamten erweiterten Familie mit all ihren Mitgliedern, mit uns verbunden durch die verschiedensten Verwandtschaftsgrade. Nicht alle Tanten und Onkel waren nach ihren abgelebten Jugendjahren auf dem Hunsrück geblieben oder hatten dort ihren Ehepartner gefunden. Die Spuren wiesen an die Nahe, nach Stuttgart und nach Düsseldorf und Krefeld am Niederrhein.

Waren aus diesen Enklaven aktuelle Neuigkeiten bei uns eingetroffen, fand deren Inhalt in Papas Brief an Onkel Kurt sofort einen neuen Verbreitungsweg.

Bei dem Nachrichtenaustausch mit der auswärtigen Verwandtschaft waren nicht nur wir in der noch wenig technisierten Adenauer-Ära auf handfeste Schriftstücke angewiesen, ein Telefon gehörte noch nicht zu unserer Ausstattung. Dringende Mitteilungen jedoch ließen sich durch Telegramme mit der Post versenden und auf gleichem Wege auch empfangen. Diesen besonderen Dienst, ob von der Ost- oder der West-Post, bemühten wir etwa dann, wenn ein gegenseitiger Besuch von Ost nach West oder von West nach Ost schließlich genehmigt war und jetzt unmittelbar bevorstand. Die Einzelheiten der Reise mit Treffpunkten und Terminen ließen sich mit diesem Medium in dem dafür typischen Telegrammstil in brauchbarer Weise abstimmen.

Die Briefe zwischen den Brüdern standen im Gegensatz zu den aus Kostengründen auf das Nötigste verdichteten Texten der Telegramme. Sie enthielten ausführliche Be- und Umschreibungen der behandelten Themen, die auch von einzelnen Personen und Ereignissen ausführlich berichteten. Man könnte auch sagen, sie waren eher in epischer Breite angelegt. Das jedenfalls fiel mir jedes Mal auf, wenn Vater den Inhalt eines soeben von unserem uniformierten Postboten in Empfang genommenen Briefes aus Kirchberg/Sa. am Mittagstisch vortrug. Onkel Kurt verstand es gut, mit treffenden, manchmal angenehm weit ausschweifend zu nennenden Worten anschauliche Sinnzusammenhänge zu verfassen, diese niederzuschreiben und uns zugänglich zu machen.

Hier aber stoßen wir im Rückblick auf das ärgste praktische Problem dieses Austauschs: Wir stoßen auf die sehr individuelle Handschrift des Verfassers. Mit dieser „Klaue" hätte schon unser Briefbote seine Schwierigkeiten gehabt, wenn er nicht in jahrelanger Übung als beamteter Dienstmann an diese fliegend zu nennende Handschrift auf den weißen Briefumschlägen gewöhnt gewesen wäre. Nach dem Öffnen des Umschlags mit dem kleinen Taschenmesser behielt sich unser Papa vor, das allseits eng beschriebene Schriftstück zunächst einmal schweigend zu ergründen. Diese konzentrierte Beschäftigung nahm eine Zeitlang in Anspruch. Schließlich setzte er mit dem Vorlesen an, was ihn bald und an vielen Stellen zu kleinen Sprechpausen zwang. Zuweilen, wenn gar unüberwindliche Zeichenkatarakte seiner flüssigen Rede im Wege standen, gab er den Brief auch ratlos an unsere Mutti weiter. Bei ihr begann und bei mir endete das hoffnungslose Gesellschaftsspiel der Identifikation einzelner kryptisch verschlüsselten Begriffe. Hin und wieder konnte es gelingen, gemeinsam ein schwieriges Wort im Kontext mit seiner schriftlichen Nachbarschaft zu deuten oder seinen Wortlaut zumindest sinnstiftend zu vermuten. Waren diese kleinen Klippen überwunden, klangen die Geschlossenheit der Beschreibungen und die angenehme Geschmeidigkeit des Ausdrucks in meinen Ohren schon immer wie von einem anderen Stern kommend nach. Sie standen so sehr im Gegensatz zu unserer überall und alltäglich verwendeten einfachen Ausdrucks- und Sprechweise, wie Musik in meinen heranwachsenden Ohren.

Nun soll nicht der Eindruck von zwei einsamen Solo-Briefeschreibern in unserem Haus entstehen. Hin und wieder traf mit gleichem Absender und mit gleicher Briefmarke auf den Weg gebracht, ein Umschlag mit bestens lesbarer Anschrift und Absender bei uns ein. Er stammte von Tante Anneliese. Ihre Briefe bestachen stets durch strukturierten Redefluss und verfügten ebenfalls über ein sehr ansprechendes inhaltliches Format. Vor allem ermöglichte ihre platzgreifende und schwungvolle, aber äußerst akkurate, Handschrift dem Vorleser eine flüssige Sprechweise.

Im Jahr 1978 verstarb mein Onkel Kurt ebenso überraschend wie unser Papa acht Jahre zuvor. Ab jetzt übernahm Tante Anneliese die gewohnte Korrespondenz aus der DDR. Nach Papas Tod hatten unsere Mutti, mein Bruder Jürgen und ich diese Tätigkeit schon übernommen.

Unser Papa war zu seinen Lebzeiten immer schon darauf bedacht, in der Familie nicht der einzige Briefschreiber zu sein. Mindestens zweimal jährlich war an uns Kinder die Aufforderung zu einem Dankesbrief gerichtet. Für das in einem eigenen Päckchen erhaltene Geburtstags- und das gemeinsam an die Familie übersandte Weihnachtsgeschenk von „drüben", wie man sich so ausdrückte, wenn man von der „DDR" sprach. Auch unsere Mutti griff gelegentlich zur Feder, wenn sie einen ganz persönlichen Dank oder Gruß zu bestellen hatte.

Natürlich fanden die bei uns eingetroffenen Briefe von Onkel Kurt und Tante Anneliese nach unserer ausführlichen Würdigung noch weitere interessierte Leser. Etwa Oma und Opa, die Eltern des Briefschreibers mit der schlimmen Handschrift, sowie Tante Else, seine ältere Schwester und Onkel Hans, sein zweiter Bruder, durften an den Folgetagen selber die ihnen leihweise überlassenen handschriftlichen Dokumente lesen und sich, soweit sie noch von Onkel Kurt selber geschrieben waren, mit den darin eventuell noch immer nicht schlüssig entzifferten Passagen befassen. Nur selten trugen ihre nachträglichen Studien zur Aufhellung der noch ungeklärten Begriffe daraus bei.

Danach fand bis zum Tod meines Vaters jeder einzelne Brief wieder zurück in das Schreibfach hinter der Klappe unseres braunen Wohnzimmerbuffets und verweilte dort so lange als „offener Posten", bis ihm während der nächsten Schreibsitzung am folgenden dienstfreien Sonntag eine ausführliche Antwort mit akribischer Darstellung der jüngsten Ereignisse aus unserer hunsrücker Heimat zuteilwurde. Eine persönliche Begegnung der Geschwister scheiterte aber leider immer wieder an den Widrigkeiten der herrschenden politischen Umstände dieser Zeit.

Briefe von Onkel Kurt

Aus dem geduldig ertragenen Alltagstrott der DDR-Wirklichkeit stachen für meinen Onkel Kurt und meine Tante Anneliese die Sonntage als wahre Inseln der Erquickung hervor. Die Arbeitswoche der beiden war von Montag bis Freitag eingepresst in einen sich täglich wiederholenden Ablauf, der meinen Onkel noch vor fünf am Morgen aus den Federn trieb, um gegen sechs Uhr am Bahnhof Kirchberg/Sachsen die „Bim" für die erste Teilstrecke seines Weges nach Wilkau zu besteigen. Die Bim war eine niedlich anmutende dampfgetriebene Schmalspurbahn, die im Erzgebirge zwischen Schönheide und Wilkau bis zum Ende der Siebzigerjahre noch regelmäßig pendelte. Als Komfort hatte sie ihren werktätigen Fahrgästen nur die gewöhnliche Holzklasse anzubieten. Immerhin waren es Sitzplätze. Die Strecke vom Bahnhof Wilkau zum Zwickauer Hauptbahnhof, in dessen Umgebung mein Onkel als Kontroller in einem staatlichen Industrieunternehmen tätig war, übernahm ein Omnibus. Meine Tante Anneliese hatte ihren festen und sicheren Arbeitsplatz als Chefsekretärin in einem ortsansässigen Textilbetrieb. Sie konnte es am Morgen ruhiger angehen lassen.

Die ausgeübte Tätigkeit meines Onkels in der Unternehmensverwaltung hatte nichts zu tun mit dem einst in Simmern erlernten Friseurberuf und auch nichts mit seinen vielfach in den verschiedenen Lebenslagen nachgewiesenen medizinischen Fähigkeiten und auch nichts mit seinen guten Englischkenntnissen aus Übersee. Offenbar hatte der sozialistische Arbeitsplan der stets unfehlbaren Partei für meinen

Onkel schon kurz nach seiner Rückkehr aus amerikanischer Kriegsgefangenschaft an diesem Platz eine Lebensstellung vorgesehen. Die üblichen Arbeitszeiten lagen von Montag bis Freitag zwischen 7 und 16 Uhr mit einer eingelegten Mittagspause. Der Urlaubsanspruch war deutlich geringer als bei uns im Westen, und vom Verdienst will ich gar nicht reden. Die wirtschaftlichen Verhältnisse in diesem Teil Deutschlands ließen sich wirklich nicht mit denen in unserer Bundesrepublik vergleichen. Zwischen der BRD und Frankreich hätte man, von der Sprache abgesehen, größere Gemeinsamkeiten gefunden.

Wer unter der Leserschaft erinnert sich noch persönlich an diesen Teil der deutschen Geschichte?

Die hierzu passende zweite Hälfte der Betrachtung mit dem Titel „Briefe an Onkel Kurt" geben Einblicke in die westliche Sichtweise der auf den Briefaustausch reduzierten familiären Beziehungen der beiden Büchenbeurener Brüder, der sich jetzt einige Jahre lang zwischen Kirchberg in Sachsen und Kirchberg im Hunsrück ergab. Wenig später verlagerte sich das westliche Domizil unserer Familie von Kirchberg nach Büchenbeuren. Zahlreiche Briefe wechselten während der vielen Jahre des geteilten Deutschlands von der real existierenden „DDR" im Osten zu uns in die Bundesrepublik Deutschland im freien Westen und ebenso viele in umgekehrter Richtung. Briefe waren auch für viele andere Menschen in dem lange Zeit geteilten Deutschland das fast einzige Bindemittel zur Bewahrung der vielen verwandtschaftlichen, grenzüberschreitenden Kontakte.

An gewöhnlichen Sonntagen widmete sich mein Onkel Kurt im sächsischen Kirchberg mit großer Hingabe der Korrespondenz mit seinen Lieben in der fernen Bundesrepublik. Als Adressaten standen natürlich die nahen Verwandten in seinem Geburtsort Büchenbeuren im Mittelpunkt. Dort lebte der größte Teil seiner Familie, die Eltern, die Geschwister und auch wir, die Nachkommen des Bruders.

So lautete seine übliche, alle herzlich einschließende Anrede:

Ihr Lieben!

Der regelmäßige Briefwechsel hatte sich eingespielt wie eine fortwährend anhaltende Unterhaltung, ohne darin auf einer der beiden Seiten eine treibende Kraft erkennen zu können. Wer zuerst geschrieben und wer darauf geantwortet hatte, ließ sich nicht mehr ausmachen. Es gab einen ständigen Austausch. Die Inhalte der Nachrichten bezogen sich auf das alltägliche Leben in den Familien, auf die Schilderung von Freizeitaktivitäten und den Verlauf von besonderen Ereignissen, doch sie konnten nur Monologe sein ohne direkte, reflektierende Antwort des Briefpartners. Darauf mussten sich die Schreiber gewöhnlich zwei Wochen lang gedulden. So lange dauerte es mitunter, bis der Ostbrief von Onkel Kurt seinen Bestimmungsort im Westen gefunden, dort gelesen, an dem nachfolgenden Sonntag von meinem Papa beantwortet und von ihm wiederum als Brief auf die zuweilen widrige Passage über die Grenzanlagen des Eisernen Vorhangs ins Erzgebirge auf den Weg gebracht war.

Jetzt war sein Schicksal so ungewiss wie der gewöhnliche Mensch auf hoher See oder vor Gericht. Hatte man Glück, dauerte der ganze Zyklus von der Entstehung eines Briefs bis zum Empfang der Antwort nur zwei Wochen, doch Glück hatte man nicht immer. Wir wussten das, Onkel Kurt wusste das, jeder wusste das. Und das war der Grund für vorsichtiges Verhalten und seine ständige Bitte und Aufforderung an uns im Westen, sich dieser Vorsicht anzuschließen, sie zu beherzigen. Onkel und Tante wollten keinerlei Anlass geben für eine behördliche Vorladung zu einer politischen Befragung oder zur „Klärung eines Sachverhalts". Das nämlich wäre ein absolutes Hemmnis gewesen im Bemühen, hin und wieder mal Westbesuch empfangen zu dürfen oder selber mal wieder die Verwandtschaft im Hunsrück zu besuchen. Bis zum Mauerbau im Jahr 1961 war das hin und wieder für beide gleichzeitig möglich, für Onkel und Tante zusammen. Danach durfte nur noch einer von beiden in das Staatsgebiet des Klassenfeinds, also in die BRD, reisen. So ganz nebenbei sei aber auf die Möglichkeit eines völlig unkompliziert möglichen Tagesausflugs von Kirchberg/Sachsen nach Hirschfeld hingewiesen. Doch lasst Euch nicht täuschen, hier handelt es sich nicht um Büchenbeurens kleinen westlichen Nachbarort, sondern um den gleichnamigen, ebenfalls kleinen, Nachbarort Kirchbergs im sächsischen Bezirk Zwickau.

In den Fünfzigern und Sechzigern empfingen unsere Lieben in Sachsen viel häufiger Besuch aus dem Hunsrück als umgekehrt. Auch ich durfte als kleiner Junge mit unserer vierköpfigen Familie an der langen und aufregenden Bahnreise über Frankfurt, Bebra und Erfurt nach Zwickau teilnehmen. Bei der Annäherung an die innerdeutsche Grenze wurde es im Abteil ganz still, jedwede Unterhaltung war erstorben. Noch bevor die ersten Uniformierten der „Ostzone" in den Zug einstiegen und sich im Türrahmen unseres Abteils zeigten, war die Stimmung aller Reisenden schon auf den Nullpunkt gesunken. Manch einer im Abteil wurde sichtbar nervös.

In den Wochen davor hatte Tante Anneliese mit Hinblick auf den erwarteten Westbesuch ihr Organisationstalent und ihre persönlichen Beziehungen spielen lassen und hier und da edle und stets knappe Konsumwaren von „unter der Ladentheke" beschafft. Mit der rechtzeitigen Hortung wollte sie uns damit nicht den hohen Lebensstandard in der „DDR" demonstrieren, es geschah aus reiner Gastfreundschaft und als Ausdruck aufrichtiger Freude über den Besuch. Als leuchtende Beispiele dieser Vorsorge möchte ich auf einen kleinen Vorrat an Wernesgrüner und auch Radeberger Pils verweisen, der in mehreren Einkaufsetappen heranzuschaffen war. In den Konsumläden standen diese Exportartikel der eigenen Bevölkerung nur sehr selten zum Kauf zur Verfügung, man war da schon auf einen Insidertipp angewiesen. Gleiches galt auch für den hervorragenden Doppelkorn aus Nordhausen, der auch schon mal so zwischendurch mit den engsten Nachbarn auf der Treppe verkostet wurde.

Schon bei meinen ersten persönlichen Begegnungen mit meinem Onkel Kurt fiel mir seine so völlig andere Sprechweise auf, als ich das von unserer hunsrücker Umgebung gewohnt war. Onkel Kurt sprach Hochdeutsch. Er konnte unser schönes Hunsrücker Platt nicht mehr aktiv anwenden, er konnte es nur noch verstehen. Wie kann das sein, fragte ich mich damals ebenso wie heute. Doch es war eine Tatsache. Es kann keine logische und unabwendbare Folge der frühen Trennung von der einst heimischen Umgebung gewesen sein, denn dann hätte mich selber das gleiche Schicksal ja auch treffen müssen.

Von den gemeinsamen Erlebnissen während dieser persönlichen Besuche zehrten in den kommenden Monaten viele Briefe, insbesondere die in Sachsen geschriebenen. Die zusammen genossenen Erlebnisse der Besuchswoche durchbrachen schließlich den tristen Alltag von Tante und Onkel in der DDR, die nach dem morgendlichen Briefeschreiben ihren Sonntagnachmittag gewöhnlich mit ausgiebigen Spaziergängen zu den das Städtchen umgebenden Hügeln ausfüllten, zum Geiersberg, Borberg oder Schießhausberg. Kleine Ausflüge mit der Bim oder dem Bus entlang des Rödelbachs hinauf ins nahe Erzgebirge gehörten schon zu den besonderen und in der Westkorrespondenz nicht nur erwähnten, sondern ausführlich beschriebenen Ereignissen. Ein privates Auto besaßen beide nicht. Ohne einen Führerschein wäre das auch eine widersinnige Anschaffung gewesen.

Auch der Tagesablauf und die Familienschicksale der übrigen Mitglieder der Hausgemeinschaft gehörten stets zu den Themen der Briefe aus Sachsen. Für uns hatten diese Informationen auch deshalb Bedeutung, weil wir bei unseren eigenen Besuchen dort die zirka zwanzig Mitbewohner des Hauses persönlich kennen- und zumeist auch schätzen lernten. Doch da gab es Ausnahmen.

„Seid vorsichtig im Umgang mit Frau X oder mit Herrn Y aus dem dritten Stock", lautete schon mal die vorsorgliche Mahnung aus dem Mund unserer Tante Anneliese. Sie kannte ihre Mitmenschen im eigenen Haus am längsten und konnte ihre Verlässlichkeit und auch das Maß der Linientreue am besten einschätzen. Ihre Namen kamen in unserer Korrespondenz nicht vor, nicht in der von Ost nach West, noch in der von West nach Ost.

Das Backhaus und das Bauernbrot

Früher, als es im Dorf noch ein Backhaus gab, haben alle Leute ihr Brot selber gebacken. Ja, vielleicht nicht alle, aber doch die, die auch eine kleine Landwirtschaft betrieben, und das waren die meisten. Damit es von überall gut erreichbar war, stand das Backhaus mitten im Dorf. Es markierte die Grenze zwischen dem Unterdorf im Osten und dem Oberdorf im Westen. Sein Spitzdach trug an der Giebelseite zur Straße hin einen kleinen mit Schiefer beschlagenen Reiter mit einer Glocke darunter, deren Zugseil bis hinunter zu den ersten Stufen der steilen Holztreppe zur ersten Etage hin reichte, in der ein Schulungsraum untergebracht war. Die Glocke diente dem Gemeindevorsteher als Rufer für Versammlungen der Dorfbewohner.

Innen und ebenerdig verfügte das Backhaus über zwei tiefe und breite Backöfen, einer für die Leute aus dem Oberdorf und der andere für die Leute aus dem Unterdorf. Eine breite stabile Holztür führte von der Giebelseite an der Hauptstraße in das Gemeinschaftsgebäude hinein, und darin war der einzige große Raum ringsherum mit stabilden, fest montierten Tischen eingerichtet. Auf diese konnte und durfte man sich auch setzen, denn dazu gab es sonst keine Gelegenheiten. Die ganze Inneneinrichtung war furchtbar schwarz vom vielen Ruß und Qualm. Über dem Erdgeschoss mit den zwei Backöfen und unter dem Dachreiter mit dem Glöckchen befand sich noch ein Unterrichtsraum, der zeitweise als Berufsschule benutzt wurde für die Buben und Mädchen, die nach ihrer Schulentlassung nichts erlernt, die keinen Beruf ergriffen hatten, die dennoch berufsschulpflichtig waren. Bei diesen Jugendlichen handelte es sich nicht um Versager, eher um Menschen, deren erste Berufsentscheidung der Wunschvorgabe ihres Elternhauses gefolgt war und darauf abzielte, den eigenen kleinen landwirtschaftlichen Betrieb als Erbe weiterzuführen. Doch mit jedem Jahr wurde es deutlicher, dass diese Art der bäuerlichen Kleinbetriebe keine auskömmliche Zukunft haben konnte.

Auch die untere Etage des Backhauses diente nicht nur dem Backvorgang. Wenn der Vorsteher die Glocke geläutet hatte, strömten die Dorfbewohner zu diesem Versammlungsort. Bei diesen Gelegenheiten hatte der immer etwas mitzuteilen, das die Dorfbewohner, die in der Gemeinschaft organisiert waren, wissen mussten. Das waren alle haupt- und nebenberuflichen Landwirte. Die zu behandelnden Themen drehten sich darum, wann man wieder Gemeindefrondienste zu leisten hatte wie zum Beispiel, wann im Gemeindewald das geschlagene Holz auf Klafter gesetzt oder wann das Heu oder der Krummet für den Gemeindestier geschnitten und eingefahren werden sollte. Auch andere Gemeinschaftsthemen wurden hier meist besprochen, demokratisch beraten und verbindlich organisiert.

Ganz früher gab es ja mal zwei Getreidemühlen im Dorf, die obere Mühle am „Walerweg" und die untere Mühle hinter „Gasse Heck". Beide Mühlen wurden von dem munter fließenden Wasser des Hirschbachs angetrieben. Die obere in Dorfnähe und die untere am weiteren Bachlauf nahe der Nachbargemeinde Niederweiler. Es hat mir immer gefallen, wenn mein Opa und ich schon früh am Morgen mit drei großen Säcken voller Getreide auf dem Leiterwägelchen zu der oberen Mühle am „Walerweg" gefahren sind, um zuerst den Weizen zu Weißmehl, dann den Roggen zu Brotmehl und zum Schluss die Gerste zu Futterschrot zu verarbeiteten. Ich kann mich noch gut daran erinnern. Nach dem Neubau der modernen elektrischen Mühle im Zentrum des Dorfs, die gleichzeitig Mahlen und Schroten konnte, senkte sich die Romantik unserer Wassermühlen am Hirschbach als kultureller Schatz tief in meine Erinnerungen.

Ja, ich wollte euch aber vom Backen erzählen. So alle zwei bis drei Wochen haben die Frauen frisches Brot gebacken. Dafür nahm man natürlich nur sein eigenes Mehl, das man am Abend vorher schon mit dem Sauerteig vom letzten Backvorgang und der gekauften Hefe mit ein wenig warmem Wasser aus dem Schiff vom Küchenherd mit etwas Salz in der hölzernen Backwanne angesetzt hatte. Das war immer die Arbeit der Frauen, deswegen weiß ich nicht mehr so ganz genau, wie das vonstattenging. Ich glaube aber, als Rohstoff nahmen unsere Mütter, Großmütter und Tanten nur das Brotmehl, also das Roggenprodukt, kein, oder nur einen kleinen Anteil vom Weißmehl, das aus Weizen hergestellt worden war. Weißmehl war dem Kuchen vorbehalten, den es an jedem Sonntag gegeben hat.

Bei der Verarbeitung von Roggenmehl ist der Sauerteig ganz wichtig für das Gären des Brotteigs, die Hefe alleine kann das nicht leisten. Deswegen ist es auch so nötig, davon immer ein wenig übrig zu lassen oder vor dem Backvorgang als vererbbares Backgut abzusondern. Dem Zaubermittel hat die Hunsrücker Mundart einen eigenen Begriff gewidmet: „Däsem"! Unsere Bäckerinnen ließen ihn trocknen, füllten ihn in ein Leinensäckchen und ließen ihn darin am stets offenen Fenster der Küchenkammer im leichten Luftzug hängen. Hier konnte er auf natürliche Weise trocknen, und seine Haltbarkeit zeigte vor dem nächsten Backtag fast keine Begrenzung. Ein MHD war nicht nötig. Hin und wieder zeigten auch die kleinen grauen und flinken vierbeinigen Bewohner der Kammer Interesse an dem baumelnden Säckchen, doch offenbar schmeckte ihnen der Inhalt nicht so wie die konkurrierenden Nahrungsangebote an den blanken Fleischhaken. So blieb genügend „Däsem" für den nächsten Backtag übrig.

Meistens backte man so acht bis zehn Brote auf einmal. Der Vorrat sollte schon für zwei Wochen reichen. Das hing natürlich von der Anzahl der zu versorgenden Personen ab. Im Sommer waren es mehr Brote, weil die ständige Arbeit der ganzen Familie auf den Feldern und Wiesen eine Streckung der Backintervalle erforderte. Dann kam es bei anhaltend feuchter Wetterlage schon mal vor, dass die letzten Brote in der Bankkiste ein wenig schimmelig geworden waren. Die Neigung dazu hatte auch mit der Qualität der Getreideernte im Vorjahr zu tun. Konnte der Feuchtigkeitsgehalt des Roggens trotz ständigen Umschaufelns auf dem Dachboden nicht auf einen akzeptablen Stand gesenkt werden, übertrug sich die Nässe durch den Mahlvorgang auch auf das Brotmehl. Bei den fertigen Brotlaiben zeigte sich dann hin und wieder eine Loslösung der Rinde von dem dennoch gut ausgebackenen Inneren des

Bauernbrots. Unter der braunen Brotrinde entstand eine gut sichtbare und gewölbte Höhle, in der sich ein grünblaue Schimmel bildete. Das schreckte uns aber nicht. Man schnitt die sichtbaren Partien des Schimmelbefalls einfach ab und mengte sie unter das Schweinefutter. Was übrig blieb, aß man selbst. Von vielleicht tief verankerten Schimmelsporen sprach niemand.

Jetzt komme ich schon wieder vom Backen etwas ab, es gibt ja auch so viel zu erzählen! Die hölzerne Backwanne war bei so viel Brotteig ordentlich gefüllt, und für die Frauen muss es ganz schwer gewesen sein, mit ihren zwei Armen und Händen den steifen Teig so lange zu kneten, bis er der eigenen Vorstellung entsprach, er gut war und danach das erste Mal „gehen" konnte. Meistens hatte die „Jungefrau" diese Arbeit zu verrichten, und die Schwiegermutter passte auf, dass sie das auch richtig ausführte.

Die ganze Backeinrichtung hatte stets in der Küche neben dem befeuerten Herd ihren Platz, weil dort wegen der ausgestrahlten Wärme der Brotteig am besten auftreiben konnte. Hatte er nach ein paar Stunden sein Volumen in der erwarteten Weise vergrößert, schlug man ihn zusammen und knetete ihn noch einmal mit Armen und Händen. Erst nach einer weiteren Pause teilte die Bäckerin davon mit dem „Kadebliedche", einem flachen Spachtel, einzelne Portionen so groß wie Kindsköpfe ab. Diese Teigklumpen füllten die „Rempcher", also die aus Stroh geflochtenen und mit frischen Leinentüchern oder anderen sauberen Lappen ausgelegten Körbchen.

Der Transport der ungebackenen Brote mit dem handgezogenen Leiterwägelchen zum Backhaus in der Dorfmitte war so gut vorbereitet. Damit man überhaupt so viele Brote auf einmal damit befördern konnte, brauchte man die Leiter aus der Scheune, die zum ersten Heuboden hinaufführte. Mit ihrer vollen Länge von fast drei Metern erweiterte sie die Ladefläche des Handwägelchens erheblich. Wenn sie für all die vorbereiteten Brotkörbchen noch immer nicht ausreichte, kamen die restlichen darunter neben den Eimer mit der Bürste und dem anderen Kram, der bei dem Backvorgang noch dienlich war.

Etwa zwei Stunden vorher musste man im Backhaus das bereits am Vorabend von zu Hause herangeschaffte Reisig in dem zugeteilten Backofen in Brand stecken. Das machte bei uns die Oma. Weil ja meistens ein Backofen gleichzeitig zwei Haushalten diente, reichten von jedem Backpartner zwei bis drei Bündel Reisig, um dem Ofen zur nötigen Betriebstemperatur zu verhelfen. Zusammen waren das vier bis fünf Bündel mit trockenem Reisigholz. Es war schon ratsam, das Feuer im Ofen ständig im Auge zu behalten, damit es nicht vorzeitig in sich zusammensank und seine aufheizende Aufgabe verfehlte. Nicht immer brachte das verwendete Reisig die notwendige Trockenheit mit.

Wenn nun die Frauen beider Famlilien mit ihren Kindern und den Handwägelchen mit den gefüllten Brotkörbchen im Backhaus angekommen, und die Brotlaibe auf die stabilen Tische abgeladen waren, musste zunächst die Glut aus dem Backofen gescharrt werden. Das geschah mit der „Kist", einem speziell dafür gefertigten Werkzeug, ein rechtwinklig angebrachtes dreieckiges Brettchen am Ende einer langen Stange. „Kist" und „Schieß" gehören im Backhaus so zusammen wie Löffel und Gabel auf dem Esstisch. Die „Schieß" besteht aus einer ebenso langen Stange mit einem vorne angebrachten und nach allen Seiten hin abgeflachten Einschießbrett in der Größe eines Bauernbrots.

Ein leichtes Anheben des hölzernen Griffs an der schwarzen Eisenklappe ließ diese elegant nach oben gleiten. Zwei gut austarierte Gegengewichte, die sich jetzt an beiden Seiten senkten, machten das möglich. Der Arbeitsvorgang erforderte Geschick und Erfahrung. Die im ganzen Ofen verstreute aktive Glut sollte zuerst am Eingang versammelt und dann mit wenigen energischen Handgriffen über die vordere Kante herausgescharrt werden. Dieser Vorgang erzeugte ein wahres Feuerwerk an glühenden Funken, und der aufwallende Qualm entwich elegant durch die großzügige seitliche Esse in die frische hunsrücker Luft. Die glühende Kohle lag jetzt in der Grube unter dem heißen und noch leeren Ofen. Jetzt griffen die Frauen zu den gefüllten Wassereimern, um die Kohlen vor dem endgültigen Verbrennen zu bewahren. Sie sollten nicht verloren sein, sondern in einem zweiten Leben einer neuen Aufgabe dienen. Diese bestand z. B. darin, die heimische Wohnstube an Sonntagen mit dieser selbst produzierten Holzkohle zu heizen.

Nun wusste man ja nicht, ob der Backofen heiß genug war oder vielleicht auch schon zu heiß. Ein Thermometer gab es nicht. Stattdessen steckten die erfahrenen Frauen ein paar Gerstenähren senkrecht in den Spalt der „Schieß" zwischen dem langen Stiel und dem flachen Einschießbrett. Diesen genialen Sensor führten die geschickten Dirigentinnen an der langen Stange mehrmals in dem ganzen Backofen umher. Die Ähren mussten bei dem Messverfahren schön braun werden. Wurden sie schwarz oder fingen sie gar Feuer, war der Ofen noch zu heiß für das Einschießen der auf den stabilen Tischen in ihren Strohkörbchen noch wartenden Brotlaibe.

Auf dem Boden vor dem Backofen entstieg der abgekühlten Holzkohle noch immer der weiße Wasserdampf. Um sie vorerst aus dem Arbeitsbereich zu entfernen, war sie schnell erst einmal in das flache Loch unter dem Backofen geschaufelt und damit dem Arbeitsbereich aus dem Weg geschafft.

Nun kam die „Schieß" zu ihrem eigentlichen Einsatz. Ein Strohkörbchen nach dem anderen kippte eine der Frauen routiniert auf das Brett der „Schieß", eine andere drückte schnell mit ihrem Finger eine sanfte Vertiefung in die Mitte des nackten Teigklumpens, bevor sie mit der weichen Handbürste den Laib geschickt mit Wasser einrieb. Die dritte Bäckerin schob die Ladung jetzt tief in den glühenden Ofen hinein, so weit wie es ging. Die einzelnen Laibe mussten auf Abstand bleiben, weil sie sich nach allen Seiten noch ausdehnten. Hatten sie sich dennoch im Ofen berührt, sahen sie hinterher aus, als seien sie zusammengewachsen. Die leichten Schönheitsfehler schmälerten nicht die Qualität der fertigen Produkte.

Wenn an Samstagen Brot gebacken wurde, und im Ofen noch Platz war, konnten am Schluss noch ein paar Kuchen dazukommen. Die saftigen Pflaumenkuchen, die knusprigen Streuselkuchen und die herzhaften Birnenfladen waren dazu sehr geeignet und von der ganzen Familie begehrt. Alle waren aus Hefeteig hergestellt und schmeckten mir besonders morgens zum Frühstück am besten.

Nach etwa 90 Minuten Backzeit war es so weit, die Brote mussten jetzt fertig gebacken sein. Vorher aber waren die eventuell vorhandenen Kuchen rechtzeitig aus dem noch heißen Ofen zu nehmen und am besten sofort nach Hause zu bringen. Sie kamen meistens mit einer Stunde Backzeit aus.

Manchmal, wenn der Ofen trotz aller Vorsicht doch keine gleichmäßige Hitze aufwies, nahmen die in der Gefahrenzone betroffenen Brote eine hässliche schwarze Färbung an. Es half nichts, sie waren verbrannt. Das aber nur äußerlich, denn der Schaden war durchaus mit dem Messer behebbar.

An manchen Backtagen folgte noch eine dritte Produktionslinie: Die Kaffeeröstung! Als Ersatz für den teuren Bohnenkaffee aus dem Kolonialwarenladen setzte der Hunsrücker schon seit Generationen seine selbst angebaute Gerste ein. Daraus entstand der „Muckefuck", ein Alltagskaffee für die ganze Familie, auch für die Kinder. Der echte Bohnenkaffee blieb den Sonntagen, Familienfeiern und anderen besonderen Anlässen vorbehalten. Die Gerstenkörner vom Dachboden mussten natürlich gebrannt, beziehungsweise geröstet werden. Das geschah auch im „Backes" als letzter Arbeitsgang mit der im Ofen noch verbliebenen Resthitze auf großen rechteckigen Kuchenblechen. Das wohlriechende Produkt ergänzte den zur Neige gehenden Vorrat an Muckefuck in der großen Blechdose auf dem oberen Brett der Küchenkammer.

Die schönen, frischen, runden Bauernbrote mit den groben mattbraunen Rinden und dem Loch in der Mitte traten jetzt auf dem Handwägelchen unter einem weißen Leinentuch ihre Heimfahrt an. Dazu war die Leiter aus der Scheune nicht mehr nötig, denn sie ließen sich auf dem engen Raum des kleinen Wagens platzsparend stapeln. Dort angekommen, verströmten sie im ganzen Haus ihren appetitlich frischen Brotgeruch und wanderten nach dem völligen Auskühlen in der Küche in die Bankkiste, wo sie, hochkant wie die Bücher im Regal, hineingestellt und mit einem ausgedienten Bett- oder Tischtuch abgedeckt auf ihren Verzehreinsatz warten mussten. Die Produke des heutigen Backtags mussten so lange vorhalten, bis wieder die Reihe ans Backen gekommen war.

Zum Schluss sammelten Opa und ich in unserem „Backes" die erkaltete Holzkohle in Zinkeimer ein und fuhren diese auch mit dem vielseitig verwendbaren Leiterwägelchen nach Hause ins Oberdorf. Opa hat vorne an der Deichsel gezogen, und ich habe hinten geschoben.

Begegnung mit dem Weltmeister

Heute, am 31.Oktober 2020, wo ich diese spezielle Erinnerung an eine besondere Begegnung aus meiner Jugend für euch zu Papier bringe, ist nicht nur Reformationstag und Weltspartag, nein, heute vor 100 Jahren wurde Fritz Walter geboren.

An diesen großen Sportler und bescheidenen Menschen aus der Pfalz erinnert unsere Zeitung in ihrer heutigen Wochenendausgabe mit einem zweiseitigen, ausführlichen Bericht aus dem sportlichen Leben des Kapitäns unserer Weltmeistermannschaft von 1954. Noch heute sind dies nicht nur für mich beeindruckende Rückblicke auf ergreifende Momente aus längst vergangenen glorreichen Fußballtagen.

Über den Mannschaftsführer der Weltmeistermannschaft von 1954 ist da vieles nachzulesen, was noch heute mein Herz höherschlagen lässt. Auch die Konterfeis all seiner Weltmeisterkameraden einschließlich ihres legendären Trainers Sepp Herberger sind dort gleich unter dem Bilddokument des Gewinnertores aus dem Berner Finale und dem der triumphierenden Pose der beiden großen Fußballgiganten auf den Schultern des begeisterten Publikums abgedruckt.

Der spontane Kommentar des unvergessenen Sportreporters Herbert Zimmermann zu dem Siegestor der deutschen Nationalmannschaft in der 84. Minute des Endspiels vom 4. Juli 1954 aus dem Wankdorfstadion in Bern:

Aus dem Hintergrund müsste Rahn schießen,
Rahn schießt – Tooooor! Tooooor! Tooooor!

Dieser gelungene Rückblick in die deutsche Fußballgeschichte ließ außer den Erinnerungen an die zeitgeschichtlichen Bilder bei mir noch ganz eigene aufkommen, war mir der Weltmeister aus der Pfalz doch einmal schon höchstpersönlich begegnet, und das kam so:

Es muss im Sommer 1960 gewesen sein, als unsere Hunsrücker Zeitung das bevorstehende Freundschaftsspiel der Altherren-Mannschaft des 1. FC Kaiserslautern gegen die gastgebende Auswahl der Altherren-Kicker aus dem ganzen Hunsrück ihrer Leserschaft ankündigte.

Das Spiel war für Samstagnachmittag um 15 Uhr angesetzt mit Kartenvorverkauf und auch direktem Verkauf an dem einzigen Kasseneingang des Hunsrückstadions in Simmern.

Das war ja für uns mal ein Ereignis, bei dem man dabei sein musste!

Wir waren drei Buben aus der B-Jugend-Mannschaft des TuS Büchenbeuren, die sich an diesem Samstag schon vor dem Mittagessen mit ihren Fahrrädern in die Kreisstadt Simmern aufmachten, um ja noch rechtzeitig dort zu sein und nichts zu verpassen. Es war ein Weg von 20 km.

Wie das Spiel so im vollen Gange war, gab es für den 1. FCK einen Eckball, und diesen hat der Weltmeister Fritz Walter persönlich von der rechten Seite aus getreten. Wir drei Buben von der B-Jugend des kleinen Hunsrückdorfs standen in diesem Augenblick genau an der richtigen Stelle neben der Eckfahne. Dem Fritz hätten wir am Trikot zuppeln können, so nahe sind wir unserem Fußballidol gewesen.

Die persönliche Begegnung mit dem Altmeister des Fußballs war der absolute Höhepunkt in unserem sportlichen Leben und bot zugleich einen Ausblick über die eng gezogenen Grenzen der Region. Leider hat sich damals keiner von uns mit Fritzens Fußballkunst infiziert.

Die Maus in der Dickmilch

Als es in unserem Haushalt noch keinen Kühlschrank und keinen Gefrierschrank gab, bewahrten wir unsere Essensvorräte gewöhnlich in der Küchenkammer auf. Dies war ein kleiner, unbeheizter Raum hinter der Küche, und nur von dieser durch eine schmale Tür zugänglich. Eine Längsseite war mit einfachen Unterschränken ausgestattet, über denen stabile Regale aus groben und breiten Brettern montiert waren. Sie boten Stellplätze für dies und das, Töpfe, Pfannen, Körbe, Brot in der Brotdose, Beutel mit und ohne Inhalte. Die Wand gegenüber war mit Haken besetzt, zur Aufnahme verschiedener Werkzeuge wie Besen, Schrubber, Schaufel, Handfeger und die dunkelblaue Kittelschürze meiner Oma. Darunter auf dem Boden standen nebeneinander aufgereiht die Arbeitsschuhe aller Familienmitglieder. Die schmale Außenwand an der Stirnseite zum Garten besaß ein kleines Fenster mit einem Holzrahmen und einem darin fest montierten Fliegengitter. Wegen der frischen Luft stand dieses Fensterchen stets offen, und der Fliegendraht hielt zuverlässig die lästigen Mücken und auch sonstige wilde Tierchen draußen.

Das war vor allem im Sommer wichtig, denn die Kammer diente hauptsächlich zur Aufbewahrung der Küchenvorräte. Dazu gehörten die allgemeinen Reserven an Mehl, Zucker, Salz, Gemüse und Konserven wie auch die Speisereste des Tages und die im Anschnitt befindlichen Wurstwaren, der Schinken am Haken in einem Leinensäckchen, die Marmelade, der Käse, die Butter in der Dose, die Milch in der Aluminiumkanne und natürlich auch unsere Dickmilch im Steinkrug.

Es war die Frischmilch von vorgestern, hergestellt und geliefert von den eigenen Kühen aus dem eigenen Stall. Aus dem für den Selbstverzehr zurückgehaltenen Anteil der produzierten Milch sonderte meine Oma täglich einen Steinkrug voll ab, um sie in diesem dickwandigen Gefäß dem selbständigen Reifungsprozess zu überlassen, der die frische und unbehandelte Milch innerhalb von zwei bis drei Tagen zunächst sauer und dann dick werden ließ. Natürlich schmälerte der Eigenverbrauch die Menge der täglichen Ablieferung an die Molkereigenossenschaft ein wenig.

In allen Häusern war die Dickmilch ein ganz besonders im Sommer hoch geschätztes Lebensmittel. Sehr gut erinnere ich mich an unsere leckere regionale Spezialität „Bratkartoffeln mit Dickmilch".

Sie konnte gerne als ein Mittag- wie auch als ein Abendessen auf den Tisch kommen. In den Jahren zwischen Lausbube und Großvater mag dieses Tellergericht in meiner ehemaligen Hunsrückheimat etwas außer Mode gekommen sein, hat aber in meiner Einschätzung keineswegs an Attraktivität verloren.

Auch als erfrischendes Getränk war unsere dicke Milch stets und überall sehr beliebt. Als geschmackvoller Durstlöscher und Genussmittel zu allen Tageszeiten, wie auch vor allem als Begleiter zum täglichen Abendbrot mit „kalter Küche", also zu mit Wurst, Schinken und Käse belegten Butterbroten, war und ist die Dickmilch nicht zu übertreffen.

Während ihres Reifeprozesses bildete die in der Küchenkammer im Steintopf ruhende Kuhmilch an der Oberfläche bald eine feste gelbe, und schließlich dicke, Rahmschicht, die fast aus reiner Butter bestand. Je höher der Fettanteil der rohen Milch aus dem eigenen Kuhstall gewesen ist, desto besser und dicker prägte sich dieses Qualitätsmerkmal an der Oberfläche aus. Einen Happen aus diesem Fettdeckel aß ich am allerliebsten schon vorab mit dem Suppenlöffel. So wie mein Vater, mischte auch ich sehr gerne ein Löffelchen mit Zucker in meiner großen Tasse mit der köstlichen schneeweißen Dickmilch und den deutlichen Anteilen des zuvor oben abgesetzten gelben Rahms. Das schmeckte uns beiden besonders gut und war durch nichts Anderes zu ersetzen.

Unter der Kontrolle meiner Oma reiften im Sommer auf den Regalbrettern der dunklen Vorratskammer hinter der Küche stets drei Tagesgenerationen der Kuhmilch in verschiedenen Henkelkrügen aus Steinzeug gleichzeitig zu der allseits geschätzten Dickmilch heran. Sie enthielten die ehemalige Frischmilch von vorgestern, von gestern und die aktuelle von heute.

Eines Abends, als wir den großen Krug mit der fertigen Dickmilch aus der Kammer holen und auf den schon gedeckten Abendbrottisch stellen wollten, zeigte sich mitten in der dicken Rahmschicht an der Oberfläche ein kleiner schwarzer Punkt. Oma meinte, der Pickel sei eine Fliege oder eine Spinne, sie wolle ihn jetzt schnell beseitigen. Ihr Versuch, diesen störenden Tupfen mit der Spitze eines Esslöffels herauszuheben, scheiterte kläglich. Mit dem Eindringen der Löffelspitze in die Oberfläche tauchte der unbekannte Fremdkörper einfach ab und war jetzt unsichtbar geworden. Auch beim zweiten Versuch

196

entzog er sich unseren Blicken, wurde bald aber wieder an gleicher Stelle sichtbar.

Jetzt nahm Oma entschlossen ihre Hand zu Hilfe. Mit Daumen und Zeigefinger der rechten Hand langte sie vorsichtig in die schöne gelbe Fettschicht der delikaten Dickmilch und nahm den dunklen Punkt sofort in die Zange ihrer kurzen, kräftigen Stummelfinger. Diesmal erwischte sie das ärgerliche Ding und hielt es fest im Griff. Langsam zog sie ihre Hand zurück und damit verlängerte sich der schwarze Punkt zu einem deutlichen Faden, der immer dicker und schwerer wurde, und an dessen Ende kopfüber eine ausgewachsene graue tote Maus baumelte.

Eigentlich wäre der Maus die leckere Dickmilch ja zu gönnen gewesen. Als Haustier teilte sie offensichtlich ganz freiwillig den feinen Geschmack ihrer Herrschaften und hätte von diesen als Referenz für die artenübergreifende hohe Güteeinschätzung des hausgemachten Milchprodukts genutzt werden können. Ich glaube, an diesem Abend gab es bei uns keine Dickmilch zum Abendbrot. Darüber freuten sich die Schweine im Stall, und wir tranken das klare Wasser aus der Leitung.

Spritztour nach Traben-Trarbach

Onkel Ernst war ein Automann. Er besaß nicht nur einen Lastwagen, mit dem er in seinem Fuhrbetrieb als Soloselbständiger das Familieneinkommen verdiente, nein, er besaß auch ein Personenauto, das er nur zum Spaß für sich und seine Familie angeschafft hatte. Es war ein gebrauchter Volkswagen aus den frühen Fünfzigerjahren, Modell „Käfer Standard", wie man so sagte, mit einem ovalen Heckfensterchen über dem luftgekühlten Boxermotor, der genau vierundzwanzigeinhalb PS leistete. Diese Kraft übertrug der Vierzylinder mit den 1200 Kubikzentimetern Hubraum weit hörbar und stets zuverlässig über ein nicht synchronisiertes Vierganggetriebe auf die Hinterachse unter dem Antriebsaggregat. Das Auto besaß alles, was zum Fahren nötig war, was es nicht bieten konnte, das brauchte man auch nicht. Die Farbe war schwarz, innen wie auch außen, und es war auch das erste Auto in unserer ganzen Verwandtschaft, wenn man von dem Tempo Matador meines Onkels Fritz absah, der damit die Transporte für seinen Klempnerbetrieb ausführte.

Der schwarze Käfer aus Blech hatte in seinem langen Vorleben unter wechselnder Herrschaft schon so um die Hunderttausend Kilometer unter seine schmalen Räder genommen, genau war das nicht mehr feststellbar. Die Reihe seiner Vorbesitzer ging jedoch lückenlos aus den Einträgen in dem amtlichen Kraftfahrzeugbrief hervor.

Der schwarze Pkw mit den zwei Türen und den fünf zugelassenen Sitzplätzen verbrachte seit seiner Übernahme die meiste Zeit bewegungslos neben

198

dem Stellplatz für das Lastauto und einigen anderen gewerblich genutzten Gegenständen in der Garage meines Onkels, deren Vorplatz an eine abschüssige Straße grenzte. Doch die Garage war kein geschlossener Raum, es gab kein verschließbares Tor, alles war frei zugänglich.

Wie schon bemerkt, war das kleine Auto ein Luxusgegenstand, es diente fast nur der Lebensfreude, der „Pläsier", wie man in unserer ehemaligen Französischen Besatzungszone links des Rheins so sagte.

Dann kam die Zeit, in der mein „Blechlasch Opa" erkrankte, und er musste wöchentlich mehrere Male zur Bestrahlung nach Bad Kreuznach in die Diakonie gebracht werden. Da kam das Auto als Transportmittel gerade recht, denn es gab keine passende öffentliche Busverbindung und die Bundesbahn konnte die Hin- und Rückreise an einem Tag und rund um die gebotene medizinische Behandlung nicht leisten. Die Aufgabe des Chauffeurs für die nötigen Fahrten vom Hunsrück an die Nahe hatten sich meine drei Onkel zu teilen, sie besaßen alle einen Führerschein. Mein Vater hatte keine Fahrerlaubnis, deswegen kam er für den Fahrdienst mit dem Pkw nicht infrage. Schon zu Beginn der Sechzigerjahre hatte der schwarze Volkswagen seinen wechselnden Fahrgästen aus unserer großen Familie mit sinnvollen und auch überflüssigen Ausfahrten viel Freude gestiftet. Jetzt aber war die reine „Pläsier" an diesem Transportmittel einer ernsthaften Aufgabe gewichen.

Im jugendlichen Alter von sechzehn, siebzehn Jahren standen wir Dorfbuben wie schon so oft an einem spätsommerlichen Samstagnachmittag zusammen und berieten, was an diesem Abend für uns denn noch so zu unternehmen wäre. Welche Möglichkeiten der Beschäftigung und der „Pläsier" boten sich in unserem kleinen Hunsrückdorf an diesem warmen Augustabend?

„Ei", sagte einer, „in Traben-Trarbach ist Weinfest, da könnten wir doch hinfahren."

Der Gedanke war gut, doch mit den Mopeds wollten wir an diesem Abend nicht gerne die fünfzehn Kilometer lange Strecke und die vielen Serpentinen, die zur Mosel führen, auf uns nehmen. Natürlich dachten wir auch gleich an den Rückweg, wieder fünfzehn Kilometer, und in der Nacht sollte es kalt werden. Da sahen alle wie auf ein Kommando den Klaus an, meinen Cousin, den Sohn meines Onkels Ernst. Klaus spürte die Blicke und konnte sie auch sofort deuten. Doch er guckte dann seinerseits hin zu Fredy. Der war der älteste von uns Vieren und der einzige, der schon einen Führerschein der Klasse drei besaß, der zum Fahren eines Pkw's berechtigte.

Schnell war der Plan gemacht. Es gab noch keine Sommerzeit, und im August war es abends um halb zehn schon dunkel genug, um das schwarze Auto mit vereinten Kräften geräuschlos aus der offenen Garage des Onkels unbemerkt hinauszuschieben. So setzten wir den Plan ganz ohne Generalprobe auch gleich um, denn die Zeit drängte. Um die Lärmentwicklung beim Start des luftgekühlten Viertakters mit dem elektrischen Anlasser zu vermeiden, setzten wir uns alle gleich in das schwarze Blechstübchen hinein, traten die Kupplung, legten den zweiten Gang ein und ließen das Auto die abschüssige Straße hinunterlaufen, die an dem Anwesen vorbeiführte. Die Zuverlässigkeit des Volkswagens ließ uns nicht im Stich, der Motor sprang sofort an. Natürlich saß Fredy, der mit dem Führerschein, am Steuer. Doch Klaus, als Mechanikerlehrling im dritten Lehrjahr bereits ein versierter Autofahrer ohne Führerschein und Vertreter des Eigentümers, überwachte vom Beifahrersitz aus Fredys Fahrkünste. Max und ich drängten uns mit angezogenen Knien auf der schmalen Rückbank. Er saß beengter, denn seine Beine waren länger als meine. Sicherheitsgurte waren zu dieser Zeit noch nicht verpflichtend vorgeschrieben.

Nach den vielen, teils sehr engen Windungen der Serpentinen hinter Irmenach zur Mosel hin kamen wir bald gut in Traben-Trarbach an und suchten dort gleich den Festplatz auf. In dem großzügig angelegten Gelände unter wolkenlosem Abendhimmel fanden wir zwischen den vielen Weinständen, Wurstbuden und sonstigen Vergnügungsstätten auf der mit schmalen Bänken und Tischen gut ausgestatteten Wiese rund um das Tanzpodium gute Sitzplätze mit Überblick über die große Schar der tanzwilligen weiblichen Jugend. Damals forderten die Veranstalter der Moselaner Weinfeste – meistens waren es Vereine - vor jedem Betreten der Tanzfläche von ihren männlichen Gästen einen Obolus von zwanzig oder dreißig Pfennigen, also von zwei oder drei Groschen. Erst danach gaben die Wächter den Weg über das kleine Treppchen auf die Tanzdiele frei. Gelegentlich war die Sache mit dem Eintritt auch so organisiert, wie wir es bei unseren Dorffesten auf dem Hunsrück hielten. Dort gab es am Eingang gegen eine geringe Gebühr bunte Tanzbändchen mit dauerhafter Gültigkeit für den ganzen Abend, die am Handgelenk zu tragen waren.

Als Eintreiber für die Lizenzen zum Tanzen nach den Takten der auf den Weinfesten verfügbaren Live-Musik hatten die Vereine ihre jungen männlichen Mitglieder mit den breiten Schultern eingesetzt. Ihnen zu widersprechen, wäre nicht ratsam gewesen. Diese zuverlässigen Einnehmer besetzten wie eine militärische Schildwache die beiden Treppchen, die als einzige Zugänge zu der erhöhten Tanzfläche auf dem rundum reich geschmückten Podium führten.

Natürlich tranken auch wir den ausgeschenkten Festwein aus den typischen kleinen gläsernen Probierbechern mit dem bescheidenen Fassungsvermögen von einem Zehntelliter und dem darauf eingeprägten Wappen der Doppelstadt Traben-Trarbach. Nicht immer war sein Konsum ein Genuss für Gaumen und Zunge. Selbsternannte Sommeliers wiesen dem Tropfen schon mal unumwunden die verurteilende Geschmackseigenschaft „sauer" zu, besonders dann, wenn er der Riesling-Traube abgepresst war. Doch unser Fahrer Fredy machte sich nichts aus dem Festwein, ob süß oder sauer, und das war gut so und diente unser aller Sicherheit. Seine Abstinenz bezog sich nur auf das Himmlische Moseltröpfchen in den kleinen Gläsern, nicht aber auf die jungen, bunten Schmetterlinge mit den rauschenden Petticoats, die dieses geistvolle Getränk auf ihren runden Tabletts den zahlreichen Festbesuchern ständig feilboten. An diesem Abend hatten die Veranstalter mit ihrem Servierpersonal ohne Zweifel ihre Auslese ins Rennen geschickt.

Die reizvollen Elfen beflügelten sofort die Fantasie und auch unseren angeborenen Wettbewerbstrieb untereinander: Wem von uns sollte es gelingen, eine dieser jungen Damen von ihren Servierpflichten für die Dauer eines Tänzchens auf dem erhöhten Parkett durch hervorgebrachte Argumente zu entbinden? Doch nein, Einspruch, so einfach sollte es nicht werden. Es sollte etwas auf dem Spiel stehen. Also lautete schließlich der einstimmige Beschluss: „Wer es nicht schafft, mit einer dieser Schönheiten zu tanzen, soll am Ende des Abends eine Abschiedsrunde ausgeben!"

Für keinen von uns war die Überzeugungsarbeit an dem diensthabenden Verkaufspersonal zur spontanen Erweiterung seines Zuständigkeitsbereichs einfach. Am Ende gab es keinen Verlierer unter uns, und vor der Heimfahrt gab es demgemäß auch keinen Scheidebecher.

Weit nach Mitternacht kündigte die Combo auf dem Podium schließlich die letzte Tanzrunde an. Zu dieser Zeit fühlten sich die Lizenzeintreiber auf den Treppchen zur Bühne hin schon lange von ihrer einnehmenden Pflicht entbunden und hatten sich selbst mit ihren Mädels unter das vergnügt tanzende Volk gemischt. Noch einmal galt es, die jungen Damen nach den Tango-, Cha Cha Cha-, Rumba- oder Walzerklängen der schon erschöpft wirkenden Musikanten über die erhöhte Tanzdiele zu drehen, zu schieben oder auf andere Weise stilvoll zu führen. Dann war Schluss mit Lustig, die Lichter erloschen schnell, und die im Hintergrund und an den Rändern schon begonnenen Aufräumarbeiten rückten näher und drängten auch uns zum Aufbruch.

Es war Zeit, nach Hause zu fahren. Für uns und den ausgeliehenen Volkswagen war es wieder ein Weg von fünfzehn Kilometern. Der flüchtige Blick in den Benzintank unter der vorderen Haube des Käfers zu Beginn der Spritztour hatte keine zuverlässige Einschätzung der Reichweite des noch vorhandenen Treibstoffs erlaubt. Eine Kraftstoffanzeige gab es an diesem Vehikel noch nicht. Der optische Eindruck und der Klopftest mit dem Fingerknöchel am Tank unter der vorderen Haube galten als ungenau. Vorsichtshalber drehte Klaus gleich den kleinen Reservehebel in der Mitte des Fußraums nach links. Diese Einstellung garantierte eine bei Bedarf unterbrechungsfreie Nutzung des geringen Notvorrats aus dem Benzintank. Denn schließlich wollten wir nicht mitten in der dunklen und kalten Nacht auf freier Strecke in den Serpentinen der Moselberge ohne Treibstoff für den Motor hilflos liegenbleiben.

Die Unsicherheit über die Menge des benötigten Benzins für die Rückfahrt aber blieb bestehen. Zudem nahm der Gedanke der beabsichtigten Spurenverwischung einen steigenden Anteil an der Entscheidung, doch lieber unterwegs eine sich bietende Gelegenheit zum Nachtanken nutzen zu wollen. Und tatsächlich fanden wir an der Strecke noch eine kleine Zapfstelle, ohne Licht und ohne Tankwart, sie war geschlossen. Doch da gab es einen Klingelknopf, der laut seiner Beschriftung den Tankwart herbeirufen sollte. Eine zeitliche Eingrenzung seiner Dienstbarkeit war nicht angegeben. Das galt es, jetzt zu testen. Wir mussten schon ein paarmal beharrlich den Finger auf diesen Punkt halten, bis sich im ersten Stockwerk des angeschlossenen Wohnhauses hinter einem gekippten Fensterflügel ein fahler Lichtschein zeigte. Das gab uns Hoffnung auf Beistand.

Das schwach beleuchtete Fenster öffnete sich, eine männliche Gestalt mittleren Alters zeigte sich etwas schläfrig im Fensterrahmen und nahm im fahlen Mondlicht unser dunkles VW-Auto mit den jetzt schon ausgestiegenen vier Durchreisenden mit folgenden wohlwollenden Worten zur Kenntnis:

„Was wollt Ihr denn, Ihr Buben?"

„Ei, wir wollen tanken!"

so unsere gemeinsam hinaufgerufene Antwort.

„Ich komme gleich runter!"

hörten wir von oben und das Fenster schloss sich wieder. Offenbar hatte sich der freundliche Pächter in seiner Dienstbeflissenheit nur schnell einen Bademantel über den Pyjama geworfen und erschien mit seinen Hausschuhen wirklich bald an der Zapfsäule, um uns zu dieser nächtlichen Stunde um halb zwei zu bedienen.

„Was und wieviel wollt Ihr denn haben?"

war seine logische Frage an uns.

„Ei, Normalbenzin für zwei Mark,"

brachte einer von uns mit mutiger Stimme hervor.

Viel mehr Geld war nach diesem spontanen Ausflug auch nicht mehr in unseren Taschen übriggeblieben.

Das berührte den netten Tankwart dann doch ein wenig emotional und verleitete ihn zu dem Auspruch:

„Da wäre ich doch besser in meinem Bett geblieben!"

Wir aber hatten für die zwei Mark gute drei Liter Normalbenzin tanken können, genau das Quantum, das der Leihwagen auf unserer Spritztour nach Traben-Trarbach an diesem verlängerten Abend in die Luft geblasen hatte. Onkel Ernst sollte von unserem Ausflug keinen Nachteil und auch keinen Vorteil haben. Der Pegelstand im Tank sollte nach der Rückkehr von unserer eingeschobenen Reise an die Mosel unverändert sein.

Zu Hause angekommen, benutzten wir die abschüssige Straße zu dem Grundstück mit der stets offenen Garage von der anderen Seite. Hier konnten wir schon kurz vorher den Boxermotor abstellen und das ausgeliehene Auto im Leerlauf geräuschlos hinunterlaufen lassen. Die restlichen Meter zu dem Stellplatz neben dem Lastwagen besorgten die gemeinsamen Schiebekräfte von vier zufriedenen Weinfestbesuchern. Niemand hatte etwas gemerkt!

Internationale Kundschaft

Wie ihr ja alle schon wisst, hatte mein Henne Opa zwei Berufe. Außer Bauer ist er auch Schneidermeister gewesen. Die Bauernwirtschaft, also den Umgang mit Acker- und Wiesenland wie auch den mit den lieben und notwendigen Haustieren hatte Opa so ganz nebenbei auf dem kleinen landwirtschaftlichen Anwesen seiner Eltern erlernt. Doch nur eines ihrer drei Kinder konnte das bäuerliche Erbe antreten und sich damit mehr schlecht als recht ernähren.

Deshalb sollte gleich nach der achtjährigen Schulzeit für meinen Opa ein Beruf her, den er bei gleichzeitiger häuslicher Anwesenheit neben seiner Betätigung als Ackerer von Grund auf erlernen konnte. Sein Bruder erhielt ebenfalls eine eigene Ausbildung, die ihn bald vom heimischen Hunsrück weg an den Niederrhein führte. Die Schwester blieb bis zu ihrer Verehelichung im Haushalt der Eltern und diesen somit auch vorläufig als häusliche und landwirtschaftliche Arbeitskraft erhalten.

Als Lehrberuf bot sich für meinen Opa nichts Besseres an als ein Handwerk, das eine dauerhafte Konjunktur versprach und ganzjährig ausgeführt werden konnte. Wichtig ist es gewesen, auch im Winter, wenn die Ackerei nicht den ganzen Mann erforderte, eine einträgliche Beschäftigung in Aussicht zu haben, die gegenwärtig und auch für künftige Zeiten einen ordentlichen Zuschuss zum Lebensunterhalt der Familie versprach. Die Zukunft würde es schon zeigen, welche Tätigkeit nach der dreijährigen Ausbildung in seinem Berufsleben als Schneider und Bauer schließlich die Oberhand gewinnen sollte, was seine Haupt- und was seine Nebenbeschäftigung werden würde. Schon vor und während seiner Lehrjahre als Schneider arbeitete er sich so ganz nebenbei zu Hause in die kleinbäuerliche Landwirtschaft der Familie ein. Danach blieb ihm genügend Zeit, sich als Schneidergeselle zu bewähren und auf die Meisterprüfung in diesem Fach vorzubereiten. Am 13. April 1910 erkannte die Handwerkskammer Koblenz mit dem schmuckvollen Meisterbrief meinem damals vierundzwanzigjährigen Opa die Meisterwürde im Schneiderhandwerk zu.

Nach dem Tode seines Vaters erbte mein Opa das elterliche Anwesen und führte die überschaubare Landwirtschaft mit seiner eigenen Familie fort, die mittlerweile auf sieben Personen angewachsen war. Gleichzeitig übte er sein Handwerk aus. In meiner Wahrnehmung ist es immer bei der Kombination beider Tätigkeiten geblieben. Vom Frühling bis zum Herbst war Opa hauptsächlich Landwirt, im Winter saß er hinter dem kleinen, zweiflügeligen Fensterchen auf seinem Schneidertisch in der Werkstatt, die gleichzeitig das Wohnzimmer für die ganze Hausgemeinschaft und die vielen Besucher gewesen ist.

Als ich ihn kennenlernte, war mein Opa schon 60 Jahre alt und hatte selbst zwei Söhne, die er in jungen Jahren als Schneider und auch als Bauer ausgebildet hatte. Der eine war mein Onkel Hans. Hans besetzte den zweiten Schneidertisch in der kombinierten Wohn- und Werkstube hinter seinem eigenen kleinen, zweiflügeligen Fensterchen mit den eng gespannten weißen Scheibengardinen, wie sie damals üblich gewesen waren. Beide Fenster gaben den Blick auf den Hof frei mit dem zentralen Nussbaum.

An der Wand dazwischen hingen an einfachen Nägeln die Elle, der große Winkel und das noch größere Richtscheid, alles unverzichtbare Werkzeuge für den Zuschnitt der Stoffe und aus sehr edlem Holz gefertigt. Das buckelige, mit Leinen bespannte Bügelpolster für die schon in Form gebrachten Kleidungsstücke hatte zusammen mit dem dick wattierten Bügelhandschuh auf einer Zwischenablage unter dem Tisch seinen Platz. Scheren, Nadeln, Garne und Zwirne aller Art sowie die sonstigen Kleinwerkzeuge steckten gut zugänglich in den Schubladen. Von dem quer laufenden Deckenbalken über den trennenden Kanten beider Tische baumelte eine verpendelte Lampe mit einem weiß emaillierten Schirm herunter, die über Opas Tisch mit einem Handgriff auf die gewünschte Höhe einstellbar war. Hans hatte keine eigene Arbeitslampe über seinem Arbeitstisch.

Die Nähmaschine, die sich Vater und Sohn teilen mussten, stand im rechten Winkel zu den beiden Schneidertischen und einem verbindenden Ecktisch an der Wand zur Straße hin vor dem dritten Fensterchen der Stube. Sie wurde über ein breites Pedal mit den Füßen angetrieben. Der Platz an der Wand über dem Ecktisch war bedeckt mit einem eingepassten dreieckigen Regal, auf dem Opa seinen kleinen Vorrat an Futtertuch verschiedener Farben und Muster aufbewahrte, das bei vielen neuen Kleidungsstücken benötigt wurde.

Außer der Beleuchtung an der Decke und an der Nähmaschine gehörte kein Elektrogerät zur Ausstattung der Schneiderwerkstatt. Rechts neben der gemeinsam genutzten Nähmaschine nahm der große Garderobenspiegel mit dem mächtigen dunklen

Holzrahmen den Raum der Wandfläche bis zu dem vierten Fensterchen ein, das ebenfalls zur Straße wies. An diesem habe ich mir als kleiner Bube oft und lange mein neugieriges Näschen plattgedrückt, um dem geschäftigen Treiben der Fuhrwerke aller Arten auf der vorbeiführenden Bundesstraße Nummer 50 zu folgen.

Zwischen dem oberen Querholz des Spiegelrahmens und der Zimmerdecke war gerade noch Platz für ein Stehrähmchen, das zwischen seinen schmalen Stützleisten mit geschnörkelter Schrift Opas eigene Lebensphilosophie und Ehrenkodex preisgab, und diese gleichsam seiner Kundschaft als Aufforderung entgegenkommender Beherzigung empfahl.

Bleibe fromm und rede wahr.
Handle redlich, zahle bar!

In der Ecke gegenüber dem handwerklich genutzten Teil der großen Stube hatte der dreistöckige dunkelgrüne Gussofen mit den schmückenden Ornamenten auf den zweiteiligen Türklappen der beiden Etagen über der Brennkammer für die Holz- und Kohlefeuerung seinen festen Platz in der Stube. Den oberen Rand zierte ein umlaufender, kunstvoll geschmiedeter Zinnenkranz. In dieser Stubenecke war der zentrale Schornstein des alten Bauernhauses aus dem achtzehnten Jahrhundert gemauert, an den im Erdgeschoss das schwarze Ofenrohr in dieser kombinierten Wohn- und Arbeitsstube ebenso angeschlossen war, wie das des Kochherds in der benachbarten Küche. Den warmen Platz auf dem halbhohen Ofenmäuerchen hinter dem täglich frisch hereingeschafften Holz- und Kohlevorrat beanspruchte im Winter gerne eine unserer beiden Katzen, wenn sie nicht anderweitig beschäftigt war.

In der ersten Etage des Ofens verbarg sich die Heizstation für die beiden verfügbaren Bügeleisen, die als Hauptwerkzeuge galten. Dort, direkt über der Feuerstelle, ist es auf der stählernen Ofenplatte stets verdammt heiß gewesen. Das acht Kilogramm wiegende grobe Henniger-Eisen mit der blitzblanken Bügelfläche auf der Unterseite ließ sich an einem eisernen, mit isolierendem Holz umgebenen Handgriff halten und zwischen Ofen und Bügeltisch hin- und hertragen. War es gerade wieder in der heißen Kammer für die nächste Aufladung mit der Hitze des Ofens abgestellt, trennte Opa den mobilen Handgriff durch Anheben eines Sicherheitshakens aus der Halterung des Eisens. Sollte die begonnene Bügelarbeit nicht unterbrochen werden, musste das leichte Plätteisen aus der Ofenklappe erst einmal aushelfen. Auch das schwerste massive Bügeleisen konnte niemals mit seinem puren Gewicht die Falten in den aufzubügelnden Hosen und den übrigen Stoffen glättend beeindrucken. Die Masse des Materials kann die Hitze nicht ersetzen, sie sichert nur eine längere Einsatzdauer ohne erneute Energiezufuhr auf der heißen Platte hinter der Ofenklappe.

Die ganze Stube war schon immer mit blanken Holzdielen ausgelegt, deren breite Fugen vom harten Bohnerwachs mehrerer Jahrzehnte ausgefüllt waren. Ein großer Teppich bedeckte die hintere rechte Ecke des Raums und markierte so vor der dominanten Standuhr die gemütliche Wohnecke der Familie. Die Uhr war ein Erbstück, das in diesem Haus schon viele Generationen gesehen hatte. Vor diesem ehrwürdigen Prachtstück aus dunkelbraunem Eichenholz mit vielen hübsch geschnitzten Ornamenten und Zierleisten verteilte sich das Mobiliar des Wohnzimmers. Die Vorderseite der Standuhr hatte eine verschließbare Glastür, hinter der nach dem sonoren Takt des darüber angeordneten mechanischen Antriebs unablässig das goldfarbene metallene Pendel hin- und herschwang. Das regelmäßige Aufziehen der kombinierten Uhr- und Schlagwerke an den beiden glänzenden Messinggewichten, die an groben Ketten hingen, blieb ausschließlich Opas ruhiger Hand vorbehalten.

Um den stabilen und dunkel gebeizten Ausziehtisch herum gruppierten sich die Sitzmöbel der Wohnzimmerecke. Dazu zählten die leichten Rohrstühle mit den runden, geflochtenen Sitzflächen und das wuchtige dreisitzige Sofa, dessen geschwungene Rückenlehne die Wand unter dem mächtigen Landschaftsbild mit dem üppigen Goldrahmen bedeckte. Rechts daneben hielt ein gestütztes Regalbrett das neue Körting Radio in bequemer Augenhöhe an der Wand.

Über dem Tisch hing an einer Aufrollvorrichtung eine große Deckenlampe, deren bescheidene Leuchtkraft nach dem Geschmack der damaligen Zeit von einem üppigen Lampenschirm eingeengt blieb und deshalb auf der Tischdecke darunter eine kreisrunde Fläche nur schwach ausleuchten konnte. Zwischen Tisch und Ofen führte eine kleine Treppenstufe hinunter zu der niederen Tür in ein Verbindungszimmer zur Küche des Hauses. An dieser Stelle hatte der von uns Enkeln so heiß geliebte Klappstuhl seinen

angestammten Platz. Das war ein einfaches Holzge-
stell, das bei unsachgemäßer Handhabung schon
mal unversehens die eigenen Finger schmerzvoll
einklemmen konnte. Zwischen seinem oberen und
unteren Querholm lud ein grober, brauner Leinen-
stoff zum Abhängen von Körper und Seele ein. Die
Beliebtheit dieses Möbelstücks ergab sich auch aus
dem Standort von Opas Korbstuhl auf der anderen
Ofenseite unter dem schmalen Garderobenbrett hoch
neben der Eingangstür zur Stube. Die Ofenecke mit
Korbsessel und Klappstuhl war die räumliche Szene-
rie für viele gemütliche Feierabendstunden im Däm-
merlicht, in denen Opa sein Pfeifchen paffte und von
früher aus seiner eigenen Jugendzeit und von den
Soldaten erzählte.

Auf der anderen Seite der Eingangstür stand
schon immer der prächtige reich verschnörkelte
Wohnzimmerschrank. War er ein altes Buffet oder
war er doch ein viel edleres zweiteiliges Möbelstück
mit vielen äußeren Schmuckelementen und inneren
geheimen Türchen zu verborgenen Fächern? Jeden-
falls hatte er, wie auch Opas Standuhr in der Zim-
merecke gegenüber, in diesem alten Bauernhaus
schon vielen unserer Vorfahren gedient. Die Haus-
frauen bewahrten darin das feine Tischgeschirr im
Zwiebelmusterstil auf, und Opa hatte das geheime
Fach hinter der abschließbaren und herausklappba-
ren Schreibfläche mit seinen Geschäftspapieren be-
legt. Dort war sein Büro.

Als in den frühen Fünfzigerjahren in unserer länd-
lich geprägten Hunsrückheimat der Aufbau des
amerikanischen Militärflugplatzes „Hahn" mitsamt
der „Housing" für die Soldaten und deren Familien

hinter dem nördlich des Dorfs gelegenen Waldstück, unserem „Hipperich", nicht mehr zu übersehen war, mischten sich die fremden Menschen aus Übersee auch zunehmend sichtbar in unser bislang ländliches Straßenbild. Für uns waren die Amerikaner neu und fremd, und einige von ihnen müssen uns ebenso betrachtet haben. Doch von Beginn an gab es Begegnungen mit aufgeschlossenen Menschen auf beiden Seiten, von deren einer ich jetzt berichten will:

Von wo und von wem der stattliche Herr in mittleren Jahren, der an einem Winternachmittag seinen breiten Buick auf den Hof meines Opas lenkte und damit neben dem Nussbaum fast den ganzen Platz bis zur Hauswand mit den zwei Fensterchen zur kombinierten Werk- und Wohnstube einnahm, die Empfehlung für einen guten Schneider unter der einheimischen Bevölkerung erhalten hatte, war für uns nicht feststellbar. Diese Frage stand auch nicht im Mittelpunkt der ersten Begegnung des uniformierten Edelmanns in blauer Fliegeruniform, die als Zeichen des Dienstranges ihres Trägers einen Stern aufwies. Wie ich später herausbekam, musste es sich bei dem überraschenden Besucher mindestens um einen Major gehandelt haben. Nach seinem taktvollen Anklopfen an der Tür und zögerlichem Eintreten in die Stube war als erstes der Faden der Kommunikation zwischen ihm und unserer fast vollständig versammelten Familie zu finden. Sicherlich war der Herr Major nicht auf so viele Menschen vorbereitet. Er wollte doch nur den Schneidermeister aufsuchen. Die paar deutsch klingenden Worte aus seinem Munde nach dem ersten „Hi" der Begrüßung klangen in unseren Ohren sympathisch und vertrauensvoll, und sie wiesen ihn als potenziellen Kunden für den Schneidermeister aus. Schnell stellte es sich heraus, dass der Herr Offizier einen neuen Anzug wünschte, den er sich von meinem Opa auf den Leib schneidern lassen wollte. Offensichtlich hatten ihn seine zaghaften Deutschkenntnisse dazu befähigt, irgendwann vorher im Vorbeifahren von der Straße aus das kleine Emailleschild an der Ecke der Außenwand unseres Hauses richtig zu deuten, das folgende Aufschrift trug:

Rudolf Leonhard
Schneidermeister

Vielleicht war das weiße Schild mit der schwarzen Schrift auch die einzige Empfehlung und Referenz für den Neukunden mit dem Stern auf der flotten Fliegeruniform gewesen. Der Rest war Vertrauen, das sich nach Verkündung seines Begehrens bald zwischen Major und Schneidermeister einzustellen schien. Vielleicht aber hatten sich auch vorher schon gute Erfahrungen seiner Airforce-Kollegen vom Flugplatz Hahn mit der tadellosen Ausführung von verschiedenen Reparatur- und Aufbügelaufträgen an ihren schadhaften oder zerknautschten Beinkleidern durch meinen Opa Rudolf bis zu ihm herumgesprochen.

Er habe den Stoff für den neuen Anzug gleich mitgebracht, verkündete der junge Offizier und wickelte das bis dahin scheu unter dem Arm gehaltene Bündel sorgfältig auf Opas Tisch unter der Pendellampe aus. Es sei ein wirklich gediegenes Tuch aus englischer Produktion von sehr hoher Qualität, wie er es hier und jetzt in Deutschland nach den schlimmen Jahren des Krieges und der Mangelwirtschaft der Nachkriegszeit noch nicht in käuflicher Auslage habe finden können. Zudem erfülle genau dieser Stoff auch farblich seine Ansprüche an eine neue zivile Oberbekleidung.

„Ist schon recht", meinte mein Opa, „ich bin Schneider, kein Stoffhändler, ich verdiene mein Geld mit meiner Hände Arbeit und ein wenig auch an den Zutaten wie Garn, Knöpfen und Futtertuch." Der Ami hatte seine Schirmmütze schon am Haken des Garderobenbretts hängen und sollte jetzt nach der schnell erzielten Einigung über die Anfertigungsmodalitäten für den neuen Anzug nun für das Aufmaß seines sportlichen Körpers diesen von der umgebenden Uniform befreien. Derweil schlug Opa in seinem kleinen Aufmaßbuch eine neue Seite auf und notierte dort zunächst oben rechts das aktuelle Tagesdatum, bevor er sich nach dem Namen seines neuen Kunden aus Übersee erkundigte. Aus pragmatischen Gründen schrieb dieser ihn gleich selber handschriftlich in das Büchlein ein. Das war Opa ganz recht, und er nahm gleich sein ständig um den Nacken geschlungenes Zentimetermaß zur Hand und begann ganz routiniert das ausgerollte Band für die notwendigen Erhebungen der Körpermaße mit dem Daumen der linken und dem Zeigefinger der rechten Hand an die jeweiligen Messpunkte seines Kunden anzulegen, und dann die ermittelten Ergebnisse hinter die zuvor eingeschriebenen Titel in das Maßbuch einzutragen. Nach dem gewissenhaften Aufmaß des Oberkörpers für den Rock folgte die ebenso penible Erhebung der Maße für die neue Hose. Die fast öffentlich zu nennende Aufmaßprozedur in dem kombinierten Wohn- und Werkstattzimmer war für den Herrn Major offenbar ein wenig gewöhnungsbedürftig, doch seine ungezwungene Körpersprache verschaffte uns Zuschauern den Eindruck, dass er selber auch ganz nebenbei und unverkrampft Land und Leute seines Gastlandes so kennenlernen wollte, wie sie waren, wie sie in ihrem Alltag lebten und sich benahmen. Den Wunsch konnten wir ihm gut erfüllen.

Zu den weiteren Zeugen dieser ersten Begegnung zählten die beiden Kanarienvögel in ihren eigenen kleinen Drahtkäfigen, die über der Eingangstür der Stube und hinter dem die Zimmerdecke stützenden Deckenbalken hingen. Von Anfang an verfolgten sie die Szene fortwährend und kommentierten diese lautstark in ihrer eigenen Sprache.

Die Verständigung zwischen Meister und fremdsprachigem Kunden hatte sich in der kurzen Zeit gut entwickelt und erlaubte eine unkomplizierte Terminvereinbarung für die erste Anprobe. Bis dahin sollten schon ein paar Tage vergehen. Aus technischen und auch aus taktischen Gründen hielt Opa es für geboten, denn gut Ding braucht Weile, dachte er bei sich!

Schließlich war auch die abgelaufen, und der Buick rollte pünktlich zur vereinbarten Zeit wieder auf den Hof vor die beiden Fensterchen unserer Näh- und Wohnstube. Der Herr Major trat ein und das familiäre Empfangskomitee war auch wieder anwesend. Jetzt kannte man sich ja schon. Ein freundliches und unbefangenes „Hi" des Amerikaners begrüßte den Opa und uns alle sowie die beiden Kanarienvögel in ihren Käfigen, die sofort auf ihre Weise Antwort gaben.

Die Einzelteile des englischen Tuchs waren jetzt fertig nach dem genommenen Aufmaß zugeschnitten und mit weißen Reihfäden notdürftig zu einem Oberteil, dem Rock, und zu einem Unterteil, der Hose, zusammengenäht. Hier und da mochte entlang der sichtbaren Kreidestriche aus der Planungsphase eine Stecknadel zur Stabilität der noch sehr fragilen Passform beigetragen haben. Opa bedeutete dem vor ihm stehenden Probanden, er möge die noch instabilen Kleidungsstücke in ihrem vorläufigen Zustand doch bitte einmal anprobieren und dabei recht behutsam vorgehen. Nach dem ersten Nadelstich hatte der Ami die Mahnung an die nötige Behutsamkeit seiner Bewegungen schnell begriffen, auch im fernen Amerika würde das wohl nicht anders gewesen sein.

Wieder hing die Uniformjacke unter der Mütze an der schmalen Garderobenleiste über Opas Korbstuhl am Ofen links neben dem gelben Kanarienvogel, der über der Stubentür residierte und von dort die Anprobe aufmerksam verfolgte. Opa hielt seinem Kunden die notdürftig zusammengehaltene Anzugsjacke beidhändig mit spitzen Fingern, parat zum vorsichtigen Einsteigen, hin, zuerst mit dem linken, dann mit dem rechten Arm. Wie eine Schaufensterpuppe stand der Mann aus Amerika jetzt in seinem neuen Oberteil mitten in der Stube vor dem großen Spiegel, der auf dem oberen Querholz seines breiten Rahmens mit dem schon erwähnten Sinnspruch jeden Betrachter stumm an die Geschäftsgrundlage erinnerte.

Sein Blick folgte zustimmend Opas schmalen Schneiderhänden, die hier und da glättend, straffend oder auch stauchend über den edlen Stoff glitten. Zufriedenheit erfüllte seine Gesichtszüge, es gab für ihn nichts zu beanstanden. Nur der Meister selbst hatte mit seiner flachen Kreide die wenigen Stellen, die noch geringfügiger Korrekturen bedurften, auf dem guten Tuch markiert und, wenn nötig, mit Stecknadeln gespickt. Zum Schluss gab es auch drei Kreidetupfer auf dem rechten und drei auf dem linken Flügel des Jacketts für die Positionen der noch fehlenden Knöpfe des galanten Zweireihers.

Der Rock des Anzugs hatte seine erste Vorstellung bestanden, und jetzt war die Reihe an dem Unterteil. Er möge doch bitte auch einmal die neue Hose überstreifen, gab Opa ihm nach dem Ablegen des soeben erprobten Oberteils zu verstehen. Mit eingezogenem Nacken sah sich der Herr Major jetzt etwas hilflos nach allen Seiten um. Vielleicht suchten seine Augen ein Versteck, eine spanische Wand oder dergleichen, hinter der er sich kurzzeitig verbergen und umziehen konnte. Doch in unserer kombinierten Schneider- und Wohnstube gab es keine spanischen Wände. Auch die niedere Tür zwischen Sofa und Klappstuhl zu dem Verbindungszimmerchen blieb verschlossen. Eine Umkleidekabine oder ein Ankleidezimmer hatten Opas bisherige Kunden noch nie beansprucht.

Mit an beiden Händen zum direkten Einstieg vorgehaltener Hose in dem notdürftig zusammengereihten Zustand ermutigte Opa seinen noch zögerlichen Kunden zum Abstreifen seiner Uniformhose an Ort und Stelle, also mitten in der Stube vor der versammelten Familie. Die Denkpause war kurz, dann folgte der Proband der Aufforderung des Meisters bedingungslos wie ein Rekrut dem Korporal. Im Stand, und ohne stützende Assistenz eines Möbelstücks, entledigte er sich elegant seines Beinkleids und präsentierte dadurch nicht nur einen weiteren Teil seiner sportlichen Figur sondern auch seine bemerkenswerte Unterhose. Die nämlich war für alle Betrachter ganz bestimmt ein Novum. Sie war ein Hingucker, sie war das, was man eine ganze Zeitlang später bei uns in Deutschland als Boxershorts noch kennenlernen sollte. So etwas hatten wir bisher noch nie gesehen. Die flotte Hülle mit kurzem Beinansatz war blau-weiß längs gestreift und ähnelte in ihrem leichten Tuch und ihrem lockeren Schnitt den kurzen Sporthosen, wie sie die strammen Oberschenkel unserer neuen Fußballweltmeister umfingen, die im Jahr 1954 in der Weltpresse nicht nur die deutschsprachigen Schlagzeilen dominierten. Mir gefiel das zweifarbige Wäschestück des internationalen Kunden gleich sehr gut, obwohl es mit der Straffheit der Muskelpakete in den beiden kurzen Stoffröhren in diesem Fall nicht so üppig bestellt war.

Mich erinnerte die Szene spontan an die eigenen im Kindesalter zwangsweise noch zu tragenden rosafarbenen gebauschten Unterhosen meiner älteren Schwester, die an beiden Oberschenkeln mit Gummiringen und Sicherheitsnadeln mühsam auf kurzer Distanz zu halten waren, um im Sommer nicht sichtbar unter den aufgeschlagenen Rändern der Lederhose herauszublitzen. Der Ami machte mich neidisch.

Gasse Kino

Neben der Kirche, der Amtsverwaltung, der Land-
wirtschaftlichen Schule, dem Bahnhof, der Post, den
jeweils zwei Arzt- und Zahnarztpraxen, der Apothe-
ke, der Molkerei sowie der Sparkasse und der Volks-
bank wie einigen Einkaufsmöglichkeiten für die Wa-
ren des täglichen Bedarfs und einer zweistelligen
Anzahl kleiner Handwerksbetriebe gehörte auch das
Kino zu den Institutionen, die unser Dorf Büchenbe-
uren im Mittelhunsrück über die umliegenden Dör-
fer erhoben. Sie machten unseren Ort zu einem regi-
onalen Mittelpunkt, dessen Infrastruktur für die
Menschen aus der Umgebung sehr wichtig war und
auch ständig genutzt wurde. Dieser guten alten Zeit
mit einer Bevölkerungsanzahl unterhalb der Tausen-
dermarke folgte nach den Fünfzigerjahren eine steile
Zunahme der Einwohnerzahl und leider auch eine
ebenso steile Abnahme der hier genannten öffentli-
chen und privaten Einrichtungen.
　Eine dieser privaten Institutionen ist „Gasse Kino"
gewesen. Es war eins der wenigen Lichtspielhäuser
in unserem Revier, unserem gut mit Fahrrad und
Moped erreichbaren Umkreis, in dem in unseren Ju-
gendjahren die cineastische Kultur zu erleben war.
Nur in Sohren, Kirchberg, Rhaunen und Simmern
gab es Vergleichbares. Bei dem meist wöchentlich
wechselnden Angebot auf der Leinwand mit
Nullachtfuffzehn-Filmen hat es in unserer Festhalle
auch große Filme gegeben. Einige davon schrieben
Filmgeschichte, und ihre Titel wie auch ihre Haupt-
darsteller sind bis heute nicht vergessen.

Zu den schönsten Filmen der Fünfziger- und der Sechzigerjahre zähle ich die folgenden Werke:

- Unter fremden Sternen
- Der Tiger von Eschnapur
- Ben Hur
- Giganten
- Zwanzigtausend Meilen unter dem Meer
- Große Freiheit Nr. 7
- Schwarzer Kies

Der Kinosaal befand sich mitten im Dorf in dem großen Gebäude der Firma Gustav Gass mit den im Erdgeschoss dekorativ verbauten groben Natursteinen. Der schwungvolle Schriftzug „Festhalle" an der Front des Gebäudekomplexes und die bunten Werbeplakate der auf dem Spielplan stehenden Filme ließen an dem hier existierenden Kino keine Zweifel aufkommen. Das Hotel und die Gaststätte der Firma Gass samt der sehr beliebten Kegelbahn waren in diesem Gebäudekomplex ebenso untergebracht wie das Bierlager des zugehörigen Getränkegroßhandels und die Garagen für die dafür benötigten Transportfahrzeuge. Vor dem Haus bot eine kleine Gasolin-Tankstelle den bereits motorisierten Teilnehmern des Straßenverkehrs ihre bescheidenen Dienste an. Diese aber konnte den schnell wachsenden Bedarf an Dieselkraftstoff und Benzin nicht länger decken und musste auch wegen der räumlichen Enge ihres Standorts zwischen der Hausfront und der das Dorf durchlaufenden Bundesstraße 50 bald weichen.

Unsere Festhalle war nicht nur ein Kino gewesen. Sie war auch Tagungs- und Versammlungsstätte für gewerbliche, gesellschaftliche und kulturelle Ereignisse. So erinnere ich mich an eine Generalversammlung der Volksbank Kirchberg aus den frühen Sechzigerjahren, an der ich als Lehrling der damals noch kleinen Genossenschaftsbank und auch als Genossenschaftsmitglied teilgenommen habe. Auch die Fünfzigjahrfeier des Männergesangvereins Büchenbeuren im Jahr 1962 mit eigener Teilnahme ist nicht zuletzt wegen der gut gehüteten professionellen Bilddokumente in der Chronik des inzwischen leider aufgelösten Vereins unvergessen. Für das Unternehmerehepaar Lina und Gustav Gass ist das besondere Ereignis natürlich die Doppelhochzeit ihrer beiden Söhne Karl-Gustav und Günter gewesen. „Guka", wie der Ältere genannt wurde, heiratete seine Friedel am gleichen Tag wie auch Günter seine Gertrud. Da war die eigene Festhalle gerade recht, um darin nach der gemeinsamen kirchlichen Trauung mit den zahlreichen Gästen ein rauschendes Familienfest zu feiern. Bei dem sakralen Akt in unserer Dorfkirche unter der Leitung unseres Pfarrers Ernst Deuchert bin ich einer der Glöckner im Turm gewesen. Zwischen unseren Einsätzen an den Glockenseilen zu Beginn und am Ende der Zeremonie konnten wir den feierlichen Akt mit den beiden Paaren auf den vier einfachen Holzstühlen vor dem reich geschmückten Altar von der Empore aus, die wir nur „Botkirche" nannten, miterleben.

Die größte Anziehungskraft auf die Bevölkerung löste die Festhalle durch ihr jahrelanges, ständiges Kinoangebot aus. Was es am jeweils kommenden Wochenende in „Gasse Kino" zu sehen gab, war in einem gläsernen Schaukasten an der Straßenfront zwischen den Garagentoren des Bierverlags und dem Eingang zu der steilen Treppe, die zu dem Festsaal hinaufführte, durch ausgesuchte Szenenfotos angekündigt. Rund um das zentral platzierte und nach Aufmerksamkeit schreiende große Werbeplakat zeigten kleinere Papierbilder einzelne Einstellungen des kommenden Kinostreifens, auf denen die Hauptdarsteller in besonderer Weise in Szene gesetzt waren. Die Zeit der Schwarz-Weiß-Filme war vorüber, und die Kinowelt hatte schon ihren Personenkult entwickelt und damit auch Teile des Publikums erfolgreich infiziert. So fragten sich die Kinogänger in unserer ländlichen Gegend schon mal gegenseitig, ob sie die letzten Streifen mit Gert Fröbe, Hildegard Knef, Peter Kraus oder Conny Froboess schon gesehen hätten. Bei einem „Nein" folgte sofort der stolze Hinweis, diese selber schon dann und dann, alleine oder mit dem und dem zusammen, besucht zu haben, ergänzt um die dringende Empfehlung, diese Streifen doch auf keinen Fall zu verpassen. Die Mund-zu-Mund-Propaganda innerhalb Bevölkerung war für den geschäftlichen Erfolg der Lichtspieltheater bestimmt ebenso wirkungsvoll wie die Werbung durch Veröffentlichung ihrer Kinoprogramme in unserer Hunsrücker Zeitung.

Die Konterfeis der großen Kinostars der Zeit prangten von den oft reißerisch überzeichneten Plakaten, die nicht nur schon Tage vorher von der Fassade unserer Festhalle herab als Hingucker um die Aufmerksamkeit der Passanten warben, sondern auch von den Plakatwänden in den umliegenden Ortschaften und von der Bretterwand unseres „Backes". Um dem Jugendschutzgesetz zu genügen, gab es stets einen korrekten Hinweis auf die Altersfreigabe der Filme.

„Gasse Kino" bot der kleinen und der großen Bevölkerung an den Sonntagen um 15 Uhr eine Nachmittags- und um 20 Uhr eine Abendvorstellung an. Ließen das verfügbare Taschengeld und die Altersfreigabe der Freiwilligen Selbstkontrolle (FSK) es zu, dann lockten die Leinwandberühmtheiten der Zeit nicht nur die Jugend in den Kinosaal. Die Schauspieler Heinz Rühmann, Gert Froebe, Joachim Fuchsberger, Horst Buchholz, Hansjörg Felmy, Heinz Erhard, Hans Albers und Freddy Quinn übten ihre Anziehungskraft auf uns Buben ebenso aus wie sich die jungen und nicht mehr so jungen Mädels von den Protagonistinnen und Protagonisten Ruth Leuwerik, Nadja Tiller, Romy Schneider, Peter Kraus, Curd Jürgens, O. W. Fischer und Karlheinz Böhm zum Kinobesuch hinreißen ließen. Natürlich hat es auch hin und wieder Märchenfilme gegeben, zu denen die Kleinsten am liebsten mit Oma und Opa gegangen sind. Im Kinosaal gab es noch kein Popcorn und kein Eis am Stiel, weder vor dem Film noch danach. Den Eltern war es ganz recht, in diesen zwei Stunden die sonntägliche Nachmittagsruhe mal alleine, ohne die geliebten kleinen Plagegeister, genießen zu können.

Bei begehrten Filmstreifen erforderte der Besuch der Abendvorstellungen einen frühen Erwerb der Eintrittskarten oder zumindest ihre rechtzeitige Vorbestellung. Für viele Menschen der Region bot der Kinobesuch am Wochenende eine der wenigen Möglichkeiten zur Teilhabe an kulturellen Veranstaltungen. Auch an Werktagen gab es hin und wieder Filmvorführungen, doch die Kinobesuche der Bevölkerung konzentrierten sich auf das Wochenende, das damals noch nicht am Freitag begann. Die sonntägliche Abendvorstellung war die beliebteste. Im Kino durfte natürlich nicht geraucht werden, auch keinerlei Getränke oder sonstiger Verzehr waren erlaubt.

Neben der jährlichen Kappensitzung in der Karnevalszeit und den wenigen Dorffesten im Sommer bot das Kino in „Gasse Saal" ein willkommenes kulturelles Angebot für ein kleines und abwechslungsreiches Vergnügen, auf das sich die Menschen schon die ganze Woche über freuen durften, und für viele ist die Teilnahme daran auch ein kleiner Luxus gewesen. Es gab drei Preisstufen: Die Reihen der einfachen hölzernen Stühle im Parkett reichten von der Filmleinwand mit dem davor angebrachten roten Samtvorhang bis zu der ersten Erhöhung der Sitzreihen. Kinder hatten hier in den Fünfzigerjahren 50 Pfennige zu bezahlen und Erwachsene eine Mark. Die Plätze mit dem gleichartigen Gestühl in den um eine Treppenstufe erhöhten Reihen dahinter kosteten für die Großen 1,30 DM. Der Preis ist mir deshalb noch in guter Erinnerung, weil ich alle zwei Wochen von meinem Onkel Hans den Auftrag erhielt, im nachmittäglichen Vorverkauf an der Kinokasse zwei Karten dieser Kategorie für ihn und seine Frau, also meine Tante Elli, zu holen. Das Geld dafür gab er mir stets abgezählt mit. Wenn er ganz besonders gut gelaunt war und es an diesem Tag einen passenden Film gab, fiel auch schon mal eine halbe Mark zu einem nachmittäglichen Kinobesuch für mich ab.

Die allerletzten Sitzreihen im Saal mit den ein wenig komfortableren Holzstühlen mit Armlehnen zu beiden Seiten nannten sich Sperrsitze. Die Plätze dieser Luxusklasse konnten von den Besuchern nach Betreten der Festhalle nach der Begegnung mit dem

Platzanweiser nur über ein kleines Treppchen erreicht werden, das gleich rechts hinter dem Vorhang am Eingang des Kinosaals ein paar Stufen hinaufführte. Hier gab es nur wenige Stuhlreihen bis zur hinteren Wand, die den Publikumsraum gegen den Vorführraum des Technikers abtrennte. Der Elektromeister Willy verdiente hier eine Zeitlang ein kleines Zubrot. Ihm trauten die Kinobetreiber offenbar am ehesten den korrekten Umgang mit der monströsen Wiedergabetechnik zu. Es erforderte schon einige Sachkenntnis, die riesigen Spulen mit dem sensiblen Filmmaterial aus Zelluloid korrekt in die Projektionsmaschinen einzulegen und sich danach sekundengenau selbst das Kommando „Film ab" zu geben. Später vererbte Willy diesen Job samt den dazu nötigen Qualifikationen an seinen ebenfalls gewissenhaft arbeitenden Nachfolger aus der eigenen Familie, an Horst, er war ein Schneider.

Noch während im Saal nach dem Handzeichen des Platzanweisers hier und da die letzten Kinogäste ihre Sitzplätze unter leisem Geplapper und sonstigen störenden Nebengeräuschen aufsuchten, begann auf der Leinwand schon die Vorstellung mit der Präsentation von steifen Werbebildern, die das Publikum von den Vorzügen und den fachlichen Kompetenzen des jeweils beworbenen lokalen oder regionalen Gewerbetriebes überzeugen sollten. Sie seien die besten, hier solle man kaufen und sein Geld ausgeben! Als kleiner Kinobesucher lernte ich diese Dias noch in Schwarz-Weiß kennen. Sie mutierten aber bald ebenso in Farbe, wie es auch die Spielfilme taten, deren gängelnde und verlockende Vorschauen in aneinandergereihten kurzen, beweglichen Sequenzen sich dank Willys Geschick fast nahtlos an den Werbeblock anschlossen. Mittlerweile war das Publikum überall sesshaft geworden und die Unruhe im Saal hatte sich gelegt.

Durch eines der quadratischen Projektionslöcher in der Wand hinter den Sperrsitzen begann Willy und später der Neffe Horst sein ausstrahlendes Programm aus dem fürs Publikum unzugänglichen Operationsraum mit den in angemessenen Abständen ausgesandten Lichtkegeln der auf Zelluloid gebannten stillen Werbebotschaften. Im Feinstaub des großen Kinosaals schwebten diese deutlich sichtbar wie liegende Lichtobelisken in Längsrichtung über den Köpfen der Zuschauer und entschlüsselten sich letztlich auf der weißen Projektionsfläche an der Stirnseite des Saals. Schon an dem liegenden Lichtschein erkannten die mit Säumnis eingetretenen Kinogäste, ob sie nur die lästige Reklame oder schon die Vorausschauen auf die kommenden Filme in diesem Lichtspieltheater oder gar auch die begehrte Fox Tönende Wochenschau verpasst hatten. Bis zum Beginn des Fernsehzeitalters war die Wochenschau als kostenlose Zugabe zu dem eigentlichen Kinofilm eine allseits hoch geschätzte Zusammenfassung aktueller überregionaler Ereignisse der Zeit, ein journalistisch gut aufgemachter, unterhaltsamer und auch informativer Spiegel nationaler und auch internationaler Ereignisse der abgelaufenen Woche.

Die zeitliche Aktualität stand in dem Betrachtungszeitraum der Fünfzigerjahre des vergangenen Jahrhunderts auch schon im Fokus. Gewöhnlich schaffte der an den Wochentagen im Hunsrück verkehrende leichte Güterzug, kurz „Leig" genannt, die schweren Rollen des Hauptfilms termingerecht zu unserem kleinen Bahnhof, wo diese gar nicht erst im Güterschuppen gelagert werden mussten. Einer der beiden Junioren des Kinobetreibers, Guka oder Günter, holten die eilige Fracht sofort persönlich ab. Aber nicht immer umfasste das empfangene Paket alle Teile der erwarteten Sendung einschließlich der letzten Fassung der aktuellen Wochenschau und der Filmvorschauen auf die nächsten Wochen. Was der „Leig" nicht mitbrachte, lag am nächsten Tag als Nachlieferung im Gepäckwagen eines Personenzugs.

Natürlich standen auch die Plätze in der letzten der erhöhten Sitzreihen den nachmittäglichen Besuchern zur Nutzung bereit. Hier saß man mit absoluter Rückendeckung ungestört im Sichtschatten, im toten Winkel der deutlich erhöhten Ebene der Sperrsitze dahinter. Hier waren keine stechenden und störenden Blicke anderer Leute aus der Hinterlandschaft der Festhalle zu befürchten, man saß nicht unter Beobachtung. Das machte die hintere Stuhlreihe zum bevorzugten Ziel für Kleinstgruppen junger Menschen, die gestern noch Kinder gewesen sind, und deren Aufmerksamkeit heute vermutlich weniger dem gezeigten Film, als der eigenen Begleitperson galt.

Viele Jahre lang erlebte unser Dorf an den Sonntagabenden wegen des attraktiven Kinoprogramms in „Gasse Saal" einen sehr regen Zulauf aus dem Umland. Die auswärtigen Stammgäste wussten: Wer um 20:00 Uhr auf seinem Platz sitzen wollte, musste sich rechtzeitig auf den Weg begeben, denn das Auto brauchte einen Parkplatz, und der war mit dem Fortschritt der Zeit immer schwerer zu ergattern. Die wenigen Möglichkeiten an der Durchgangsstraße und auf dem Freien Platz vor der Dorfkirche, wo der Inkerweg von der Hauptstraße zum Bahnhof abzweigt, waren schnell von den frühen Besuchern mit ihren Blechstübchen der Marken VW-Käfer, Opel, Ford, Lloyd, Borgward, DKW, Goggomobil oder Mercedes belegt. Dann aber begann der Kampf um die Stellflächen auf den privaten Grundstücken, der auf Kosten und zum ständigen Ärger ihrer Eigentümer wöchentlich aufs Neue ausgefochten wurde. Die Motorräder, Motorroller und Fahrräder quetschten sich in die verbliebenen Nischen und blockierten auch die Gehwege. So mancher Anwohner sah sich in diesen Jahren unter dem Druck der anonymen Kinobesucher dazu gezwungen, sein Grundstück auf irgendeine Weise für ungebetene Besucher unzugänglich zu machen. Ketten wurden gespannt, Zäune gezogen oder der eigene landwirtschaftliche Fuhrpark mitten auf dem Hof sehr platzgreifend abgestellt.

Nach einem flüchtigen Blick auf die in dem beleuchteten Schaukasten neben dem Eingang präsentierten Szenenbilder des zu erwartenden Films strömten die vielen Besucher durch die weit aufgestellte Pforte der Festhalle. Die breite, steile Treppe führte hinauf zum Kassenraum, in dem Gertrud oder Friedel hinter einer Glasscheibe die Gäste empfing und die allgemeine Herrschaft über die Eintrittskarten ausübte. Wer sein Billett vorbestellt hatte, brauchte sich keine Sorgen zu machen, die Plätze und die Karten waren immer nummeriert. Die anderen Besucher aber mussten sich mit dem begnügen, was übriggeblieben war, mit Einzelplätzen in dem großen Kinosaal, oder mit Plätzen in der ungeliebten ersten Reihe vor der hohen Leinwand, wo die Köpfe gehörig in den Nacken zu legen waren. Mein Onkel Hans hatte zu diesem Thema seine ganz besondere Meinung, die ihn das Leben gelehrt hatte:

Im Krieg und im Kino sind die besten Plätze ganz hinten!

In der abgedunkelten Festhalle trat der Platzanweiser und Kartenabreißer, der gelegentlich eine Platzanweiserin und Kartenabreißerin gewesen ist, jetzt dem Besucher entgegen, um dessen frisch erworbene Kinokarte sofort ohne Rückfrage frech ab- oder einzureißen, sie also zu beschädigen, und dem Besitzer danach ganz zuvorkommend und dienerisch mit einer elegante Handbewegung die Laufrichtung zu der gebuchten Reihe im Saal vorzugeben, wo er das erworbene Anrecht auf einen Sitzplatz auf dem harten Holzstuhl für die nächsten zwei Stunden einlösen konnte.

Im Vorführraum hinter den Sperrsitzen bereitete der Operateur indes die Spulen für die Projektionen der Zelluloidstreifen durch die übrigen Löcher in der Wand vor. Es gab Filme mit Überlänge, die nicht auf eine Spule passten und deren zwei oder mehrere erforderten. Der Wunsch des Publikums nach einem unterbrechungsfreien Wechsel der Bild- und Tonträger stellte besondere fachliche Anforderungen an den Techniker. Die elegante Überwindung einer Störung oder gar eines Filmrisses erforderte von dem Vorführer einige Erfahrung und intuitives Geschick im Umgang mit der Projektionstechnik.

Legendäre Monumentalfilme mit angesagter
Überlänge sind gewesen:

„Vom Winde verweht"
mit Vivien Leigh und Clark Gable

„Ben Hur"
mit Charlton Heston in der Hauptrolle

„Giganten"
mit James Dean als Protagonisten

Noch leuchteten die abgedunkelten Lampen an
den stilvoll gestalteten Säulen, die den Zuschauer-
raum des Kinos von den rechts und links davon be-
findlichen Wandelgängen unter den Emporen trenn-
ten. Der schwere rote Samtvorhang vor der weißen
Leinwand war noch geschlossen, aber Punkt 20:00
Uhr öffnete sich dieser von der Mitte her und zog,
wie von Geisterhänden geführt, beide Hälften zu
den Seiten. Gleichzeitig schwand das trübe Licht
und der Saal sank in völlige Dunkelheit.
Die Vorstellung begann, zuerst die Werbung,
dann die Wochenschau und die Vorfilme. Danach
folgte fast übergangslos der Hauptfilm mit einem
stets umfangreichen Vorspann, der in einem durch-
laufend senkrecht scrollenden Text die Namen all
seiner Akteure und deren Rollen sowie die des ge-
samten technischen und künstlerischen Hilfsperso-
nals dem erwartungsvollen Publikum aufdrängte.
Für uns Zuschauer war es stets ein schier endlos an-
mutender Rattenschwanz an wenig begehrten Infor-
mationen. Kein Tabakrauch, keine Verkaufsunter-

brechung, kein Tütengeraschel, kein Flaschengeklirr und keine penetranten Popcorndüfte störten das cineastische Vergnügen in „Gasse Saal". Draußen im Dorf war wieder eine himmlische Ruhe eingekehrt, doch ihre Dauer war begrenzt.

Denn gegen 22:30 war die letzte Filmrolle durchgelaufen und die Leuchter an allen Säulen verscheuchten danach schüchtern und stufenlos die lange Finsternis im Saal. Alle Kinobesucher fühlten sich dadurch gleichzeitig zum Aufstehen aufgefordert. Manch einer von ihnen brauchte jetzt seine Dehn- und Streckübungen, bevor er in dem bald hell erleuchteten Raum mit dem Lindwurm der abwandernden Menschen einem der Ausgänge zustrebte. Der persönliche Sortierbedarf galt besonders für die Paare in der hinteren Reihe, vor allem dann, wenn sie das Ende der Vorstellung aus irgendwelchen Gründen nicht rechtzeitig mitbekommen hatten.

Es gab zwei Möglichkeiten des Entkommens aus dem Kinosaal. Die erste nutzte den gleichen Weg wie der Zugang, nur in umgekehrter Richtung. Der zweite Weg führte nach hinten, am Vorführraum des Technikers vorbei, durch die stählerne Außentür auf das den Gebäudekomplex der Firma Gass umlaufende Trampelpfädchen vor den angrenzenden Gärten. Im Gänsemarsch konnte von hier aus auf dem holprigen und steil abfallenden Weg mit den eingelagerten Treppenstufen die Dorfstraße am Haupteingang des Kinos wieder erreicht werden.

An jedem Sonntagabend nach dem Ende der Kinovorstellung begann in unserem Dorf die Rush Hour. Zweihundert Kinobesucher quollen gleichzeitig aus der Filmhöhle auf die Straße und suchten den kürzesten Weg nach Hause. Die wenigen Einheimischen Fußgänger fielen nicht auf. Doch die auswärtigen Besucher strebten zu ihren überall abgestellten Kraftfahrzeugen. Plötzlich starteten gefühlte tausend Motoren und sandten ihre stinkenden Abgase brummend und fauchend in die bis dahin klare Abendluft. Die dazugehörigen Autos standen nach wenigen Minuten Stoßstange an Stoßstange auf unserer Dorfstraße und die Motorräder suchten mit mutigen Schwenkern und aufheulenden Motorgeräuschen dazwischen ihre kleinen Lücken. Selbst die Radfahrer als schwächste Glieder im aufdringlichen Straßenverkehr wurden zur Plage. Sie waren nicht nur den passiven Gefahren durch die Rücksichtslosigkeit der Stärkeren ausgesetzt, sie selbst verstießen auch schon mal selbst gegen den Paragraphen eins der Straßenverkehrsordnung. So ist mir doch ein ganz bestimmt vermeidbarer Verkehrsunfall direkt vor unserer Haustür in Erinnerung geblieben. Waldemar aus Niedersohren hatte sich gerade auf den Sattel seines Rennrads geschwungen und gleich sportlich und unbekümmert in die Pedale getreten. Dabei übersah er das vor ihm zum Stillstand gekommene Personenauto. So kam er ganz schnell vom Zweirad aufs Auto, aus der Hockstellung in seinem Ledersattel in die Bauchlage auf der Klappe des Kofferraums. Er hatte sich übel zugerichtet.

Das am späten Sonntagabend verursachte starke Verkehrsaufkommen durch die abwandernden Kinobesucher löste bei allen Anliegern unserer Hauptstraße großes Ärgernis und allgemeinen Unmut aus, denn für viele Menschen deckte sich die Uhrzeit mit dem geplanten Beginn ihrer Nachtruhe. Eine gute halbe Stunde währte die Aufregung, dann war der Spuk vorüber. Danach senkte sich der Frieden der Nacht über unser Dorf.

Die aufgekommene und immer weiter verbreitete Fernsehtechnik, die jetzt auch bald in jedem Haushalt farbig zu erleben war, machte der Filmwirtschaft überall sehr zu schaffen. In der zweiten Hälfte der Neunzigerjahre erlebte auch unser Kino in „Gasse Saal" mit rückläufigen Besucherzahlen eine Trendwende, die nicht mehr zu stoppen war und letztlich zum Tod führte. Bald lächelten keine Filmstars mehr von riesigen Werbebannern an der Hausfront über den beiden Garagen mit den Natursteinen zwischen dem Bierkeller und dem gläsernen Schaukasten, in dem die einst glanzvollen Szenebilder der letzten Filmdarbietung jeden Tag ein wenig mehr verblichen, und sich an den Rändern zerfledderten und langsam aufrollten.

Es wurde Zeit für eine neue Nutzung der Festhalle. Diese schien in der Umwidmung des Kinosaals als Proberaum und Spielstätte für die örtliche Laienspielgruppe gefunden zu sein. Auch Einzelveranstaltungen verschiedenster Arten bot er Herberge und Präsentationsmöglichkeiten. So ist die Festhalle im Januar 1963 der Gastspielort des „Frankfurter Brettl" gewesen.

Dies alles aber wirkte dem technischen Verfall der ehemaligen Lichtspielstätte nicht in genügendem Maße entgegen. So konnten wissbegierige Kinder in das vernachlässigte Gebäude eindringen und unbeobachtet ihre physikalischen Experimente ausführen. Zuerst entsprang der Kinderhand nur ein kleines Flämmchen. Das muss gute Nahrung gefunden haben, die es gierig aufsog und in dem dunklen Raum bald zu einem leuchtenden Feuer mit heftiger Hitzeentwicklung werden ließ. Schon war die Sache von den minderjährigen Verursachern nicht mehr zu kontrollieren, und sie taten zu ihrem Selbstschutz das einzig Richtige, sie hauten ab! Schnell schlugen die Flammen über die Strenge und gewannen an Eigendynamik. Zusammen mit der enormen Rauchentwicklung signalisierten sie bald rot und schwarz changierend die entstandene Notlage wie mit riesigen Flatterbändern über die Dächer der Gemeinde. Das flammende Fanal und die Brandsirene rief die eigenen professionellen Brandbekämpfer und die aus den umliegenden Ortschaften alarmierend auf den Plan. Zwei Wochen nach der Siebenhundertjahrfeier der Gemeinde Büchenbeuren war das Flämmchen in der Kinderhand zum Großbrand angewachsen, der in den ersten Augusttagen des Jahres 2001 das Ende von „Gasse Saal" mit dem Kino besiegelte.

Die Rattenfalle

Wo Mensch und Tier miteinander unter einem Dach leben, ist es stets der Mensch, der sich über das Tier erheben will und sich in der Wohngemeinschaft als übergeordnete Instanz vordrängelt. Das Tier soll sich dem Menschen unterwerfen, seinem Willen folgen und ihm Untertan sein, nicht umgekehrt. Bei gegenseitiger Akzeptanz und Anerkennung der gefundenen Hierarchie kann danach das Leben in friedlicher Koexistenz der beteiligten Geschöpfe in einer Daseinsgemeinschaft, zum Beispiel der eines Bauernhofs, dann sehr friedvoll verlaufen, wenn sich die Bedürfnisse der Tiere mit dem Angebot der Menschen im Einklang befinden. Dann ergänzen und befruchten sich die stillschweigend verabredeten Rechte und Pflichten zwischen den Kreaturen. Des einen Recht ist des anderen Pflicht. Durch sein Verhalten gibt das Tier den Zeittakt für den Tagesablauf vor und der Mensch bestimmt, wie er sich darauf einrichtet.

In meiner Geschichte wende ich den Blick auf die bescheidene Vielfalt der Mischbevölkerung unseres ehemaligen landwirtschaftlichen Kleinbetriebs und besonders auf das separate Schweineapartment mit dem quadratischen eisernen Sprossenfenster zum Hof, das zwischen Scheune und Hühnerstall sowohl Geburtsort und viele Jahre lang auch Wohnstatt für vier stets wechselnde Zuchtschweine und eine länger dort residierende Muttersau gewesen ist. Die Borstentiere folgten wie selbstverständlich einer gefühlten Hausordnung und leiteten daraus auch ihre eigenen Ansprüche in fordernder Manier ab. Die

Rollenverteilung war durch viele Generationen von Mensch und Tier, also von Herrschaft und Schweinchen, tradiert, durch ständige Übung gefestigt und allen Akteuren zur lieben Gewohnheit geworden. Zweimal täglich und siebenmal in der Woche trafen das Fressrecht der Schweine mit der Fütterungspflicht ihrer Herrschaft zusammen. Meine „Henne Oma" hatte die Daueraufgabe der Versorgung mit Lebensmitteln für die borstigen Rüsseltiere mit den putzigen Ringelschwänzchen übernommen. Eine ländliche Idylle, wie sie im Buche steht! Hundehalter werden das kennen. Doch anders als die bellende Zunft bedankte sich jedes zweite unserer grunzenden Haustiere nach dem Ende seines glücklichen Lebens durch Hausschlachtung bei seinen Herrschaften mit vollem Körpereinsatz!

Doch was ist zu tun, wenn ungebetene Gäste die Hausordnung stören? Auf diese schwierige Frage musste mein Onkel Hans, der Bauer, eine Antwort finden, als die Ratten aus der Unterwelt der Stallungen und ihrer Jauchedepots einen Weg in den ebenerdig angelegten Schweinestall neben der Tenne gefunden hatten. Die fünf Schweine, die hier in drei Doppelkabinen ihr artgerechtes Zuhause genossen, waren zu verschiedenen Zeiten in diese behütete Herberge mit der stillschweigend vereinbarten Hausordnung hineingeboren. Viele Schweinegenerationen vor ihnen hatten dort gelebt, gefressen, nach der Einstreu mit frischem Stroh und einer Handvoll Heu wohlgefällig und dankbar gegrunzt, dann geschlafen und sich über die Maßen gefreut, wenn Oma einmal morgens und einmal abends mit ihren gefüllten Zinkeimern mit frisch aufgekochten Kartoffeln oder Rüben an Magermilch das Quartier betrat. In freudiger Erwartung ihrer Leckerlis stiegen die blonden Borstentiere zur Begrüßung mit den Vorderpfoten auf die halbhohen Trennmauern und hölzernen Türen zwischen den Unterkünften und suchten unter heftigen Grunzlauten auf stürmische Weise Körperkontakt mit dem anrückenden Servierpersonal. An den Trögen der Zweierboxen gab es jetzt ein Drängeln und Schubsen. Die Schweineschnuten steckten schon in den Eimern bevor ihr leckerer Inhalt in die Fressschalen der Maueröffnungen serviert werden konnte. Zweifellos galten die Fütterungen als Höhepunkte in dem kurzen Leben der Zuchtschweine, den Muttersauen im Einzelzimmer war ein längeres Dasein vergönnt.

Nach den Mahlzeiten, dem Ausmisten dessen, was bei den Tieren hinten herausrauskam und der danach folgenden frischen Einstreu von gekürztem Stroh legte sich die Aufregung im Schweinestall, es wurde still. Die Verdauung der auf dem Küchenherd von Oma liebevoll zubereiteten Kartoffeln und Rübenschnitzel aus eigenem Anbau unter Zugabe feinster selbst geschroteter Kleie und den Essensresten vom Tisch der Herrschaften garantierten ein stetiges natürliches Wachstum der gesunden und zufriedenen Zuchttiere. Der biologische Vorgang vollzog sich geräuschlos, in vollkommener Ruhe und ohne gegenseitige Störungen. Schweineglück und Menschenglück!

Doch eines Tages änderte sich das, die Ratten kamen. Was beide Hauskatzen und auch die Hühner mit ihrem Hahn bei gelegentlichen Besuchen am hellen Tag im Schweinestall nicht schafften, das gelang den flinken grauen Nagern aus der Unterwelt ganz schnell. Sie kamen in der Nacht, wenn draußen das Leben ruhte und erzeugten Unfrieden im Schweinehaus. Die kleinen Biester versetzten die großen und gutmütigen Borstentiere in der Dunkelheit alleine durch ihre Anwesenheit und schließlich durch ihre zwickenden Bisse in helle Aufregung. Vielleicht hätten sich die ungebetenen Eindringlinge aus den unerforschten Tiefen des Gehöfts mit kleinen Restbeständen von Omas Spitzenkost in den Futtergrippen zufrieden gegeben. Doch die Steintröge waren nach jeder Mahlzeit bis auf die letzte Kartoffel, das letzte Getreidekorn und den letzten Tropfen Milch fein ausgeschleckt, so als ob es gelte, das Geschirr danach sauber in den Küchenschrank zurückzustellen. Das deshalb fehlende Futterangebot führte nicht zu einem einsichtigen Rückzug der grauen Biester, es hatte durch ätzende Bisse eine noch stärkere körperliche Bedrängnis der fünf friedfertigen Stallbewohner zur Folge. Das äußerte sich in zunehmend vernehmlicher Unruhe unserer geliebten und gepflegten Nutztiere in der Nacht. Damit war ein Problem geboren, Abhilfe tat not!

Jupp war es, der auf die Idee kam, im Schweinestall eine elektrische Rattenfalle zu installieren. Gleich übertrug er seine Gedanken auf ein Stück Papier und fertigte damit eine erste Zeichnung seiner selbst ersonnenen Erfindung an. Es war ein Mordwerkzeug!

Auf einem einfachen Holzrahmen sollten die blanken Kupferdrähte eines stromführenden Kabels mit geringem Abstand zueinander parallel verlegt und mit stählernen Schuhnägeln fixiert werden. Das Versorgungskabel dazu lief von der einzigen 220-Volt-Steckdose in der Scheune durch die Tenne und unter der Tür hindurch hinein in den Schweinestall, dort auf dem Putz der Mauer senkrecht hinauf zur gekalkten Decke und von einem dortigen Fixpunkt als schwebende Freileitung über einen weiteren Deckenhaken hinunter zu der lauernden Hinrichtungsstätte vor dem einzigen Zugang und Fluchtweg für die ungeliebten Plagegeister. Wie geplant, so getan. Die Scharfschaltung erfolgte über Stecker und Dose ohne Schalter und Schutzkontakt.

Es war eine höchst bedenkliche und auch gefährliche technische Installation, bei der es leicht einen Kurzschluss hätte geben können. Die Feuchtigkeit des Raums war dieser Technik nicht zuträglich.

Der Holzrahmen mit den spannungsgeladenen nackten Drahtwindungen stand wie ein glühender Grill direkt vor dem niederen Durchlass in der Außenwand, der die stinkenden Abwässer des Stalls durch eine im Steinboden verlaufende Rinne ständig in die Jauchegrube ableitete. Nach der Logik des Erfinders konnte bei scharfgeschalteter Falle jetzt keine Ratte mehr auf diesem Weg unseren Schweinestall betreten oder verlassen, ohne sich zumindest die Füße oder gar das Fell zu verbrennen.

Bei dem ersten abendlichen Kontrollgang in den so präparierten Stall konnte ich mit meinen zehnjährigen Augen selbst beobachten, wie bei unserem Eintreten eine flotte Ratte ganz elegant zu eben diesem Ausgang huschte und unmittelbar vor der spannungsgeladenen Tötungsmaschinerie mit einem eleganten Sprung längs über die im Zickzack gelegten Drähte mit der bedrohlichen elektrischen Ladung di-

rekt und kopfüber in die kleine Maueröffnung ein-
tauchte und dort auf Nimmerwiedersehen ver-
schwand. Die schlauen Tiere mussten die Gefahr er-
kannt haben, obwohl nicht eine von ihnen zuvor
durch Jupps Erfindung, Konstruktion und Installati-
on zu Tode gekommen war. Ob aber eines dieser
nächtlichen Störenfriede zuvor einen schmerzhaften
elektrischen Schlag erlitten hatte, ließ sich nicht mehr
feststellen.

Als Opa von dem missglückten Experiment er-
fuhr, las er allen Beteiligten und Mitwissern mit fol-
genden Worten gehörig die Leviten:

Seid ihr denn verrückt geworden?
Ihr hättet Haus und Hof abbrennen können!

Das Wespennest

Das Bauernhaus meines „Henne Opas" ist in der Dorfchronik unseres ehemaligen Amtsbürgermeisters Martin Weis, die den Titel trägt „Ein Dorf im Hunsrück", mit einer fotografischen Aufnahme und dem Baujahr 1727 erwähnt. Das zweiteilige Haus mit einem alten und einem neueren Teil ist in meinem kleinen Leben schon immer dagewesen. Auf fünf Ebenen bot es ausreichenden Wohnraum für die großen Familien mehrerer Generationen meiner Vorfahren wie auch konkret für die meiner damals amtierenden Großeltern mit ihren fünf Kindern. Der kühle Keller mit dem gestampften Boden beherbergte wesentliche Vorräte an Lebensmitteln. Dazu gehörten vor allem die Kartoffeln, das im großen Steinbottich in Salzlake unter dem Druck schwerer Sandsteine gehaltene Sauerkraut und die im glasierten Keramiktopf eingesalzenen und gleichermaßen beschwerten geschnippelten Bohnen. Weitere Steintröge enthielten in trockenen Sand gestopfte Möhren und in milchiges Wasserglas vergrabene rohe Hühnereier. Das war schon die Hälfte der materiellen Grundlage für die familiäre Daseinsvorsorge. Die andere Hälfte der auf eigener Scholle selbst produzierten und auch selber veredelten Lebensmittel hatte auf den beiden Ebenen unseres sehr verwinkelten Dachbodens ihre Stauräume und Lagerflächen.

Im Hausflur zu ebener Erde führte eine hölzerne Treppe im rechten Winkel mit einer kühnen Windung in ihrer Mitte zu der ersten Etage, wo die Schlafkammern ihren Platz hatten. Nach einem Überstieg eines tragenden Konstruktionsteils am

Ende der Treppe zweigte ein weiteres Treppchen mit wenigen Stufen zu den übrigen Kammern des alten Teils des Hauses ab. Diese Konstruktion wiederholte sich auf dem Weg nach oben vom ersten Stock auf die untere Ebene des Dachbodens. Genau an dieser Stelle begegnen wir dem Tatort meiner Geschichte. Sie beginnt mit der zufälligen Entdeckung eines Wespennests auf halbem Weg nach oben auf den unteren Teil des Dachbodens, da, wo die Eichentreppe den Linksschwenk vollzieht. An der Innenseite eines tragenden Fachwerkbalkens waren fleißige Arbeiterinnen und Arbeiter eines Wespenvolks mit dem Bau einer neuen Unterkunft beschäftigt. An dieser Stelle hatte im achtzehnten Jahrhundert der Architekt unseres Hauses ein kleines Fassadenfensterchen mit Rundbogen vorgesehen, dessen Bestimmung es war, durch die winzigen Glasscheiben zwischen den Leisten des hölzernen Rahmens den auf- und absteigenden Lastenträgern bei Tage ein leidliches Licht zur Wegfindung und Trittsicherheit einzulassen.

Heute war mal wieder etwas aus der Räucherkammer auf dem Speicher zu besorgen. Um dorthin zu gelangen, war zuerst die untere Ebene des Dachbodens des neuen Teils des Hauses zu besteigen und über ein abwärts führendes Treppchen die tiefer gelegene Speicherebene des älteren Teils zu betreten. Damit befand man sich genau über Omas und Opas Schlafgemach. Zur Räucherkammer mit ihren haltbaren Schätzen waren es dann nur noch ein paar Schritte. Nur zur Abrundung des Gesamtbildes dieses Wohnensembles sei zur Vollständigkeit noch auf die oberen Ebenen beider Dachböden hingewiesen, die sowohl den Stauraum der alten wie auch den der neueren Haushälfte erheblich erweiterten.

Heute koche ich gestampfte Kohlraben mit Blutwurst.
Geh doch mal auf den Speicher und hole eine Blutwurst
aus der Räucherkammer, die will ich dazu braten,
das schmeckt uns allen doch immer so gut.
Du mit deinen jungen Beinen kannst das am besten!

Das war die Order meiner Oma und zugleich der Auslöser für die folgende Entwicklung:
Auf halbem Weg der Treppe vom Obergeschoss auf die erste Speicherebene war schon lange Zeit eine kleine Ecke aus der rechten Glasscheibe des Fensterchens herausgebrochen. Zuerst war es nur der feine Luftzug, der mich auf das Loch aufmerksam machte. Dann aber erkannte ich die vielen brummenden Insekten in dem belebten Luftraum außen vor dem Fenster. Es waren Wespen, die draußen im Wind vor dem Loch in der Scheibe im Flug anzustehen schienen, um in einem günstigen Augenblick den engen Durchlass mit der scharfen Glaskante passieren zu können. Von hier war es nicht weit zu der hellgrauen Kugel aus einem unbekannten Baustoff, die an einem nahen vertikalen Balken des Ständerfachwerks klebte. Ich hatte ein im Bau befindliches Wespennest entdeckt. Es war so groß wie ein Gänseei und hatte unten ein Loch. Offenbar war dies der Ein- und zugleich auch der Ausgang für all seine künftigen Bewohner.
Wespen waren mir in meinem kurzen Leben schon begegnet. Nicht nur vom Hörensagen wusste ich im zarten Kindesalter um die Wehrhaftigkeit und

Angriffslust dieser ständig vor der Nase des Betrachters irritierend hin- und her summenden bewaffneten Insekten, die an ihrem hinteren Ende einen gefürchteten Stachel tragen. Bei einer früheren persönlichen, sehr eindrucksvollen, ja schmerzhaften Begegnung mit einem solchen Exemplar war mein Respekt vor diesen fliegenden Zeitgenossen entstanden und wohl zugleich auch die Basis für eine wilde Entschlossenheit dafür gelegt, bei einer sich bietenden Teilnahme an Abwehrmaßnahmen jeder Art gegen diese gefährlichen Viecher meinen Anteil nicht zu verweigern. Das Wespentier hatte seinen hinterlistigen Stachel nämlich nicht als Instrument einer ihm zugestandenen fairen Selbstverteidigung, sondern als schnöde Angriffswaffe gegen mich eingesetzt.

Das Einflugloch am Boden des runden Wespenhauses sollte sich, wie sich im Verlaufe dieser Geschichte noch zeigen wird, für die Wespen als Handicap erweisen. Meine Entdeckung auf dem Weg zur Räucherkammer konnte ich nicht für mich behalten. Gleich, nachdem ich den in der Kammer von der Stange genommenen Blutwurstkringel bei Oma in der Küche abgeliefert hatte, eilte ich zu Opa, um ihm von dem entdeckten Einfall der wilden Flugtiere in der Abgeschiedenheit der oberen Haushälfte zu berichten. Meine Worte rissen ihn augenblicklich aus seinem Korbsessel neben dem eisernen Ofen im Wohnzimmer mit der integrierten Schneiderwerkstatt. So flink hatte ich meinen Opa noch nie gesehen. Daran erkannte ich die Dringlichkeit, die er meiner Entdeckung augenblicklich zumaß. Nach der sofortigen Besichtigung, die unter meiner Führung noch vor dem von Oma bereits angekündigten Mittagessen an dem Einfallsort des Giebelfensterchens an der Treppe zum Dachboden stattfand, entwarf Opa eine Strategie für einen möglichst erfolgreichen und für uns beide risikoarmen Feldzug gegen die unerwünschten Eindringlinge.

Die Anklage gegen das gelb-schwarz gestreifte Flugvolk lautete nicht auf unerlaubtes Eindringen durch das Loch in der Fensterscheibe und auf illegale Gründung einer Wespenkolonie. Der Vorwurf war grundlegender, er richtete sich gegen die pure Gegenwart in unserem Herrschafts- und Verkehrsbereich. Nicht nur Respekt, nein, die reine Angst vor diesen wehrhaften, wild umherschwirrenden Stacheltieren hatte uns befallen. Eine Duldung in unserem Haus war ausgeschlossen. Opa entschied sich fürs Ausräuchern!

Sollte das wirklich ein angemessene Mittel sein? Gab es keine andere Möglichkeit, den Zuzug der gelb-schwarzen Art abzuwenden? Diese Gedanken waberten durch meinen kleinen Kopf, als Opa schon in seinem Vertiko nach einem Stück Schwefelpapier suchte. Er fand auch gleich ein paar gelbe Streifen Kartonpapier mit eigenartig ätzender Ausdünstung.

Opa war ein Mann mit Lebenserfahrung. Seine Jahre überstiegen die meinen um mehr als das Siebenfache. In dieser langen Zeit, so konnte ich mir selber ausrechnen, musste er auch siebenmal so oft von einer Wespe gestochen worden sein. Das konnte ich dann auch als Ursache seiner kompromisslosen Haltung akzeptieren, und so stellte ich mich ihm bei dem Angriff mit der schwelenden Chemiewaffe auf das kleine Wespennest als Sekundant bereitwillig zur Verfügung. Ohne irgendeine Maßnahme des

Selbstschutzes gegen den Schwefeldampf und auch gegen zu erwartende Wespenstiche richtete Opa jetzt die Flamme seines Feuerzeugs mit der linken Hand an das präparierte steife Papier in seiner rechten. Dieses übernahm das Feuer und wandelte es um in eine schwelende und übel riechende Quelle vernichtenden Qualms. Beharrlich hielt Opas Hand das rauchende Teil unter das Einflugloch des runden Wespenhauses. Der giftige Dampf stieg in einer gelben Wolke senkrecht nach oben in das Innere des Rohbaus unserer als feindlich eingestuften Eindringlinge. Das machte das anwesende Personal offensichtlich sehr nervös. Im Inneren der grauen Kugel brach eine Panik aus. Wer konnte, verließ durch die einzige Öffnung das attackierte Nest und suchte sofort durch die zerbrochene Fensterscheibe das Weite in den freien Luftraum über dem Hausgarten.

Das Wirkungsprinzip unseres Kienspans unterschied sich nicht wesentlich von dem Vorgang in unserer Räucherkammer, der ich kurz zuvor die leckere Blutwurst entnommen hatte. Doch der verwendete Brennstoff war hier ein anderer. Am Ende ging alles gut aus, zumindest für uns. Wir hatten die Schlacht gegen die Wespen gewonnen, keiner wurde gestochen, nicht Opa und auch ich nicht, die Wespen kamen nicht wieder.

Der Kampf gegen die Wespen war denn auch Gesprächsstoff am gemeinsamen Mittagstisch in der Küche im alten Hausteil unter dem großelterlichen Schlafzimmer. Oma hatte dort inzwischen im großen Topf die gar gekochten gestampften Kohlraben mit ihren würzigen Zutaten geschickt veredelt, kurz abgeschmeckt und mit der in Speck gebratenen und appetitlich duftenden Blutwurst aus der Rauchkammer auf den Tisch gebracht. Während Opa nur schweigsam vor sich hin schmunzelte, lauschten rundherum von den sechs zufriedenen Essern vier mit großer Teilnahme meinem ohne jede Übertreibung vorgetragenen Bericht über den gerade siegreich beendeten Feldzug gegen die Wespen.

Freihändig fahren

Als ich zwölf Jahre alt war, bekam ich von meiner Tante und von meinem Onkel ein schönes neues Fahrrad geschenkt. Wir kauften es in unserem Dorf bei der Firma Geib & Dieter. Heute würde man diese Firma als ein technisches Kaufhaus bezeichnen. Damals war es eine Gemischtwarenhandlung kleineren Umfangs, deren Angebot sich von der einzelnen Schraube und Werkzeugen aller Arten über Energieträger wie Mineralöle und Karbid, über Maschinen und Fahrräder bis zu Kohle, Koks und Brikett sowie die gängigen Baustoffe erstreckte. Damals lebte noch der alte Herr Geib, die Geschäftsführung der OHG hatte er aber schon an seinen Schwiegersohn abgegeben.

Das Rad stand dort schon eine ganze Weile in dem kleinen Schaufenster, an dem ich mir schon wochenlang vorher sehr oft mein kleines Näschen plattgedrückt hatte. Es war schwarz und weiß lackiert und auf dem Rahmen stand „Rhön-Rad" drauf. Heute versteht man unter diesem Begriff etwas ganz anderes als ein Fahrrad, doch es war tatsächlich der Typenname, den der Hersteller W. Heidemann in Bielefeld diesem Zweirad zugedacht hatte.

Das neue Fahrrad hatte als Besonderheit an der Lenkstange einen analogen Kilometerzähler, der über eine Bowdenwelle von einem kleinen Mitnehmerarm an der Achse des Vorderrads von dessen Speichen angetrieben wurde. Eine Gangschaltung hatte es nicht. Das Fahrrad bekam ich gewissermaßen als Lohn für meine andauernde Arbeit auf dem kleinen Bauernhof von Tante und Onkel. In diesen

Jahren hatte ich fast jede Minute meiner Freizeit dort verbracht und mit allen Familienmitgliedern auf dem Hof, den Feldern und Wiesen mitgearbeitet. Wenn ich nach der Schule zu Hause zu Mittag gegessen und die wenigen Schulaufgaben erledigt hatte, bin ich gleich zu „Henne" gegangen, um mich dort an den täglichen Arbeiten zu beteiligen. Tante und Onkel hatten keine eigenen Kinder.

Von unserem Haus im Unterdorf bis an „Henne", wo Oma und Opa wie auch meine Tante Else noch gelebt und gearbeitet haben, waren es 400 Meter zu gehen. Bis heute wundere ich mich noch über das neue Fahrrad, weil man damals für eine solche bedeutende Anschaffung außer der Reihe kaum Geld abzweigen konnte oder wollte. Es war eine Investition von fast 100 DM. Vielleicht dachten Tante und Onkel, wenn der Junge mit dem Fahrrad fährt, dann ist er noch schneller bei uns und kann noch mehr arbeiten, und abends kann er auch länger bei uns bleiben. Doch diese Sorte Mensch mit solch verdorbenen Charaktereigenschaften und ausbeuterischen Gedanken trat nicht auf in der langen Reihe unserer noch persönlich erlebten Altvorderen, so schräg konnte keine und keiner von ihnen denken.

Eines Tages fuhr ich mit dem neuen Rad wie immer die 400 Meter durch unser Dorf zu „Henne Hof", vorbei an Geibs, Gasse, Büttners, der Amtsverwaltung, an Schülers, dem Backes und dem Betsaal, bis auf der rechten Seite der „freie Platz" kam mit dem Abzweig zum Inkerweg und zum Friedhofsweg, wo auf erhöhtem Gelände unsere schöne Dorfkirche schon immer wie eine Burg über das Dorf wachte. Hier nahm ich jetzt ganz vergnügt meine beiden Hände von der Lenkstange und strampelte die letzte Teilstrecke bis an mein Ziel freihändig. Die Kunst des freihändigen Fahrens mit gleichzeitigem Strampeln der Beine nach unten in die Pedale hatte ich auf dieser Route schon mehrfach ausgiebig geübt, und ich beherrschte mein Rhön-Rad deswegen souverän.

Querab von meinem Ziel streckte ich ganz vorschriftsmäßig die linke Hand im rechten Winkel deutlich zur Seite in die beabsichtigte Fahrtrichtung und orientierte mich mit meinem rollenden Untersatz zur Straßenmitte, weil ich ja jetzt in die Hofeinfahrt von „Henne" abbiegen wollte. Dort angekommen, sah ich zu meiner Überraschung, dass ein grünes Polizeiauto auf den Hof eingebogen war und jetzt unmittelbar hinter mir und meinem neuen Fahrrad angehalten hatte. Mir schwante nichts Gutes! Einer der beiden grün uniformierten Polizisten quälte sich aus dem engen, dunkelgrünen Käfer mit dem Blaulicht auf dem Dach und kam auf mich zu mit den Worten:

> *Du bist freihändig gefahren, das ist verboten,*
> *dafür musst du fünf Mark Strafe bezahlen.*
> *Das Geld bringst du am besten heute Abend*
> *zu dem Polizeimeister Göbel nach Hause.*
> *Wo der wohnt, das weist du ja bestimmt!*

Das strenge Auftreten der uniformierten Staatsmacht hatte mich sehr erschreckt und eingeschüchtert. Zum ersten Mal in meinem kleinen Leben hatte ich es mit der Polizei zu tun. Viel mehr hätte ich mich über Lob und Anerkennung beider Ordnungshüter wegen meiner absolut sicher demonstrierten freihändigen Fahrweise gefreut. Das mussten die doch auch gesehen und mit innerem Beifall wahrgenommen haben. Doch darüber verlor der Krittler kein Wort.

Als ich das alles abends meinem Vater erzählt hatte, gab er mir nach einer erneuten Belehrung fünf Mark, und ich bin damit zu dem Dorfpolizisten Göbel auf die „Beckers Höhe" marschiert, wo der mit seiner Frau gegenüber der Gastwirtschaft „Dietrichshöhe" ein kleines Diensthäuschen bewohnte. Herr Göbel hörte sich die ganze Geschichte noch einmal an und sprach dann die begütigenden Worte:

Behalte dein Geld, aber mach das nicht noch einmal!

Die Tanzschule

Mit 17 fängt das Leben erst an!

Als Ivo Robic diesen, für unsere Generation sehr bedeutenden Schlager 1960 in die Welt hineingesungen hatte, stieg er in meinem Ansehen bald danach zur Ballade des jungen Lebens auf.

Ich war 15, als das Tanzlehrer Ehepaar Jakob (Gemünden) in unserem kleinen Dorf einen Tanzkursus für junge Leute ankündigte. Nie war mir eine solche Möglichkeit der Fortbildung begegnet, und das kam in unserem Dorf auch nicht in jedem Jahr vor. Der Kursus sollte im Saal des Hotels Schüler mitten in unserer kleinen Gemeinde stattfinden. Im einfachen Sprachgebrauch nannten wir diesen Austragungsort immer nur „Schülers Saal".

Das Angebot richtete sich an alle Jugendlichen des Dorfes und die seiner Nachbargemeinden. Vom fünfzehnten bis zu einer nicht definierten oberen Anzahl von Lebensjahren, die von den potenziellen Teilnehmern selber zu bestimmen war, durfte sich jeder angesprochen fühlen. Als Kursgebühr war ein fester DM-Betrag, und für die verbindliche Anmeldung auch eine Frist genannt.

Auf sanften Druck unserer Eltern, besonders unserer lieben Mutter, wurden Jürgen und ich dort eingeschrieben. Die Überzeugungsarbeit an mir war aufwendiger als die an meinem um gute zwei Jahre älteren und erfahreneren Bruder. Der Kursus kostete natürlich Geld, doch den Betrag erinnere ich nicht mehr. Es war ja auch nicht mein Geld gewesen, das hier scheinbar sehr großzügig für eine mir damals recht fragwürdig erscheinende Bildungsaktion aus dem immer knappen Budget unserer vierköpfigen Familie für die Kultivierung der eigenen Nachkommenschaft abgezweigt werden sollte.

Ich selbst verspürte keinen Bedarf, bei mir traf Mutters Wunsch nicht auf unumschränkte Zustimmung, verhaltene Skepsis kam auf. Das Vorhaben berührte mich innerlich an einem noch nicht gefestigten Punkt. Ich spürte einen Keim der Unsicherheit im Umgang mit den auf mich einstürzenden Ereignissen in mir sprießen. Hier sollte auf offener Bühne und unter aller Augen der erste gesellschaftliche Umgang mit dem anderen Geschlecht praktiziert werden. Darauf fühlte ich mich (und viele andere Buben auch) nicht vorbereitet. Wie es Jürgen in dieser Frage erging, hatte ich nie erkundet. Nachfragen in dieser Sache tangierten nach meinem Empfinden einige der anerzogenen und stetig von der Familie und der konservativen Umgebung gehegten Tabuzonen. Also gehörten sie zu Hause zu den eher seltenen Themen. Reaktionen auf gelegentliches eigenes Orientierungsbegehren mit abschließendem Fragezeichen in Bezug auf die Hinwendung zu dem anderen Geschlecht führten dann auch eher zu ausweichenden und flapsigen Kommentaren und abfälligen, nicht sachdienlichen Bemerkungen, als dass sie mir eine erhoffte Leitlinie hätten bieten können. In diesem Punkt der Persönlichkeitsausprägung unterschied ich mich nicht wesentlich von der Mehrheit der potenziellen Teilnehmer an der in Aussicht gestellten kulturellen Schulungsmaßnahme.

Meine Zustimmung zu der Teilnahme war ein innerer Kompromiss zwischen gelebter Schüchternheit und der Einsicht in eine letztendlich förderliche und befreiende systematische Einführung in die gesellschaftlich anerkannte Kultur des tänzerischen Umgangs miteinander. Zur Überwindung meiner noch mickerig ausgeprägten Emanzipation ließ ich mich bei der Auswahl der geeigneten Mittel schließlich doch auch von dem Medium „Paartanz" überzeugen. Das Schwanken zwischen den bisher schnöde verhüteten Einblicken in die Zone der eigenen Gefühle und dem alterskonformen Drang nach Bedeutungszuwachs sollte jetzt mit einer mutigen Entscheidung durchbrochen werden.

Bis zu diesem Zeitpunkt setzte mein bis dahin erreichter Reifeprozess aber noch ein „P" davor, ich genierte mich noch ein wenig.

Schließlich war es getan, mein Name und der meines Bruders standen auf der Anmeldeliste in der Spalte „Herren". Bei dem ersten Zusammentreffen in „Schülers Saal" verlasen die Veranstalter alle Namen aus beiden Spalten der Meldeliste. Zusammen kam eine stattliche Anzahl von neununddreißig Teilnehmerinnen und Teilnehmern zwischen fünfzehn und zwanzig Jahren zustande. Doch weit gefehlt, wer da denkt, diese Zahl lasse sich zu etwa gleichen Teilen in der linken und der rechten Spalte wiederfinden. Nein, dem war bei weitem nicht so. Die Spalte „Damen" enthielt nur magere dreizehn Namen. Also mussten sich zwei Buben ein Mädchen teilen. Doch halt! Hier, in unserer Bildungsstätte für den gepflegten Umgang miteinander, sowohl auf dem Tanzparkett wie auch „in Gesellschaft", waren die „Buben" schon kraft Eintragung in die Meldeliste zu „Herren" und die Mädchen zu „Damen" avanciert. Das hatte doch Stil, nicht wahr?

256

Warum war das denn so mit dem Überschuss an jungen Herren? War die ungleiche Verteilung der Geburten auf die Geschlechter ein Zufall, oder hatte die Natur so kurz nach dem verlustreichen Zweiten Weltkrieg hier etwa etwas auf wundersame Weise ausgeglichen? Diese Frage stellte ich mir gelegentlich, ohne jemals eine Antwort darauf erhalten zu haben. Meine entsprechenden Anfragen bei der heutzutage vielwissenden „Frau Google" und dem Superhirn des „Herrn Wikipedia" brachten auch noch keine erhellenden Erkenntnisse. In unserem ersten Tanzkursus war das krasse Missverhältnis zwischen der Anzahl der Damen und der Herren von Beginn an ein störendes Handicap für den geschmeidigen Verlauf.

Am Eröffnungsabend trat das Tanzlehrer-Ehepaar Jakob aus Gemünden in „Schülers Saal" als professionelle Gastgeber und Veranstalter auf und stellte sich der fast vierzigköpfigen bunt gemischten Schülerschaft in sehr eleganter Weise vor. Von unseren Eltern und anderen Würdenträgern waren wir auf eine gewisse Weise, etwas mehrdeutig verbal auf Neuheiten und auf ungewohnt anmutende Bräuche auf der jetzt erstmals betretenen gesellschaftlichen Ebene im allgemeinen, und auch auf die Schlüpfrigkeiten des Parketts im besonderen, so ungefähr vorbereitet worden. Die nebulösen Einflüsterungen aus verschiedenen Mündern erzeugten bei jedem einzelnen von uns eine eigene innere Anspannung und Erwartungshaltung auf die kommenden Ereignisse.

Schon der ganz souverän im modischen dunklen Einreiher über seinem auf Körpermaß geschnittenen Beinkleid mit dem breiten Hosenbund auftretende

Endvierziger mittlerer Größe nötigte uns Tanzschülern eine respektable Aufmerksamkeit und Ehrfurcht für den Chef im Saal ab. Der Mann schien Geschmack zu besitzen, dieses auch zu wissen und auszuleben. Die elegante Erscheinung unseres Tanzlehrers verstand es, ihre gehobene Garderobenkultur dem Niveau ihrer natürlichen Persönlichkeit anzupassen. Stimme und Körpersprache bildeten in ihrer Weichheit keinen Widerspruch zu dem formellen Begrüßungsauftritt und den verwendeten geschmeidigen Worten seiner Ansprache. Zwischen dem Maestro mit der Fliege und uns lagen Welten!

Nicht minder elegant wirkte die Frau, nein, die Dame, an seiner Seite, die sich bei den ersten Begrüßungsworten des Paares als seine Angetraute zu erkennen gab. Herr Jakob hätte wohl bei den meisten von uns auch ohne diese sympathische und reizvolle Brünette mit den stets perfekt gebändigten schulterlangen Locken und allerlei Applikationen auf der üppig bürgerlich gewölbten Vorderfront ihres dunklen Brokatkleides als respektable Persönlichkeit Anerkennung gefunden. Die Buben, pardon, die Herren, unter uns fühlten sich in der Mehrheit ungeachtet der hohen Anzahl ihrer trennenden Lebensjahre zu denen der Chefin im Saal sogleich auf eine gewisse Weise mit ihr verbunden. Diejenigen, mit einem verschlagenen Gespür fürs Feinfühlige, glaubten bei ihrem zugewandten Lächeln in der Tiefe der dunklen Augen den geheimen Anker einer persönlichen Beziehung entdeckt zu haben.

Hier standen also unsere Kursleiter und erklärten den Aufbau des eben begonnenen Grundkurses und die Aussichten auf einen späteren Folgekurs für fortgeschrittene Tänzerinnen und Tänzer. Beide gaben einen Überblick über die Dauer und die Anzahl der Unterrichtsstunden, die Lerninhalte, also die Namen und die Charakteristika der zu studierenden Tänze, und schließlich wagten sie einen Ausblick auf den angestrebten „Zwischenball" in der Mitte der Kampagne und den obligatorischen Abschlussball eines jeden Tanzkurses. Dabei ergingen Empfehlungen, Regeln und praktische Tipps für die persönliche Ausstattung in Bezug auf Kleidung und vor allem auch der Schuhe für die gemeinsamen Übungen der nächsten zehn oder zwölf Doppelstunden auf den Tanzbrettern in „Schülers Saal".

Bei dieser theoretischen Einführung stellte sich heraus, dass die „Tanzschule Jakob" uns jungen Leuten nicht nur das stilvolle Tanzen als paarweisen geschmeidig anzusehenden Bewegungsablauf beibringen wollte, sondern auch eine gewisse Bereitschaft zur Annahme und Umsetzung der gängigen Benimmregeln „in Gesellschaft", bei Tische und eben auch beim Tanz, bei dem bis dahin unbehandelten Naturvolk zu bewirken hoffte. Von Herrn Knigge und seinem prägenden Dienst an der abendländischen Gesellschaft war oft die Rede. Die Kenntnis und vor allem die Anwendung und Einhaltung der guten Sitten und die Beachtung gewisser Etikette seien entscheidende Kriterien für ein aufgebessertes Ansehen in der Gesellschaft. Der Grad der erreichten Perfektion in diesen Disziplinen bestimme zuweilen auch die Stufe der eigenen Verortung durch andere Menschen auf der Skala ihrer Beliebtheit. Das Maß der gebotenen Achtung und des gezollten Respekts seien davon intuitiv beeinflusst. Sicherlich ließen sich bei der angetretenen Schülerschaft viele noch lohnende Verbesserungen an den mäßig ausgebildeten Qualitäten dieser Art erreichen. Mit anderen Worten: Da gab es noch reichlich Luft nach oben! Die Spanne zwischen Trampel und Partylöwe ist groß gewesen.

Die erste praktische Übungsstunde begann mit der Einteilung der Damen und Herren als Tanzpartner. Paare mussten gebildet werden, was bei dem erdrückenden Zahlenverhältnis der Damen zu den Herren von eins zu zwei schwierig gewesen ist. Es gab nur eine Lösung: Zwei Herren mussten sich eine Dame teilen. Die Damen durften also gleich zweimal ihre Partner aussuchen, indem sie sich auf das Kommando des Chefs von ihren Stühlen an der Fensterseite des Saals erhoben und die zentrale Tanzfläche um den Stützpfeiler herum durcheilten, um auf der gegenüber platzierten Stuhlreihe den anvisierten Wunschpartner zu erhaschen. Es war schon ein bedeutendes Rennen, bei dem es wegen manch ungünstiger Startposition unter den vorbrechenden Damen unverhofften Spurwechsel gegeben hat, die auch zu körperlichen Kollisionen führten. Den Herren indes war bei diesem richtungsweisenden Spiel nur die gleiche passive Rolle zugeteilt, wie das bei einer klassischen Damenwahl der Fall ist. Nur die schnellsten Läuferinnen erreichten ihre Traumpartner rechtzeitig. Die stolz und würdig daherschreitenden Damen und die schüchternen Nachzüglerinnen mussten nehmen, was auf den rechten Stühlen übrig geblieben war.

Nicht jeder Teilnehmer kannte am Eröffnungsabend schon jeden anderen. Die Schülerinnen und

Schüler kamen nicht alle aus einem Ort, sie strömten auch aus solchen Gemeinden herbei, zu denen es in ihrer Schul- oder Konfirmandenzeit keine gegenseitigen Schnittmengen gegeben hatte. Die konfessionelle Zugehörigkeit der Bevölkerung war in den Ortschaften mehrheitlich verschieden. Hier und da erinnerte man sich an den gemeinsam in unserem Gemeindehaus verbrachten zweijährigen Konfirmandenunterricht und die darauf folgende Konfirmation in unserer Kirche. Eine weitere Möglichkeit gegenseitiger Begegnung hatten die ehemaligen Buben auch durch den organisierten Fußballsport der Jugendmannschaften im eigenen Landkreis Zell/Mosel und in den umliegenden Landkreisen Simmern, Cochem, Bernkastel und Birkenfeld. So kickten in unseren C- und B-Klasse-Mannschaften auch vierzehn- bis siebzehnjährige Spieler aus anderen Dörfern unter dem Banner des „VfR Büchenbeuren", der sich aber im Jahr 1958 in „TuS Büchenbeuren" umbenannte.

Dienstagabends von 20 – 22 Uhr stand nun der Tanzunterricht in „Schülers Saal" auf den Terminkalendern der nahezu vierzig Teilnehmer. Die jungen Damen nahmen, wie schon beschrieben, ihre Plätze auf den in der Breite ausgerichteten Stühlen zur linken Seite des Saales ein. Die Herren saßen in einer viel breiteren Reihe ebenfalls alle nebeneinander gegenüber an der rechten Wand. Dazwischen forderte der Herr mit der Fliege durch einladende Handbewegungen zu den praktischen Übungen auf der zentralen Tanzfläche auf.

Alle warteten mit Spannung auf das akustische Kommando. Das kam denn auch von Herrn Jakob, der für den Anfang den langsamen Walzer als geeignet hielt. Nachdem er mit Hilfe seiner patenten Gattin dem mitgebrachten Grammophon die ersten Takte einer passenden Musik für diese Übung entlockt hatte, schritt er locker aber bestimmt entlang der Damenreihe auf seine schon wartende Partnerin mit dem Brokatkleid auf dem reservierten ersten Sitz zu, verbeugte sich im Abstand einer Schrittlänge artig vor ihr, während sich seine rechte Hand ihrer Linken näherte und seine weiche Stimme die förmliche Bitte um diesen Tanz mit den Worten an sie richtete: „*Darf ich bitten?*" Mit einem artigen Lächeln ließ sie sich von ihm auf die freie Tanzfläche geleiten und folgte willig den für alle hörbaren Anweisungen ihres Herrn.

Nun kamen von ihm die Kommandos zu folgenden Schritten:

Der Herr	Die Dame
Eins: Rechter Fuß vor	Linker Fuß rück
Zwei: Linker Fuß links und vor	Rechter Fuß rechts und rück
Drei: Rechter Fuß ran	Linker Fuß ran
Eins:: Linker Fuß rück	Rechter Fuß vor
Zwei: Rechter Fuß rechts + rück	Linker Fuß links + vor
Drei: Linker Fuß ran	Rechter Fuß ran

Bei den Vorwärtsbewegungen sollen sich die eigenen Fußspitzen zwischen die des Partners oder der Partnerin setzen. Bei Nichtbeachtung, so war den warnenden Worten des Vortänzers zu entnehmen, bestehe akute Unfallgefahr.

Danach wurde es ernst: Alle Tanzpaare traten zum ersten Mal aufs Parkett und vollzogen die Bewegungen der Übungsleiter, so gut es eben ging, nach. Die Disziplin unter den Paaren reichte von Konzentration aufs Wesentliche über nervöse Hektik der Bewegungen bis zur Blockadehaltung. Doch die Übungsstunde hatte erst begonnen und der Abend war noch lange nicht zu Ende. Immer und immer wieder und wieder drangen die Eröffnungstakte der gewählten Musik aus dem Grammophon, und immer und immer wieder dazu die gleichen begleitenden Anweisungen der weichen Stimme unseres Maestro.

Wer diese einfachen Gangarten schon begriffen, gut verinnerlicht und als Tanzpaar in einen locker anmutenden wiegenden und harmonischen Bewegungsablauf gebracht hatte, konnte, um nicht weiter ortsfest auf der Stelle treten zu müssen, die Figur selbständig mit kleinen Drehungen garnieren. Das Signal dazu solle stets von dem Herrn ausgehen, der die Dame ja zu führen habe, so die Ansage der kritisch überwachenden Lehrer. Diese hatten jetzt ihre geschlossene Tanzhaltung gelöst und wandten ihre Aufmerksamkeit den praktischen Übungen ihrer Schüler zu, immer bereit zu korrigierenden Eingriffen. Schrittlänge, Fußstellung, Armhaltung, Körperspannung, all das stand unter ihrer ständigen Beobachtung. Ziel der wiederholenden Übungen sei eine natürliche Festigkeit in diesen grundlegenden Fähigkeiten, die auch für andere, später noch folgende Tänze, von Nutzen sein werden. Dem Könner, so das Credo, werden die künftigen Anforderungen keine Mühen bereiten.

Zusätzliche Motivation und Quelle der Kraft lagen zweifellos in der persönlichen Hilfestellung des individuellen Frontalunterrichts. Um sich ihrer zu bemächtigen, klatschte Herr Jakob mit beiden Händen ganz demonstrativ die ausgesuchte Dame ab und nahm nach einer nur leise gemurmelten förmlichen Entschuldigung ohne Umschweife die Stelle ihres abgelösten Partners ein. Dieser aber sollte sich nicht schmollend zurückziehen, sondern aufmerksam seine perfekt demonstrierten Tanzbewegungen beobachten und selber verinnerlichen. In gleichberechtigter Weise kamen zuweilen auch die jungen Herren in den aufregenden Genuss des Direktunterrichts mit frontaler Tuchfühlung zu den schmückenden Applikationen der gediegenen Staffage im parfümierten Dunstkreis der Chefin im Saal. Um die spannende Situation mit der ergriffenen Dame souverän bis zum Ende des individuellen Frontalunterrichts zu überstehen, war die strikte Besinnung auf die Kniggeschen Regeln sehr hilfreich.

Nach vielen anstrengenden Pendelschritten und Drehungen in geschlossener Tanzhaltung, immer im Rhythmus der Musik aus dem Koffer, trat für die Herren nun eine willkommene Pause ein. Jetzt zeigte sich die angenehme Seite der Geschlechter-Medaille, also der ungleichen Verteilung der Teilnehmer auf Damen und Herren. Wer von den pausierenden Herren es nicht lassen konnte, ging eine rauchen und/oder bestellte sich am Tresen der Gaststätte ein schnelles Pils. Die Damen aber legten ihre zweite Tanzschicht ein mit der anderen Hälfte der bisher auf ihren Stühlen ausharrenden Herren. Von ihnen erwartete man jetzt eine beschleunigte Aufnahme und Umsetzung der Tanzübungen, denn sie hatten den Vortänzern bei ihrer Kunst schon eine ganze Weile aufmerksam zugesehen und sicher auch innerlich schon ein wenig davon in sich aufgesaugt und gedanklich in ihre ausführenden Glieder gepresst.

Der Tanzunterricht füllte wöchentlich einen trüben Winterabend mit zunehmender Freude und Engagement. Herrschte bei einigen der jungen Herren zu Beginn noch vielfache Skepsis vor, so zerstreute sich diese mit zunehmender Praxis und wich einer wachsenden vorauseilenden Vorfreude auf die nächste Übungsstunde in „Schülers Saal". Den Damen war die anfängliche Zurückhaltung kaum mehr anzumerken.

Das Lernprogramm unseres ersten Tanzkurses war umfangreich und machte uns im weiteren Ablauf auch noch vertraut mit den populären Paartänzen „Foxtrott", „Wiener Walzer", „Cha Cha Cha" und schließlich auch noch mit dem „Charleston".

Beim Foxtrott lauteten die Anweisungen an die in Stellung gebrachten Probanden:

Eins, zwei, drei, vier!
Eins, zwei, drei, vier!

Das war einfach. Die Herren hatten ihre auszuführenden Vor – vor – links – links – Schritte schnell begriffen, ebenso die Damen ihre dazu passenden Komplementärbewegungen.

Mit jeder Foxtrott-Minute auf dem Parkett im flotten Takt der Musik nahm die Trittsicherheit zu, schnell kam Freude auf und die anfängliche Verkrampfung der Gesichter wich entspannten Zügen.

Den Foxtrott empfand ich als Bändigung früherer wilder Hampeleien, also der in der Vortanzschulzeit auf den rauen Brettern der dörflichen Tanzdielen schon intuitiv ausgeführten Übungen nach den animierenden Klängen der Schlagermusik, die sich noch handgemacht von den Podien in die Säle ergossen. So gänzlich unvorbereitet und als steife Anfänger hatten wir uns der ländlichen Tanzakademie in „Schülers Saal" ja doch nicht unterworfen.

Der Wiener Walzer hingegen stellte so vielfältige Anforderungen an die Schüler, dass darauf eine ganze Reihe von Übungsstunden zu verwenden war. Immer und immer wieder versuchte der Kaiserwalzer aus dem Grammophon den nötigen Schwung im Dreivierteltakt mit dem gewissen Etwas in die vielen ungeübten Beine zu drillen. Die Erfolgsspur zur Annäherung an diese Krone des Gesellschaftstanzes begann mit Soloübungen, zuerst denen der Herren, dann denen der Damen. Ganzheitlich aufzunehmen und nachzuahmen waren für die Herren die eintänzerischen Bewegungen und Mimiken des leichtfüßig über das Parkett schwebenden Mentors mit der Fliege und für die Damen die seiner charmanten Frau, die auch schon mal im gepunkteten Kleid auftrat. War dies von den Schülersolisten beiderlei Geschlechts in einen befriedigend flüssigen Bewegungsablauf umgesetzt, folgten erste Versuche des Zusammenspiels beider Paarhälften. „Übung macht den Meister!" Unter diesem Motto standen alle Anfeuerungen der Kursleiter für eine dauerhafte Motivation ihrer zahlreichen Gefolgschaft.

Bei total misslungenen Versuchen, die in schlimmen Fällen für beide Partner eines Paares mit unverhoffter Bodenberührung endeten, war gegen die spontane Heiterkeit der übrigen Tänzer kein Kraut gewachsen. Tröstende Worte reichten den herabgesunkenen Unglücksraben als Pflaster nicht aus zur Linderung der empfundenen Schmach. Solch Ungemach war zwar nicht an der Tagesordnung, kam aber hin und wieder vor. Vor allem barg der Wiener Walzer mit seiner variantenreichen Vielfalt an Drehungen in beide Richtungen versteckte Risiken und Klippen für entwürdigendes Scheitern. Ursachen dafür gab es viele. Zum Beispiel dann, wenn der rechte Schuh bei einem mutig vorgesetzten Schritt seines Herrn statt den erwarteten freien Landeplatz noch das dort in Stöckelschuhen balancierende linke Füßchen seiner Partnerin traf. Dann konnte bei beiden die Not augenblicklich groß, die Tanzhaltung nicht mehr beherrschbar und die Folgen schmerzhaft werden. Seit eigenen Erfahrungen mit gemeinsamer Notlandung, Bodenkontakt und zugezogenen temporären Blessuren akzeptiere ich die allgemeine Anerkennung jedweden Gesellschaftstanzes als seriöse Sportart, wie zum Beispiel Handball und Fußball. Alleine schon die Verletzungsgefahr gebietet diesen Respekt!

War schließlich auch der flotte „Cha Cha Cha" uns allen in Fleisch und Blut übergesprungen, begannen die folgenden Tanzabende mit Wiederholungen der erworbenen Fähigkeiten. Das war auch wichtig, denn die Kunst sollte sich in der erlernten Breite noch sehr vertiefen und nicht an der Oberfläche bleiben, von wo aus sie sich ebenso schnell wie erlernt auch wieder hätte verflüchtigen können.

Die reine Formalausbildung mit strenger Ausrichtung auf die Prinzipien der einzelnen Tänze war nun überstanden und wich aufgelockerten und dynamischen Unterweisungen auf dem weiten Feld der gesellschaftlichen Gepflogenheiten. Hier kam auch Herr Knigge mit seinen Benimmregeln wieder ins Spiel.

Als die zu unserem Unterrichtsstoff zu zählenden Einzelheiten aus dem großen Angebot seines Benimmbuches sind solche Feinheiten zu nennen, deren Beachtung bei der Aufforderung einer Dame zum Tanz ihre geschmeidige Folgschaft begünstigen und das Einhandeln eines Korbes verhindern (können). Ein Gespür für die angemessene Verwendung der Höflichkeitsfloskeln wie „bitte sehr" und „danke schön" während der Konversation ist auch für Ungeübte erlernbar, ebenso die stilvoll begleitende Rückführung nach vollzogener Tanzübung auf dem Parkett und das eventuell nötige Stuhlrücken am Sitzplatz der Dame mit dem abschließend gemurmelten Dank für den gewährten Tanz.

Ein eigenes Kapitel des Kniggeschen Benimmbuches beschäftigt sich mit den Sitten bei Tisch. Auch daran sollten wir Anteil haben und von dem Wissen und den Erfahrungen unserer Zeremonienmeister profitieren. Dazu gab es auch allen Grund, denn zu Beginn der zweiten Hälfte unserer Unterweisungen stand der „Zwischenball" an. Er sollte die Generalprobe werden für den finalen Abschlussball am Ende der umfangreichen Trainingsmaßnahmen der Landjugend zur Ertüchtigung für die sprichwörtlichen „Bretter, die die Welt bedeuten". Ohne Protz und Prunk war dieser Zwischenball eher als ein internes „Bällchen" geplant. Zwar sollte sich die Garderobe der Teilnehmer von ihrer Alltagskleidung unterscheiden und der oberen Schublade der Kommoden entnommen sein. Auch ein Friseurbesuch kurz zuvor könne nicht schaden. Die erweiterten Ratschläge an die jungen Herren sahen auch ein Blumensträußchen für ihre Tanzpartnerinnen vor, das von den zu beglückenden Empfängerinnen über die Dauer des Übungsabends in Ehren zu halten wäre. Doch Publikum sei nicht zugelassen, es solle ja auch bloß ein „Übungsbällchen" werden mit dem erklärten Ziel, die unbefangene Darbietung des erreichten Ausbildungsstands ohne krittelnde Jury zu ermöglichen.

Nach dieser Zwischenprüfung hatten wir für das finale Fest des Abschlussballs schnell einen Termin bestimmt, er sollte im Mai sein und statt des Grammophons sollte die Musik von einer Zwei-Mann-Kapelle ganz lebendig mit Mund, Händen und Füßen erzeugt werden. Der festliche Rahmen schloss Einladungen an alle Eltern, an Geschwister und Freunde ein. So weit es der verfügbare Raum zuließ, waren auch Großeltern, Tanten und Onkel der Schüler herzlich willkommen geheißen. Die Namen der Interessenten sammelten sich in einer Anmeldeliste mit begrenzter Anzahl von Zeilen, die eine Überbuchung nicht zuließ.

Tischkarten mit den Namen der Gäste ließen am Festabend bei der Platzzuweisung keinen Stress aufkommen. Der Tanzsaal mit dem zentralen Stützpfeiler in unserem Hotel Schüler war an diesem Abend durch die geöffnete Doppeltür zu dem vorgelagerten „Herrenzimmer", einem behaglichen Nebenraum von einiger Größe, erheblich erweitert. Hier saßen vor allem die eingeladenen Gäste und genossen den freien Blick auf die festlichen und sportlichen Darbietungen der Absolventen im Saal und auf dem Parkett. Darauf kam es heute ja an.

Mama und Papa wollten sehen, wofür sie sich in diesem Jahr einen Teil des Familienbudgets vom Munde abgespart hatten. Es galt zu prüfen, was die Tochter gelernt hatte und wie sie heute Abend sich selbst und die erworbene Tanzkunst in ihrem ersten Ballkleid zu präsentieren verstand. Die jungen Herren in ihren dunklen Anzügen mit und ohne weißem Einstecktuch am Revers standen nicht minder unter kritischer Betrachtung ihrer Familien und ebenso im Rampenlicht der versammelten Öffentlichkeit des gemischten Publikums.

Die Aufstellung zu dem obligatorischen Gemeinschaftsfoto musste zu Beginn erfolgen, denn danach hätte sich dazu kaum noch eine geeignete Gelegenheit geboten. Schnell waren einige Stühle bereitgestellt, mit deren Hilfe sich alle Teilnehmer des Lehrgangs zu einem fotogerechten Gruppenbild aufstellen konnten. Zusammen mit ihren beiden Vortänzern, die in der Mitte der vorderen Sitzreihe ihren Ehrenplatz eingenommen hatten, lächelten sie dem

Fotografen zu und warteten auf das auslösende Vögelchen an der Kamera mit dem Blitzlichtaufsatz.

Das ungeschriebene Drehbuch des Abends sah nun den Einmarsch der Tanzpaare in den dezent geschmückten Festsaal vor. Wie zuvor natürlich geübt, bildeten sich noch im vorgelagerten Herrenzimmer so viele Pärchen, wie es die Anzahl der vorhandenen Damen zuließ. Im Takt der eigens zu diesem festlichen Anlass engagierten Combo „Gregor" zog die erste Partie der Absolventen, paarweise Händchen haltend, mit einer stilvollen Polonaise in den Festsaal ein. Dabei führten die jungen Damen ihre von den Partnern soeben erhaltenen Blümchen in anmutig angewinkelter Armhaltung in ihrer rechten Hand. Unter der gekonnten musikalischen Führung beider Musiker ging die Einlaufformation nach einer Präsentationsrunde um die gesamte Tanzfläche sehr elegant vom Marsch in den Dreivierteltakt des Kaiserwalzers über, der nun für einen Moment die Aufmerksamkeit und den Beifall des Publikums auf sich zog. Die Herren nahmen nach der vorübergehenden Rücknahme der Sträuße von den Partnerinnen nun ihre vorbereiteten Plätze zur rechten Seite des Saales ein und die Damen formierten sich erneut mit ihren, im Nebenzimmer geduldig wartenden Zweitherren, um mit ihnen die Einzugszeremonie zu wiederholen. Obwohl die erneute Polonaise für die Damen der zweite Aufguss gewesen ist, sollte damit keinesfalls eine Qualitätsbewertung der frisch und neu gebildeten Paare im Sinne einer vergleichenden Rangfolge verbunden sein.

Die Formationen der beiden Eröffnungsprozeduren endeten in der standardisierten Sitzordnung mit den Damen auf der linken und den Herren auf der rechten Seite des Ballsaales. Aus dieser Position heraus hatten die Herren jetzt ihre Damen in einer publikumswirksamen Show formvollendet zu engagieren. Sie überreichten ihren reizvoll herausgeputzten Partnerinnen mit der mehrfach eingeübten eleganten Verbeugung die schon einmal beim Einzug benutzten Blumensträuße. Diese sollten bei dem jetzt demonstrierten Wiener Walzer deutlich sichtbar bleiben und keinen Schaden nehmen, was bei geschlossener Tanzhaltung zwischen der rechten Hand der Dame und der linken ihres Partners am besten gelang. So manche Schweißperle glitzerte bald verschämt im künstlichen Licht des Saales auf der Stirn der konzentrierten Tänzer und auf den Näschen ihrer aufmerksamen Partnerinnen.

Doch die anfänglich steife Stimmung wich mit jeder Minute und mit jedem Schluck des reichlich aufgetischten Moselweins einer lockeren Partylaune. Natürlich waren noch einige Pflichttänze zu absolvieren. Für die Herren zum Beispiel der mit der eigenen Mutter und der mit der Mutter der Tanzpartnerin. Für die Damen galt sinngemäß das umgekehrte Prinzip, wobei die Initiative natürlich von den betroffenen Herren auszugehen hatte. Diese durften also keine Drückeberger sein. Hatten wir Tanzschüler die volle Bandbreite nach der Moderation unserer Tanztrainer und dem musikalischen Diktat unseres fleißig aufspielenden Gregor-Duos auf dem kleinen Musikpodest den geladenen Gästen vorgeführt, gab es für den Rest des Abends keine weiteren einengenden Formalitäten. Jetzt hieß es „Tanz für alle!"

Der Abschlussball im Mai 1960 ist in unserem kleinen Dorf ein großes Ereignis für alle Teilnehmer gewesen. Der stille Beobachter hätte am Ende der Maßnahme „Tanzunterricht im Dorf" wegen der erzielten allgemeinen Entkrampfung der Teilnehmerschaft und ihrer Hinführung zu unbefangenem Umgang miteinander ganz bestimmt eine günstige Note verliehen. Bei einer Selbstbetrachtung vor dem inneren Spiegel nahm auch ich mit dem gestiegenen Selbstbewusstsein meinen persönlichen Anteil an der deutlich erkennbaren Anhebung des Gesamtniveaus wahr.

Noch wochenlang blieb das Tanzfest in „Schülers Saal" ein lebendiges Gesprächsthema mit der gegenseitigen Versicherung, damit mal wieder einen schönen und festlichen Abend zusammen genossen zu haben. Auch in der Bevölkerung kam jetzt schon die Frage nach dem von der Tanzschule „Jakob" in Aussicht gestellten Kursus für Fortgeschrittene auf.

Kreidler Florett

Der Führerschein der Klasse IV - bei uns im Hunsrück 1960 allgemein als „Bulldogführerschein" bekannt - berechtigte auch zum Führen eines Kleinkraftrades bis zu 50 Kubikzentimeter Hubraum. Das waren für mich zwei gute Gründe, gleich nach dem Erreichen des sechzehnten Lebensjahres diese Fahrerlaubnis zu erwerben. Also meldete ich mich bei der nächsten Gelegenheit bei der Fahrschule Meurer, die ich von zu Hause aus zu Fuß erreichen konnte, an. Das ging allerdings nicht ohne die Erlaubnis meines Vaters. Das aber war keine Hürde.

Mit dem Ackerschlepper meines Onkels, dem zwölfer Hanomag, hatte ich ja in den Jahren zuvor schon reiche Erfahrung gewonnen, auch wenn sich diese meist auf privatem Grund und Boden, also dem eigenen Hof, den Wiesen und dem Ackerland ergab. Na ja, auch Zuwegungen sind dabei gewesen und manchmal auch Straßen, die zu diesen Zuwegungen hin und von dort wieder weg und auf unseren kleinen Bauernhof führten. Mein Einsatz auf dem Hanomag war immer ein freiwilliger Dienst in einer kleinen Zwangslage für einen guten Zweck gewesen. Die kleine Notlage ergab sich schon mal hier und da, wenn mein Onkel, in unserer Familie einziger Inhaber einer gültigen Fahrerlaubnis für diesen Bulldog, verhindert gewesen ist und dennoch wichtige Erntearbeiten unaufschiebbar erschienen.

Doch darüber will ich heute nicht berichten. Es geht mir um das angesagteste Kleinkraftrad meiner Jugendzeit, es geht mir um die „Kreidler Florett K54", die es neben einer Mopedvariante mit dem

274

kleinen Blechschildchen der Haftpflichtversicherung unter dem Rücklicht auch als Kleinkraftrad mit einem großen Nummernschild gegeben hat. Der Zweitaktmotor mit dem einen Zylinder von knapp 50 Kubikzentimeter Hubraum entfaltete mit dem Kraftstoffgemisch von Normalbenzin und Öl im Verhältnis von 25 : 1 eine Leistung von 3,6 PS und erreichte damit auf der Straße eine Höchstgeschwindigkeit von 80 km/h. Damals waren die Tankstellen mit ihrer technischen Ausstattung auf die Zweiradkunden eingestellt, die ihren Treibstoff in kleinen Portionen einkaufen mussten, weil die Tanks der Fahrzeuge nur geringe Kapazitäten aufwiesen. An einer mobilen Tanksäule, die wie eine Sackkarre bewegt werden konnte, pumpte der Tankwart den darin schon fertig gemischten Kraftstoff mit einer kleinen Handpumpe bis zu der gewünschten Füllmenge aus dem Kraftstofftank darunter in den oberen Glaszylinder. Nach dem Öffnen des Ablaufventils strömte das genau abgemessene Gemisch von dort durch den dünnen Schlauch in den Tank des Mopeds oder, wie in meinem Fall, der Kreidler Florett K54 mit dem großen Nummernschild. Die durchgehende gepolsterte Sitzbank hinter dem Benzintank bot Platz für zwei schlanke Personen und auf dem kleinen Träger dahinter noch Raum zum Anschnallen eines bescheidenen Gepäckstücks. Die Kreidler Florett war eine Kultmaschine, die das jugendliche Lebensgefühl der Zeit verkörperte, eine solche Maschine musste ich haben!

Natürlich konnte es keine neue sein, denn die kostete zu viel Geld, eine gebrauchte Kreidler Florett mit dem großen Nummernschild konnte meine Ansprüche auf das angesagte Statussymbol auch befriedigen. Im Kreis von Freunden und Bekannten und ihrem erweiterten Umfeld mit weiteren Freunden dieser Bekannten stieß ich bald auf Angebote, die eine Auswahl zuließen. Nach der ersten Sondierung der technischen Daten wie Baujahr, Fahrleistung, eventuelle Schäden und notwendige Reparaturen war die Probefahrt an der Reihe. Weil ich mich noch nicht als einen geübten Kraftradfahrer empfand, machte ich die große Runde durch und um das ganze Dorf alleine, ohne den Vorbesitzer auf dem Rücksitz zu haben.

Das erste Kaufangebot erwies sich bei dem Test als fragwürdig und unzuverlässig. Auf einer geraden Strecke, so kann ich mich erinnern, geriet das Fahrzeug plötzlich ohne mein Zutun ins Schlingern, und ich hatte Not, es ohne Sturz noch bändigen zu können. Damit war der erste Versuch glatt durchgefallen. Außerdem gefiel mir auch die schwarz-rote Lackierung nicht.

Das zweite Angebot stellte sich in der bevorzugten zweifarbigen Schattierung der sandfarbenen Lackierung vor und zeigte keinen offensichtlichen Mangel. Außerdem kannte ich seinen Vorbesitzer schon von manchen Begegnungen auf den Fußballplätzen der Umgebung. Er erschien mir als ein seriöser Vertragspartner, der mir schon „nichts vom Pferd" erzählen würde.

Der geforderte Preis von 450,00 DM war angemessen, und so wurde der Handel per Handschlag besiegelt, so, wie mein Opa die Kuh einst in Kirchberg auf dem Michaelismarkt erstanden hatte.

Doch nun musste der mit dem veräußerten Fahrzeug angereiste Verkäufer auch wieder nach Hause kommen. Noch einmal fuhr er seine geliebte Maschine mit mir als Hintermann auf der schmalen Sitzbank nach Niedersohren. Auf dem Weg dorthin rannte bei den letzten Häusern in Sohren ein Hündchen, plötzlich von links aus einer Hofeinfahrt kommend, direkt vor unsere fahrende Kreidler. Das „Blub, Blub" von Vorder- und Hinterrad war kurz zu vernehmen, bevor noch der Schreck in unsere Glieder fahren konnte. Auf der kurzen gemeinsamen Wegstrecke mussten wir schon ein gutes Tandem-Team geworden sein, denn wir gingen nicht zu Boden und blieben auch beide unverletzt. Der Hund war mausetot.

Außer dem Kaufpreis waren keine Ausgaben für Nebenanschaffungen nötig. Ein Sturzhelm war noch nicht vorgeschrieben und auf Schutzkleidung, Stiefel und Handschuhe konnte man gut verzichten. Sie hätten bei den geplanten Ausfahrten auch eher gehindert als genutzt. Das neue Zweirad aus zweiter Hand blieb für mich ein Schönwetterfahrzeug, das bei der Benutzung keine besondere Ausstattung erforderte. Als Garage hatte ich meiner lieben Mutti einen Stellplatz in der Waschküche abgerungen.

Nun war ich in unserer Clique einer von mehreren stolzen Kreidlerbesitzern. Mit den Krafträdern hatten wir endlich die Mittel, unsere Freizeit nach den Träumen der Vergangenheit zu gestalten. Im Sommer stand an sonnigen Tagen der Schwimmbadbesuch in Morbach an erster Stelle. Wir wollten dort unbedingt endlich schwimmen lernen. Wer keine eigene Maschine besaß, fuhr irgendwo als Sozius mit.

277

Die Badeausrüstung beschränkte sich auf das Nötigste: Badetuch und Badehose für jeden und ein Transistorradio ließen sich mit einem Spanngurt auf den kleinen Gepäckträger klemmen. Es war die Zeit der „Beatles". Auf der grünen Liegewiese hätte ich ja auf die schrägen Töne aus dem kleinen Lautsprecher verzichten können, doch meine Kumpels sahen das ganz anders.

Die Kreidler Florett war mein Alltagsfahrzeug. Damit konnte ich bei gutem Wetter die An- und Abfahrten zu und von meiner Ausbildungsstätte bei der Volksbank in Kirchberg erheblich abkürzen. Statt viel zu früh mit der Bahn in Büchenbeuren abzufahren und viel zu spät wieder zurückzukehren, nutzte ich meinen neuen Feuerstuhl mit den 3,6 PS. Das war auch der jungen Kollegin aus Niedersohren nicht entgangen, die ich eine Zeitlang auf meinem Arbeitsweg dort morgens aufsitzen und abends wieder absitzen ließ. Ein Garderobenwechsel war nicht vorgesehen.

Die sonntäglichen Fahrziele zu den Dorffesten der Umgebung erforderten Anpassungen an die Kleiderordnung der besuchten Festlichkeiten. Oft musste der Sonntagsanzug her, auch damit und ohne Mütze machten wir alle eine gute Figur auf und mit der Kreidler Florett.

Gedichte

Corona

Corona, Corona, Corona
Die Welt, sie ist total verrückt
Sie ist nicht mehr, wie sie mal war
Die Menschen, sie sind so bedrückt

Weil eingesperrt in ihren Hütten
Kein Sport, kein Shopping, kein Vergnügen
Man muss die eignen Wände hüten
Wem' s Spaß macht, tut sich selbst belügen

Die Schule und der Kindergarten
Sind lahmgelegt und nicht mehr wichtig
Sie alle müssen jetzt mal warten
Und das ist absolut auch richtig

Denn es geht um Menschenleben
Nicht nur ums Wohlsein hier und da
Ein krasser Stopp im Vorwärtsstreben
Wie er bisher noch nie geschah

Um Infektionen zu vermeiden
Die man sich zuzieht allerorten
Die Menschen sollen sich bescheiden
Und sich nicht gegenseitig morden

Wie das bei der Pest gewesen
Die im Mittelalter uns regierte
Die Menschen konnten da nicht lesen
Was so die Mediziner rieten

Doch heute sind wir alle schlauer
Sind gut gebildet und gewitzt
Wir sollten bilden eine Mauer
Um uns, bis das Virus abgeblitzt

Und eingestampft für alle Zeiten
Durch einen Impfstoff, den es gibt
Wir brauchen nicht mehr viel zu leiden
Das ist das, was heute zählt

Höret nicht auf die Philister
Die Ignoranten und Despoten
Auch nicht auf die falschen Richter
Und selbsternannten Himmelsboten

Die Gesellschaft muss erfahren
Was schon geht, und was noch nicht
Erst nach Ablauf von paar Jahren
Kann man bewerten den Verzicht

Lockdown

Lock down tut unsrer Umwelt gut
Wir wissen auch kein bessres Mittel
Wir schöpfen dadurch wieder Mut
Und machen uns nicht in den Kittel…

Weil wir das Virus nicht beherrschen
Ohne diese Zwangsmaßnahmen
Wir tun uns jetzt mal selbst einpferchen
und beugen uns in Gottes Namen…

Den Zwängen dieser Pandemie
Und den ganzen Maskenqualen
Die Logik dieser Therapie
Sie wird sich hoffentlich auszahlen…

Mit weniger an Infektionen
Als das zuletzt der Fall gewesen
Wir bitten um gerechten Lohn
Damit wir alle bald genesen…

Und wollen dann auch dankbar sein
Nicht mehr so an der Erde nagen
Versuchungen mit einem „Nein"
Schon mal rückzuweisen wagen

Wir müssen viel bescheidner werden
Mit Demut gehen durch die Welt
Wir wollen doch als Menschenherden
Dass der Planet nicht runterfällt…

Aus der Belance in dem All
Aus der er kam vor langer Zeit
Mit einem riesengroßen Knall
Es tät mir in der Seele leid

Das Vorbild

Folgt Dein Wort Deinen Gedanken
Und Deine Taten Deinen Worten
Können andre bei Dir tanken
Ihren Kompass an Dir norden

Hast Du Antwort auf die Fragen
Die die Menschen an Dich richten
Muss man nicht an Dir verzagen
Man kann nicht auf Dich verzichten

Bist Du außerdem noch einer
Der den Mund mal halten kann
Wird Dein Wesen immer feiner
Schlägt Dein Umfeld in den Bann

Wenn Menschen Dich von unten sehen
Und sie bewundern Deinen Schwung
Sollst fest Du auf dem Boden stehen
Denn Du hast dann Verantwortung

Willst Du auch glücklich sein im Leben
Auch mal Deine Zeit genießen
Nicht immer rennen, retten, streben
Auch mal mit der Strömung fließen

Schreib auf, was Deine Wünsche sind
Lerne, sie gut auszuwählen
Denk an Familie und Dein Kind
Die möchten gerne auf Dich zählen

Du weißt, Du bist nur Teil des Ganzen
Halt Deine Ansprüche im Zaum
Du musst nicht auf den Tischen tanzen
Bleib auf dem Boden und im Raum

Wo die Natur Dich hingestellt
Wo Du bist hineingewachsen
Wo es auch anderen gefällt
Mach da bloß nur keine Faxen

Die drei Jäger von Kirchberg

Es hat, so hab' ich's noch im Kopf
In Kirchberg mal drei Jäger geben
Die sich in ihrem grünen Rock
Zusammen auf die Jagd begeben

Nie Namen will ich hier nicht nennen
Eine Geschichte ohne Worte
Sonst könnt man sie vielleicht noch kennen
Und dann sagen: „So ne Sorte"

Weit über fünfzig Jahr ist's her
Da sich die Sache abgespielt
Ich hab's vom Wirt vom Obertor
Der hat mir das einmal erzählt

Die hatten damals mal beschlossen
Dass zusammen sie doch wollten
Nachdem der Keiler war geschossen
Bei Webers einen trinken sollten

Zwei Alte waren's und ein Junger
Samstags morgens so um Elf
Sie hatten auch noch etwas Hunger
Und wollten bleiben bis um Zwölf

Drei Halbe wurden schnell bestellt
Und gewettet alle Mann
Dass derjenige die Zeche zahlt
Der's Pinkeln nicht mehr halten kann

Fünf Runden lang blieben sie sitzen
Und jeder riecht und sagt: „Hier stinkt es"
Der erste musste dann mal flitzen
Er war von denen drei der jüngste

Als er wieder dort erschienen
Hat er sich wohlgefühlt und frisch
Und dann auch sofort eingesehen
Die Bescherung unterm Tisch

Goethe kam nach Büchenbeuren

Goethe einst von Westen kam
Und den Weg nach Frankfurt nahm
In Büchenbeuren macht' er halt
Denn die Nacht war bitter kalt

Er hielt sein Droschkenpferdchen an
Und sprach zu seinem Fuhrmann dann
Er solle ihm ein Bettstatt suchen
Im besten Haus soll er sie buchen

Gesagt, getan, so folgt der Knecht
Der Order, die war gar nicht schlecht
Denn auch das Pferdchen, das war müde
Dann sprach er aus: „Du meine Güte

An diesem Platz gibt's eine Stelle"
Ob er die sofort haben wolle
Sie sei der absolute Knüller
Das alte Haus von Hotel Schüler

„Hier will ich bleiben diese Nacht,
Und komme gerne auch mal wieder
Damit, das wäre eine Pracht
Darüber schreibt dann mal der Dieter

So ein Gedicht über den Ort
Und nur dem Zweck dient meine Reis
Zu halten alle Zweifel fort
Für den historischen Beweis

Damit schreib ich noch vorm Wegfahren
Dem Dieter dies ins Stammbuch rein
Auf dass man nach zweihundert Jahren
In diesem Dorf erinnert mein!"

Das haben wir von Trump gelernt:
So nehmt es zu den Chronikakten
Als „alternative Fakten"